What is Cultural History?

文化史とは何か

増補改訂版

ピーター・バーク

長谷川貴彦 訳

法政大学出版局

Peter Burke
What is Cultural History?（Second edition）

Japanese translation rights arranged with
Polity Press Ltd in Cambridge, UK
through The Asano Agency, Inc., Tokyo

目次

謝辞

私は何年にもわたって文化史という枠組みのなかで、また文化史そのものについて講義をおこなってきた。したがって、誰がどのような有益なるコメントをしてくれたか、ないしは刺激的な質問をしてくれたかについて、そのひとつひとつを思い出すことは難しい。しかし、本書で論じた歴史家たちの著述や会話から多くのことを学んできた。そうした歴史家には、オクスフォードのキース・トマス、パリのダニエル・ロシュ、ロジェ・シャルチエ、ドニ・クルーゼ、プリンストンのナタリー・デーヴィス、ロバート・ダーントン、またオランダの歴史家仲間のアントン・ブロック、ヤン・ブレマー、ルドルフ・デッカー、フロリケ・エグモント、ヘルマン・ローデンブルフらが含まれている。とりわけ、記憶の歴史に関しては、アレイダ・アスマンとヤン・アスマン、ジェイ・ウィンターから多くを学んだ。パトリック・チャベルが政治に対する文化的アプローチをとる『カルチャー・トラブル』を執筆しているときに、彼とおこなった議論は、隣接分野における知識を与えてくれただけでなく、私自身の考え方を明確にするうえでも有益なものだった。私はまた、本書の完成直前のヴァージョンだけではなく、最初の出版計画書を読んでくれた査読者のコメントからも得るものがあった。また、「エピローグ」に対して論評をしてくれた、友人で同僚でもあるジェームズ・ダンカンにも感謝したい。

私は、妻で文化史家のマリア・ルシア・パラレス＝バークにも格別のものを負っている。はじめて彼女に会ったのは、サンパウロ大学での「いわゆる、新しい歴史学」に関する講義に招待されたときであった。とりわけ、彼女がインタヴュー集『新しい歴史学——告白と会話』を編集しているときには、なんども文化史についての議論を重ねた。妻は本書の草稿を読んで、いつものように改善のために不可欠な提案をいくつかしてくれた。本書を彼女のために捧げたい。

文化史とは何か

〔増補改訂版〕

凡　例

一、本書は、Peter Burke, *What is Cultural History?*, Second edition, Cambridge: Polity Press, 2008 の全訳である。
一、原著第二版で「結論」が独立したのにともない、邦訳旧版の「序章」という表記を「序論」に改めた。
一、文中の（　）、［　］は原著者によるものである。
一、原文中の引用符は「　」で括り、大文字で記された文字についても「　」で括った箇所がある。
一、原文中の（　）、——については、一部取り外して訳出した。
一、原文中でイタリック体で記された箇所は、原則として「　」で括った。
一、文中に訳者が挿入した語句および簡単な訳註は〔　〕で示した。
一、引用文献中で邦訳のあるものは適宜参照したが、訳文はかならずしもそれに拠らない。
一、原註は（1）というかたちで記し、巻末に掲載した。
一、邦訳の書誌情報は、できる限り示した。複数の訳がある場合には、原則として最新のものを優先した。
一、原著の明らかな間違いや体裁の不統一について、訳者の判断で整理した箇所もある。
一、索引は原著をもとに作成したが、一部訳者のほうで整理した部分がある。

序論

文化史は、かつて学問の世界のなかではシンデレラのように邪魔者扱いされており、より成功を収めた〔政治史や経済史などの〕姉たちから無視されていた。その後、巻末に掲げた年代順の刊行リストが示すように、一九七〇年代に再発見されることになる。たしかに、イギリスに限っていえば、テレビに登場する歴史は、いまだに軍事史や政治史に関わるものがほとんどで、わずかに社会史関連のものがある程度である。だが、そのとき以来、少なくともアカデミックな世界では、文化史はふたたび流行の時期を迎えている。したがって、ほぼ四〇年にわたりこの学問分野を実践してきた私のような人間にとって、こうして文化史に関心がふたたびもたれるようになったのはきわめて喜ばしいことだ。しかし、その理由は依然として説明を要するといえよう。

本書の目的は、この再発見を説明することだけではない。まさに文化史とは何か、より適切な表現を用いれば、文化史家は何をおこなっているのかを、文化史の多様性や文化史をめぐる論争と対立だけではなく、そこで共有されている関心や伝統にも注意を払いながら説明することにある。そうすることによって、対立してはいるが相互補完的な関係にある二つのアプローチを結合させることにしたい。すなわち、歴史学内部での一連の問題を解決することに関心をもつ内在的アプローチと、歴史家が生きている時代に対して何をおこなっているかという点に関わる外部からのアプローチである。

内在的アプローチは、過去に対するかつてのアプローチへの反動として、現在の文化史の再流行を論じている。なぜなら、そうしたアプローチは、とらえどころがないが同時に重要なものを排除してきたからである。この内部からの見方によれば、文化史家はほかの歴史家が到達することができない過去の諸分野を手にすることになる。また、「文化」の全体性を強調することは、現在の歴史学が、人口史、外交史、女性史、思想史、経営史、軍事史などの個別分野の専門家へと細分化したことに対する救済策を与えてくれる。

外在的アプローチや外部からの視点にも、何がしかの問題提起が含まれている。第一に、それは、文化史の台頭を、政治学、地理学、経済学、心理学、人類学、そして「カルチュラル・スタディーズ」などの広範な「文化論的転回《カルチュラル・ターン》」に結びつけている。この点については「エピローグ」でより詳細に論じることにする。少なくともそうした学問分野の限られた学者のなかでは、変わることのない合理性（たとえば、投票行動や消費行為における合理的選択理論）に対する関心からの転換が生じて、特定の時代の、特定の場所での、特定の集団に共有されていた価値観への関心が増大していった。

このような時代を示すひとつの徴候は、アメリカの政治学者サミュエル・ハンチントンが、今日の世界では文化的差異が政治経済体制の相違よりも重要であるという考えに転向していったことである。その結果として、冷戦の終焉以来、私たちが目にしているものは、国際的な利害をめぐる紛争というよりも「文明の衝突」であるとされている。こうした思想的雰囲気を示すもうひとつの指標は、カルチュラル・スタディーズの国際的な成功だろう。たとえば、一九九〇年代のロシアでは、「クリトゥロローギヤ」（当地ではそう呼ばれている）が高等教育の必修コースとなる。多くの場合、それはロシアのアイデンティティに関心をもち、歴史の経済的解釈から文化的解釈へと転向したマルクス－レーニン主義者の元教授たちによって唱道されることになった[1]。

この文化論的転回は、それ自体が最近の文化史の一部をなしている。アカデミックな領域の外では、それは、アメリカ合衆国でのいわゆる「文化戦争」や多くの諸国で見られる「多文化主義」をめぐる論争だけではなく、「貧困の文化」、「銃文化」、「恐怖の文化」、「十代の文化」、「企業文化」（本書四九頁を見よ）などのような、共通の語彙に表現される認識の転換と結びついている。今日、多くの人びとが、二〇年か三〇年前だったら「社会」を語っていたであろう日常的な場で「文化」を語っているのだ。

こうした言葉の広がりが示しているように、現在では「文化」として考えられないものをあげることのほうがますます困難になっている。歴史研究も、この一般的な傾向に対する例外ではない。文化史とは何か。この問いを公然とおこなったのは、いまから一世紀前の一八九七年、先駆的なドイツ史家カール・ランプレヒトであった。しかし、彼もまた、当時としては少し異端の存在だった。よかれ悪しかれ、その問いは依然として明確な解答を待っている。ごく最近では、寿命、ペニス、有刺鉄線、マスターベーションなどの文化史が読者に提供されるようになった。したがって、このテーマをめぐる研究の最前線が拡張されてきたことは間違いなかろう。だが、厳密に文化史に何が含まれるのかを語ることは、さらにいっそう難題となっている。

文化史の定義をめぐる問題へのひとつの解答は、研究の対象からその方法へと着眼点を移すことにあるのかもしれない。しかし、ここでもまた、私たちが見いだすのは、文化史研究の多様性とそこでの論争である。ヤーコプ・ブルクハルト自身も認めたように、文化史家のなかには直観的に研究をおこなっている者がおり、数量的方法を用いているのはごく少数である。また、みずからの研究を意味の発見という観点から特徴づける者もいれば、実践や表象に焦点をあてる者もいる。そして、文化史の目的を本質的に叙述に見いだす者もいれば、文化史は政治史と同様にひとつの物語として提示できるし、またそうしなければならないという歴史家も存在している。

こうした文化史家にとっての共通の基盤とは、象徴やその解釈への関心にあるということもできよう。象徴は、意識的なものであれ無意識的なものであれ、美術から日常生活までいたるところに発見できる。しかし、象徴主義《シンボリズム》という視点から過去へとアプローチすることは、数あるなかのひとつのアプローチにすぎない。たとえば、ズボンの文化史は、同じテーマに対する経済史研究とは異なるであろう。それは議会の文化史が、同じ制度に対する政治史研究とは異なっているのと同じようなものだ。

このような否認する者にとっての混乱、ないしはそれを刺激的なものと見る者にとっての対話の状況のなかで、もっとも賢明な道は、ジャン゠ポール・サルトルの人間性に対するエピグラムを用いて、文化史は何ら本質をもってはないがそれ独自の歴史をもっている、と宣言することにあるのではないだろうか。過去を読みとき記述する行為は、ほかの行為と同様に時代に制約されている。したがって、本書は、絶えず新たなる状況に合わせて永遠に変容を繰り返す文化的伝統のひとつの事例として文化史研究を扱い、折に触れて、時代ごとの文化史研究の文化史について論評を加えようとする。

より正確を期すためには、個々の文化史研究者の作品は、いくつかの異なる文化的伝統のなかでも、一般的に国民的な枠組みに規定される伝統に位置づけなおさねばならない。一八世紀末以降のドイツの伝統の重要性は、以下の叙述で明らかとなるだろう。しかし、ここ五〇年間の文化史に対するドイツ人による貢献が相対的に欠如していることは、将来の文化史家に託された課題である。オランダの伝統はドイツの伝統の直系とみなされるが、今日でも盛んにおこなわれているからだ。英語圏では、文化史に関心をもつ北アメリカ的伝統と、それに抵抗するイングランド的伝統とのあいだに際だった対照性《コントラスト》がある。同じように、何年間にもわたり、イギリスの人類学者はみずからを「社会」人類学者であると呼び、アメリカの人類学者たちはみずからを「文化」人類学者と呼んでいる。文化史の場合、ドイツ的伝統を取り上げて継承し自己流に変容させていったのは、とりわけドイツ語を話す移民の子孫、ピーター・ゲイからカール・ショースキーにいたる北アメリカの人類学者であった。アメリカ人の文化への関心と移民の伝統とのあいだには、密接な関連があるように思われる。もしこれが事実であれば、イギリスの文化史は将来が有望なものとなるだろう。

フランスの歴史家に特徴的なのは、少なくともごく最近まで「文化」という用語を避けるという点にあり、またそれに代わって、「文明」(civilisation)、「集合心性」(mentalités collectives)、「社会的想像力」(imaginaire social) に焦点をあてたことにある。雑誌『アナール』に参加した歴史家たちは、三、四世代にわたって、この分野での一連の顕著な貢献をおこなってきた。マルク・ブロックやリュシアン・フェーヴルの時代には、心性、感性、「集合的表象」の歴史、またフェルナン・ブローデルの時代には物質文化（「物質文明」［civilisation matérielle］）の歴史が、そしてジャック・ルゴフ、エマニュエル・ルロワ・ラデュリ、アラン・コルバンの時代には心性や社会的想像力の歴史が登場した。ひとつの歴史学派の生産力が三、四世代にもわたって維持されたということは、歴史的な説明を要するほど珍しいことである。私が思うに、その理由は、指導者たちが才能をもった後継者たちを引きつけるに足るカリスマだったことがあげられる。しかし、独自の発展を許容するだけの開放性があった点もあげられよう。この特徴的な伝統は、ドイツ流の文化史へのいわゆる「抵抗運動《レジスタンス》」を想起させる（が、フェーヴルのヨハン・ホイジンガに対する心酔は銘記しておくに値する）。だが、フランス歴史学の伝統があまり卓越したものでなくなった現在では、この抵抗運動は解体しつつあるように思われる。

より一般的に、文化史の場合、ある動向や傾向がしばしば急激に終焉を迎えるのは、その可能性を汲み尽くしたからではなく、競合するものに取って代わられたことによる。そうした競合相手は「弟子たち」と呼ぶこともできるが、みずからのアプローチと創始者たちのアプローチとの差異を強調することが常となる。だが、後続の世代にそれをゆだねるときには、結局のところ、知的な先達が何らかの慧眼をもっていたことを認識するようになるものだ。

以下で論じられるように、私は、エリート文化と民衆文化の社会史、歴史人類学からパフォーマンスの歴史にいたるまで、何年にもわたって多様なアプローチを実践してきた。そうしたひとりの文化史家として、私が述べておくべきなのは、エディット・ピアフ流には「私は何も後悔していない」〔邦訳：「水に流して」〕ということであり、かつ、そうしたアプローチのすべてが絶え間なく洞察力を与え続けているとみている点である。

以下の章では、文化史の主要な様式のいくつかを年代順に取り扱うことにする。そうしたさまざまな様式で文化史は過去も現在も記述されており、将来も記述されるであろうし、記述されねばならないのだ。私は、具体的な事例を論じるにあたって、細分化された領域に関して限られた知識の範囲で、多様な歴史的時代と多様な世界の諸地域の均衡をとるようにした。また、単なる「歴史学」だけではなく、美術、建築、地理、文学、音楽、科学の分野を含んだ学術部門によって生み出された作品のあいだでも、均衡をとったつもりである。

こうした判断にともなう代償として、必然的に近世の刺激的な作品をかなり省かねばならなかったが、その多くは私の友人や同僚によるものである。したがって、ここで指摘しておきたいのは、本書は事例によった研究動向の概括をおこなったのであって、近年刊行された優れた著作のリストを作ろうとしたのでも、それを議論しようとしたのでもないことである。

本書で引用した研究は、適切な場合には英語に翻訳された題名を用いているが、原著の出版年を付した。註記で出版地を記していない作品は、ロンドンで出版された本である。また文中の専門用語や個人については、索引に情報を示しておいた。

第1章　偉大なる伝統

文化史は新たな発見でも発明でもない。ドイツでは二〇〇年以上前に、文化史（Kulturgeschichte）の名のもとで、すでに実践されていた。それ以前は、哲学、絵画、文学、化学、言語などについてのばらばらの歴史が存在していたにすぎない。一七八〇年以降に、私たちは人間の文化や特定の地域やネーションの文化の歴史を発見することになる[1]。

一九世紀のイギリスとドイツでは、「文化」（Culture, Kultur）という用語が使用される頻度が増していった（フランス人は、「文明」という言葉を語ることを好んだようである）。たとえば、マシュー・アーノルドのような詩人は一八六九年に『文化と無秩序』を刊行し、人類学者エドワード・タイラーは一八七一年に『原始文化』を出版した。他方、一八七〇年代のドイツでは、教会と国家の対立が「文化闘争」（Kulturkampf）、今日風にいえば「文化戦争」として知られるようになっていた[2]。

このような短い章では、文化史の歴史を素描するのにもごく限られた紙幅しか与えられていない。したがって、ここでは、主要な特徴を数点指摘して、それらがどのように絡み合っているかを示すことにしたい。物語は四つの段階に区分できよう。「古典的」段階、一九三〇年代に始まる「美術の社会史」の段階、一九六〇年代における民衆文化の歴史の発見、そして、後続の章で論じる「新しい文化史」の段階である。しかし、つぎのことは念頭に置くべきだろう。このような時代区分は、当時はあとで振り返るときよりも明確ではなかったこと、そして特定の場所では新旧の文化史の類似点と連続性の存在が多岐にわたって指摘できるということである。

古典的文化史

ある時代の肖像

一八〇〇年から一九五〇年にいたる時期は、いわゆる文化史の「古典的」な時代である。英文学の批評家F・R・リーヴィスが小説の特徴を表した言葉を用いれば、「偉大なる伝統」ということになろう。この伝統には、スイスの歴史家ヤーコプ・ブルクハルトの一八六〇年に最初に出版された『イタリア・ルネサンスの文化』や、オランダの歴史家ヨハン・ホイジンガの『中世の秋』(一九一九年)のような古典的著作も含まれる。この二冊は、現在でも充分に読むに値するといえる。二つの作品のなかで暗黙の前提とされているのは、第三の古典であるG・M・ヤングの『ヴィクトリア時代のイングランド』〔邦訳:『ある時代の肖像』〕(一九三六年)の副題を引用すれば、「ある時代の肖像」を描くのが歴史家であるという考え方にある。
文化史家が、美術、文学、哲学、科学などの大作を意味する「正典《カノン》」の歴史に焦点をあわせたという点でも、この時期は「古典的」時代であったといえよう。ブルクハルトとホイジンガは美術愛好家で、素人の芸術家でもあった。彼らが有名な書物を執筆しはじめたのは、ある種の作品を歴史的文脈に置くことによって理解しようとしたからであった。たとえば、ホイジンガの場合にはファン＝アイク兄弟の絵画で、ブルクハルトの場合にはラファエロの絵画であった(3)。

こうした研究者と美術や文学を専門とする歴史家との違いは、文化史家がとりわけ多様な芸術のあいだに見られる関連性に関心をもっていたことにある。彼らは部分というよりは全体に焦点をあて、ヘーゲルらの哲学者にならい、しばしば多様な芸術を「時代精神」(Zeitgeist)と呼ばれるものとの連関に置くことによってその関係性を論じたのであった。

したがって、ドイツの歴史家には、この時代に「精神史」(Geistgeschichte)を叙述していたと論じる者もいる。その言葉は、「精神の歴史」や「知性の歴史」と翻訳されることもあるが、「文化の歴史」ともみなせる。それを実践する者は、特定の絵画や詩などを、その作品が生まれた文化や時代を表すものとして「解読」した。そうすることによって、解釈学という解釈の技法の認識を拡大してゆくことになった。「解釈学」という用語は、もともとはとくに聖書のテクスト解釈を意味していたが、一九世紀に敷衍されて芸術品や行為の解釈を含むようになる。

この時期のもっとも偉大な文化史家のヤーコプ・ブルクハルトとヨハン・ホイジンガは、アカデミックな職についていたが、一般読者を主な対象として書物を執筆していたことは偶然ではなかろう。またドイツ語圏では、国民が政治的共同体というよりは文化的共同体であったドイツ統一以前に文化史が発展したこと、そして文化史と政治史とが互いに相容れないもので、またときに対立するとさえみなされていたことも、偶然の一致ではない。しかし、プロイセンでは政治史が支配的となった。文化史は、レオポルト・フォン・ランケの後継者たちから周辺的なもの、素人的なものとして無視された。なぜなら、それは、文書館が所蔵する公文書にもとづいたものではなく、また国家形成の事業に役に立つものではなかったからである。(4)

ブルクハルトは、学問的な仕事では、古代ギリシアから初期キリスト教の数世紀とイタリア・ルネサンスを経て、フランドルの画家ピーテル・パウル・ルーベンスへといたる広範な領域を守備範囲においていた。彼は、出来事の歴史に対して相対的に力点をおかずに、過去の文化を呼び起こし、そのなかの「繰り返され、恒常的で、類型的な」要素を強調することを好んで実践した。彼は直観にしたがって研究をして、みずからが研究する時代の美術と文学に傾倒してゆき、事例や逸話、そして引用によって例証した体系を生み出しつつ、それを生き生きとした散文体のなかで描き出したのである。

たとえば、ブルクハルトは、そのもっとも有名な著作のなかで、ルネサンス期イタリアの美術、文学、哲学、政治における個人主義、競争、自己意識、近代性《モダニティ》なるものを描写した。ブルクハルトは、その死後に出版された『ギリシア文化史』ではこのテーマへ回帰し、古代ギリシアの生活、すなわち戦争、政治、音楽、騎馬合戦、オリンピック競技などに見られる競争(agon)の役割に注意を促した。初期の『イタリア・ルネサンスの文化』では個人の発展を強調したが、後期の『ギリシア文化史』では、「頑迷な個人主義」や名声への欲望と、都市共同体に個人は従属しなければならない必要性との緊張関係を強調したのである。

ホイジンガもまた、古代インドから西洋まで、そして一二世紀のフランスから一七世紀のオランダ文化や、彼自身が生きた時代のアメリカ合衆国までを広く射程に入れている。ホイジンガは、ブルクハルトのルネサンス解釈を中世とあまりにも截然と区分されていると考えたために批判するが、方法論の点ではその継承者でもあった。ホイジンガは、一九一五年に発表した論考で、生活（人生）の多様な理想を論じた。たとえば、黄金時代の理想像、すなわち騎士道の流儀や古典古代的理念についてであり、それらは、ルネサンス期からフランス革命期にいたるヨーロッパのエリートに対して強烈にアピールすることになった。

ホイジンガは、一九二九年に刊行されたもうひとつの論考で、文化史家の主たる目的が文化のパターンを描くことにある、いいかえれば、ひとつの時代の特徴的な思想や感情、そして文学や美術でのその表現や具体化を描写することにある、と宣言した。彼が提唱したのは、文化史家は「テーマ」、「象徴」、「感情」、「形式」などを研究することによって文化のパターンを発見しなければならない、ということにあった。ここでの形式とは、いいかえれば文化の規則のことになるが、ホイジンガにとって、彼の作品と同様にその人生でも重要な意味をもっていた。また、いわゆる「形式の感覚の欠如」が、アメリカ文学を楽しむうえでのひとつの障害となっている点を痛感することになる[5]。

ホイジンガの『中世の秋』は、綱領的な論文のなかでおこなった提案を実践に移したものである。この書物は、騎士道のような人生の理想に関心をもち、没落の感覚のようなテーマ、中世後期の芸術や思想における象徴主義の役割、死への恐れのような感覚などを取り扱っている。『中世の秋』は、行動の諸形式やその規範に対して中心的な役割を与えていた。ホイジンガによれば、「情熱的で暴力的な時代精神」は形式の枠組みを必要としており、信仰と同じく、恋愛と戦争は、儀礼化され、美学化され、規則にしたがっていた。この時代には、「あらゆる出来事、あらゆる行為は、依然として表現力豊かにかつ荘厳な形態で具体化されており、そのことが恋愛や戦争に儀礼の威厳を与えることになったのである」。

ホイジンガの文化史に対するアプローチは、本質的に形態学的なものだということもできよう。彼は、個々の絵画や詩の様式と同じく文化全体の様式に関心をもっていたのだ。

この文化史の綱領は、こうして簡潔に要約されたときに思われるほど抽象的なものではない。かつてホイジンガは、「もしそのなかに人間がみてとれなかったら、ひとつの時代をどのようなかたちであれ理解することはできないだろう。もし私たちが概説的な解釈だけおこなおうとするなら、それは砂漠をつくってそれを歴史と呼んでいるにすぎない」と記している。事実、『中世の秋』は、独創的な詩人フランソワ・ヴィヨンから神秘的なハインリヒ・ゾイゼまで、また人気の説教師オリヴィエ・マイヤールから宮廷年代記作家ジョルジュ・シャトランまで、個人で溢れている。文体は感覚に訴えるものがあり、視覚的なイメージだけではなく、鐘の音や太鼓の音にも注意を払っている。『中世の秋』は、歴史的古典というのみならず世紀末的な様式にのっとった文学的な傑作なのである。

社会学から美術史へ

この時期の文化史に最大の貢献をしたものは、とりわけドイツにおいて歴史学の領域外で仕事をしていた研究者からもたらされた。社会学者のマックス・ヴェーバーは『プロテスタンティズムの倫理と資本主義の精神』（一九〇四年）という有名な作品を発表したが、それは「西欧とアメリカで広まっている経済体制」の文化的起源を分析している。ヴェーバーの論文は、「資本主義とプロテスタンティズムの文化」ないしは「プロテスタンティズムと資本主義の文化」と題名が付けられてもおかしくないものだった。

　この論文の本質的な意義は、資本の蓄積と大規模な商工業の勃興に対してプロテスタンティズムの倫理《エートス》と信仰体系の果たした役割、とりわけ「職業」観念の役割を強調することによって、経済変動の文化的解釈を提出したところにある。ヴェーバーは別の研究で、儒教の倫理がカトリックと同じように資本主義に対して敵対的であったとも論じている（したがって、彼がもし「東アジア《タイガー》」経済の勃興を知ったら驚くに違いない）。

　続く世代では、同じくドイツの社会学者で、ある意味でヴェーバーの継承者でもあったノルベルト・エリアスが『文明化の過程』（一九三九年）という研究を出版したが、それは本質的には文化史研究であった。彼はフロイトの『文明への不満』（一九三〇年）に依拠し、文化とは性の領域や攻撃性の領域で個人に代償を求めるものだと論じた。

　エリアスは、ホイジンガの「情熱的で暴力的な時代精神」に関する研究に依拠しながら、食卓のマナーに焦点をあて、西欧の宮廷での情動に対する自己規制と管理統制のゆっくりとした発展を示そうとした。これによって、一五世紀から一八世紀にかけて存在した「自己規制への社会的圧力」と呼ぶものを、政府の中央集権化と戦士貴族の服従や馴致の過程に結びつけようとしたのである。

エリアスは、文化というよりも「文明」を、人間存在の深淵にあるものよりもその「表層」にあるものを、人間の精神よりもフォークとハンカチの歴史を論じていると主張した。それでも、「自己規制の歴史」の研究に重要な貢献をしたのだった。

ドイツ流の文化史でとりわけ独創的で、究極的にもっとも影響力をもった人物のひとりは、アカデミックな経歴をたどったわけではなかった。アビ・ヴァールブルクは銀行家の息子であり、資産家であったが、弟にその遺産を譲って、その代わりに好きなだけ本を購入する許可をもらった。彼の広範な関心が、古代ギリシアから一七世紀にいたる西洋の文化史だけではなく、哲学や心理学、そして人類学にもあったため、実際に、彼は多くの本を必要とすることになる。彼の大きな目標は、一般的な「文化科学」(Kulturwissenschaft) に貢献をすることであり、学問領域のあいだにある境界線上の「国境取り締まり」を避けることにあった。

ヴァールブルクはブルクハルトとその「適確な直観的体系化」を絶賛していたが、彼自身の作品はより豊かでかつ細分化されていた。ヴァールブルクは、「神は細部に宿る」ことを確信して、いわゆる「文化史を総合する偉大な目標」よりも、ルネサンス期イタリアの特定の側面に関する論文を好んで執筆した。[6] ヴァールブルクがとりわけ関心をもったのは、古典古代的伝統とその長期にわたる変容である。彼は、この伝統を研究するなかで文化的・認識論的スキーマや公式に焦点をあてた。それは、たとえば、特定の感情を表現する身ぶりであり、詩人や絵描きが少女の髪の毛のうねりを描くような方法であった。

このスキーマ概念が文化史家に多大な刺激を与えてきたことは、すでに証明されている。心理学者によると、このスキーマがなければ、認識したり記憶したりできなくなる。哲学者のなかにはこの説に同意する者もいる。カール・ポパーは、論証する仮説がなければ、適切に自然を観察することは不可能だと論じている。選択の原理が、観察者に混乱をもたらすのではなく、パターンの存在の発見を可能にするのだ。同じように、ハンス゠ゲオルク・ガダマーは、テクストの解釈が、彼のいう「先入観」と呼ばれるもの、いいかえれば「偏見」、より正確には「予断」に依拠していると主張している。

文学研究者も、同じような方向性をもつようになった。エルンスト・ローベルト・クルティウスは、ヴァールブルクに献呈された書物『ヨーロッパ文学とラテン中世』（一九四八年）において、たとえば、理想的景観、逆立ちした世界、「自然という書物」といったメタファーなど、修辞上のトポス、つまり決まり文句がもつ長期にわたる重要性を明らかにした。スキーマに集中したテクスト研究の例をもうひとつあげるとすれば、ウィリアム・ティンダルのジョン・バニヤンに関する研究であろう（本書の第5章、一二九頁で論じる）。

しかし、文化的スキーマの観念がもっとも詳細に展開されたのは、エルンスト・ゴンブリッチの作品のなかであった。ゴンブリッチは、実験心理学とポパーの哲学に依拠しながら、ヴァールブルクの思想的評伝を書いた人物である。『芸術と幻影』（一九六〇年）でのゴンブリッチの中心的なテーマは、「真実とステレオタイプ」、「方式と経験」、「スキーマと修正」とさまざまに呼ばれるものどうしの関係についてであった。こうして、古代ギリシア芸術における自然主義の登場を「現実の観察によって、ゆっくりと加えられた修正」だと説明したのである。

多くの場合、文化的革新というものは、個人よりも小集団の仕事となる。たしかにアビ・ヴァールブルクの論文は卓抜したものだが、彼の重要性はそうした論文だけにあるのではない。ハンブルクの自宅の書斎で会合をもち、のちにヴァールブルク研究所の核となる研究者集団を率いたその中心的役割にもあった。このなかには、象徴の歴史や古典的伝統に関心を抱いて活動をともにし、『象徴形式の哲学』（一九二三—二九年）を著した哲学者エルンスト・カッシーラーや美術史家のフリッツ・ザクスル、エドガー・ヴィント、エルヴィン・パノフスキーなどが含まれていた。

たとえば、パノフスキーは図像の解釈に関する古典的論文を執筆するが、そこで論じられているのは（たとえば、『最後の晩餐』のような主題を解釈する）「イコノグラフィ」をより広い意味での「イコノロジー」から区別する視覚解釈学であった。このイコノロジーによって、「ひとつの作品に凝縮された」文化的ないし社会的集団の世界観が発見される。(7) イコノロジー的アプローチの有名な例をもうひとつあげると、パノフスキーの研究生活の後半から生まれたもので、論争提起的な講義「ゴシック建築とスコラ学」（一九五一年）がある。この講義は、多様な文化領域に存在しうる関連性に明示的かつ自覚的に焦点をあてる点で模範的なものであった。

パノフスキーは、ゴシック建築とトマス・アクィナスを連想させるスコラ主義哲学が、一二世紀から一三世紀にかけての同時代に、パリ市内ないしは近郊という同じ場所で台頭した事実を観察するところから始めている。二つの動きはパラレルに発展していった。しかし、講義の意味は、建築と哲学のあいだの並行性をたどることではなかった。パノフスキーはまた、二つの運動に関連性があったと主張しているのだった。

パノフスキーは、この関連性を「時代精神」という枠組みではなく、より厳密に哲学から建築へと

「精神習慣《メンタル・ハビット》」または「ハビトゥス」と呼ばれるものが拡散してゆくという観点から議論している。その「精神習慣」とは、透明性の原理による構成と諸矛盾の調停の必要性についての一群の想定を意味している。パノフスキーは、思弁的であると批判されることを意識していた（実際に彼は思弁的だった）が、「断片的な証拠」を利用していった。その証拠とは平面図の画帖に記録された言葉であり、二人の建築家が「学問的討論」を遂行することで「少なくとも一三世紀フランスの建築家には、スコラ学の枠組みで実際に思考し行動する者がいたこと」を示すものであった。

大いなる離散《グレート・ディアスポラ》

パノフスキーは、ゴシック建築とスコラ学についての講義がおこなわれるときまで、アメリカ合衆国で長年にわたって暮らしていた。一九三三年にヒトラーが政権についたとき、アビ・ヴァールブルクはすでに亡くなっていたが、彼の研究所に連なる研究者たちは海外へと亡命していった。研究所自体も、その設立者がユダヤ人だったという理由から脅迫を受け、ザクスルやウィントなどとともにロンドンへと移動した。むしろ、「翻訳されていった」ということもできよう。他方で、カッシーラーや、象徴の歴史に関心をもったもうひとりの研究者エルンスト・カントロヴィッチは、パノフスキーと同じようにアメリカ合衆国にたどり着くことになる。この移動が受け入れ先の国の文化史一般、より限定的にいえば、美術史にもたらした影響は甚大であった。このエピソードは、中央ヨーロッパの大いなる離散の歴史の重要な一部となっている。それを強いられた人の大半が一九三〇年代のユダヤ人であり、人文社会系の学者だけではなく、自然科学者、著述家、音楽家なども含まれていた。(8) ヴァールブルク学派が好んだテーマである文化的伝統の移植と変容を例示するものであった。

二〇世紀初頭のアメリカ合衆国でのキーワードは、チャールズとメアリーのビアード夫妻による『アメリカ文明の勃興』（一九二七年）にあるように、「文化」というよりも「文明」であった。「文明」の科目は、ビアードら急進的な歴史家が関与した「新しい歴史学」として知られる運動によって、この時期に始まろうとしていた。たとえば、コロンビア大学では、一九二〇年代には現代文明に関する新入生向けの必修科目が存在していた。二〇世紀半ばまでに多くのアメリカの大学では、「西洋文明」の必修科目が設置され、程度の差こそあれ、古代ギリシアから現在まで、つまり「プラトンから北大西洋条約機構まで」（from Plato to NATO）の西洋世界の簡単な歴史が教えられていたのである。(9)

他方で、研究レヴェルでは、文化史よりも強力、というより少なくとも印象的なアメリカ的伝統は「観念史」である。それは、ペリー・ミラー『ニューイングランドの精神』（一九三九年）や、一九四〇年に哲学、文学、歴史の架橋を試みる学際的プロジェクトとして創刊された『ジャーナル・オブ・ヒストリー・オブ・アイディアズ』を中心とする、ジョンズ・ホプキンス大学のアーサー・ラヴジョイらの研究者によって代表されることになる。

一九三〇年代のイギリスでは、思想史や文化史は歴史学という分野の外で著述されることが一般的であった。この伝統にもっとも重要な貢献をおこなったものは、英文学の教授バジル・ウィリーが文学の背景として執筆した「時代の思想の研究」である『一七世紀の思想的風土』（一九三四年）、これもケンブリッジの英文学部からの寄与となるE・M・W・ティリヤードの『エリザベス朝の世界像』（一九四三年）、在野の歴史家G・M・ヤングによる『ヴィクトリア時代のイングランド』（一九三六年）である。

こうした観念を強調することに対する例外として重要なものをあげれば、クリストファー・ドーソンの『ヨーロッパの形成』（一九三二年）で、それは著者がエクセタ大学の「文化史講師」の職にあったときに執筆されている。『歴史の研究』（一九三四－六一年）は、王立国際問題研究所の理事アーノルド・トインビーのもので、二一の「文明」に焦点をあてた。生化学者のジョゼフ・ニーダムの記念碑的な作品『中国における科学と文明』〔邦訳：『中国の科学と文明』〕は一九三〇年代に構想が練られたが、最初の巻が刊行されたのは一九五四年であった。特筆すべきは、二〇世紀半ばにイギリスで出版され、はっきりとしたかたちで文化史に貢献をおこなった数少ない作品のひとつが、科学者によって執筆されねばならなかったということだ。

この大いなる離散は、アメリカ合衆国と同じようにイギリスでも、美術史、社会学、ある様式の哲学などと同様に文化史の登場においても重要な意味をもった。この遭遇のもたらした影響の例として、もともとはシェイクスピアの専門家であった、生粋の英文学者フランシス・イェイツをあげることもできよう。一九三〇年代後半のある晩餐での出会いが、彼女のヴァールブルク学派への加入へとつながった。のちに本人も記しているように、「刺激的な学者たちと刺激的な蔵書が、最近ドイツからやってきた」のだった。イェイツは、「視覚資料を歴史的資料として用いるヴァールブルク学派の技法を伝授された」。新プラトン主義、魔術、「カバラ」など彼女のオカルト研究への関心は、その遭遇がもたらした副産物である[10]。

こうした亡命者には、文化と社会との関係について関心を寄せるマルクス主義者の一団も含まれていた。

文化と社会

文化と社会との関係へのある種の関心は、イギリスと同様にアメリカ合衆国でも、大量の亡命者が到来する前から明らかに見てとれるものとなっていた。文化の社会史に関する初期の事例は、アメリカの急進主義の歴史研究で重要な役割を果たしたビアード夫妻のものであった。チャールズ・ビアードは、オクスフォードでの学生時代、労働者階級を高等教育に迎え入れるためのラスキン・ホールの建設に尽力した（この施設は、最近までラスキン・コレッジとして知られており、ヒストリー・ワークショップ運動の母胎となったことはいうまでもない）。ビアードはアメリカ合衆国へ戻ると、論争的な研究である『アメリカ合衆国憲法の経済的解釈』（一九一三年）でよく知られるようになる。

チャールズ・ビアードは、主導的な女性参政権運動家で女性学の唱道者である妻のメアリー・リッター・ビアードとともに、『アメリカ文明の勃興』（一九二七年）を執筆する。この研究は、文化変動についての経済的・社会的解釈を提供するもので、たとえば、「機械の時代」に関する最終章では、都市的な価値と「ステレオタイプ化された心理的刺激」の拡散に及ぼす自動車の役割、億万長者による芸術の後援、アメリカの科学で重要視される実用性と大衆性、ジャズの登場などを論じている。

それでもやはり、中央ヨーロッパからの亡命学者の到着は、イギリスとアメリカの学者の双方に文化と社会の関連性についてより厳密な認識を促すことになった。イギリスの場合、三人のハンガリー系の研究者が重要な役割を果たした。社会学者のカール・マンハイム、その友人のアーノルド・ハウザー、美術史家のフレデリク・アンタルであった。[11] 三人はみな、かつて批評家のジョルジュ・ルカーチを中心として集《つど》いをもった討論集団「日曜サークル」の会員で、第一次世界大戦中に知り合った。そして三人ともども、一九三〇年代にイングランドへと亡命してきたのだった。マンハイムはフランクフルト時代の教授職からロンドン大学政治経済学部〔LSE〕の講師に、アンタルは中央ヨーロッパ時代の教授職からコートールド研究所の講師となる一方で、ハウザーはフリーの著述家となった。

マンハイムは、厳密な意味でのマルクス主義者ではなく、むしろマルクスの崇拝者であったが、知識社会学に強い関心をもっていた。彼は知識社会学に歴史的な方法でアプローチして、ドイツの保守主義者の心性を事例として研究した。マンハイムは、ドイツに暮らしているときには、この章ですでに言及した二人の人物、ノルベルト・エリアスやエルヴィン・パノフスキーに思想的影響を与えた。だが、パノフスキーはその後に社会的アプローチを捨て去ることになる。

アンタルは著作や論文のなかで、文化を社会の表明ないしは「反映」としてアプローチし、ルネサンス期フィレンツェの美術がブルジョワの世界観を反映したものであるとみなした。また、ホガースについて「彼の芸術は社会の広範な人びとの見解や嗜好性を明らかにする」[12] ので、刺激的な人だと考えた。アンタルのイギリス時代の弟子には、『美術と産業革命』（一九四七年）の著者フランシス・クリンジェンダー、スパイだったと公表される前は美術史家として有名だったアンソニー・ブラント、そして社会的な観点から美術にアプローチするジョン・バージャーもいた。

より伝統的なマルクス主義者のアーノルド・ハウザーは、『美術の社会史』（一九五一年）を執筆することによって、「日曜サークル」のアプローチに関する知識を普及させるのにもっとも重要な役割を果たした。たとえば、「中世末期イタリアの階級闘争」や「中産階級の運動としてのロマン主義」、または「映画の時代」と「資本主義の危機」の関係など、文化を社会経済レヴェルの紛争や変動に結びつけるアプローチである。

クリンジェンダー、ブラント、バージャーは、ハンガリー人の影響の単純な事例としてではなく、むしろ「受容」や文化的遭遇の事例としてみるべきだろう。一方では、文化的抵抗運動《レジスタンス》の問題が存在して、マンハイムは社会学をイギリスへ移植ないしは「翻訳」してゆくことの難しさについて不満を述べている。他方で、知的サークルは、すでにマンハイムの思想を受容する準備ができていた。イギリスのマルクス主義知識人の小集団は、一九三〇年代と一九四〇年代にアカデミズム内外で精力的に活動した。一九三九年から一九六九年にかけてバーミンガム大学のドイツ語教師だったロイ・パスカルは、文学の社会史を執筆した。古典学者のジョージ・トムスンの演劇と社会に関する有名な研究『アイスキュロスとアテナイ人』(一九四一年)は、明らかにマルクス主義の影響を受けている。ジョゼフ・ニーダムも『中国における科学と文明』でマルクス主義の枠組みを用いていたのだった。

『偉大なる伝統』(一九四八年)の著者F・R・リーヴィスも、文化とその環境との関係に格別の関心をもっていた。文学が「社会の文化と生活の技法」に依拠していることをリーヴィスが強調するのは、マルクスというよりは伝統的な「有機的共同体」への懐古心《ノスタルジー》によるものである。しかし、レイモンド・ウィリアムズが『長い革命』(一九六一年)でおこなっているように、リーヴィス派とマルクス主義のアプローチとを結合させることは困難ではない。なぜなら、『長い革命』は、有名な「感情の構造」という言葉をつくりだしただけではなく、演劇の社会史を論じているからだった。

民衆の発見

「民衆文化」や「民俗文化」(Volkskultur)の観念は、時と場所を同じくして「文化史」として始まった。すなわち、一八世紀後半のドイツで、民俗音楽、民謡、舞踏、儀礼、美術、工芸などが、当時の中産階級知識人によって発見されたのだった[13]。しかし、この民衆文化の歴史は、好古家、民俗学者、人類学者の手にゆだねられていた。アカデミックな歴史家の集団が民衆文化に目を向けるのは、一九六〇年代になってからであった。

初期の事例は一九五九年に刊行された『抗議としてのジャズ』で、それはエリック・ホブズボームがペンネームであった「フランシス・ニュートン」で執筆したものだった。ホブズボームは、卓抜した社会経済史家としての期待にたがわず、産業としてのジャズや社会政治的な抵抗の一形態としてのジャズはもちろん、ジャズの音楽的側面やその聴衆についても議論している。ホブズボームの結論によれば、「民俗音楽は凋落してしまったが、近代の都市産業文明のなかで自己保存している」情況をジャズは象徴しているのだという。だが、民衆文化に関する深い考察に満ちた同書は、アカデミックな世界でそれにふさわしい影響を与えることはなかった。

一九六〇年代の研究のうちもっとも影響力をもったのが、エドワード・トムスンの『イングランド労働者階級の形成』（一九六三年）である。トムスンは、この書物で階級形成における社会経済変動の役割に分析を限定することなく、むしろこのプロセスのなかでの民衆文化の占める位置を検討した。彼の書物は、熟練職人の加入儀礼、「貧民の文化生活」での祝祭の役割、食糧の象徴主義や暴動の図像学などに関する生き生きとした描写、たとえば、街路に掲げられたのぼり、槍に突き刺したパン、敵対する人物の人形まで含んでいた。地方訛りの詩を分析したのは、トムスンがレイモンド・ウィリアムズの言葉を用いていうところの「労働者階級の感情の構造」に触れるためであった。メソディズムは、平信徒の説教から賛美歌の想像界までとりわけ大きな関心が払われ、なかでも「国教会の礼拝のために没収された」「情動的・精神的エネルギー」の転位が強調された。

若い歴史家へのトムスンの影響はきわめて大きなものがあった。それは、ラファエル・サミュエルの指導のもとに、一九六〇年に設立されたヒストリー・ワークショップ運動で明らかとなる。サミュエルは、成人労働者階級の学生用の施設であるオクスフォード大学のラスキン・コレッジで教鞭を取り、多くの学会を組織した。彼は、そうした学会を好んで「ワークショップ」と呼び、雑誌『ヒストリー・ワークショップ・ジャーナル』を創刊し、数えきれないほどの論文や学会報告を通じて多くの人びとに影響を与え、（文化史を含む）「下からの」歴史を世に送り出した。カリスマ的なトムスンはまた、ドイツからインドへといたる民衆文化の歴史家にも影響を与えた（本書一五一頁を見よ）。

まさにこの点において、革新的雑誌『アナール』（七–八頁を見よ）と結びついたフランス人の歴史家たちによる貢献が、他国の仲間たちと軌を一にするようになった。民衆文化史に対する重要な貢献は、たとえば、中世史研究者のジャック・ルゴフやジャン＝クロード・シュミットによってもたらされた。

民衆文化の歴史に関心が高まったのは、どのような理由によるのだろうか。通常は、主として「内在主義的解釈」と「外在主義的解釈」による二つの解釈がなされている。内部の当事者は、かつてのアプローチの欠陥、とくに庶民を排除した文化史、また文化を除いた政治史や経済史に対する反発としてみずからの研究を考えている。文化史家はまた、自分たちとそのネットワークを唯一の革新者とみなす傾向があり、ほかの学問分野やアカデミック外部の世界はもちろんのこと、歴史学のほかの分野での同様の動きにはほとんど気づいていないのである。

外部の研究者は、より大きな観点から見る傾向があり、たとえば、一九六〇年代のイギリスにおける民衆文化史の登場が、ステュアート・ホールによって指導されたバーミンガム大学現代文化研究所をモデルとする「カルチュラル・スタディーズ」の登場と軌を一にしていることを強調している。カルチュラル・スタディーズの国際的な成功が示しているのは、学校や大学で伝統的なエリート文化が強調されることへの批判であり、また商品、広告、テレビなどを使って変わりゆく世界を理解するという時代のニーズへの応答だったことにある。

民衆文化の歴史は、偉大なる伝統やマルクス主義のアプローチのように、年を経るごとに明らかとなる問題を提起していった。以下の章でそうした諸問題を論じる。

第2章　文化史の諸問題

人間の多くの活動と同じように、文化史を記述するという課題にどう応えようが、遅かれ早かれ独自の問題が生じる。もし私たちがブルクハルトを読むことをやめたとすると、その損失はみずからにふりかかってくるであろう。同じように、彼の作品を厳密に模倣するのは愚かなことである。彼の弓は曲げるには困難なものがあり、私たちのほとんどに欠如しているある感性を要求しているからである。一世紀以上隔った現代から見ると、ブルクハルトの書物に見られるいくつかの欠点は、ホイジンガやその他の古典と同様に明らかなものとなってしまった。そうした研究の用いる史料、方法、前提には、すべてに疑問が付される必要がある。

古典再訪

たとえば、文化史の古典がどのように証拠を扱っているかみてみよう。とりわけ、ホイジンガの『中世の秋』は、少数の文学作品を繰り返し用いている。したがって、ほかの著者の作品を使っていれば、中世に関するかなり異なった歴史像を生み出していたに違いない。文化史家は、テクストや図像を特定の時代の鏡として、すなわちその時代の反映として無批判的に扱う誘惑に負けてはならないのである。

ブルクハルトはギリシアに関する著作で、文化史家たちが導いた結論が相対的にみれば信頼に値すると主張した。彼は、ギリシア人は誇張して語り、嘘さえもついていたので、古代ギリシアの政治史は不確実性に満ちていたと示唆する。「これに対して文化史は、確実性ということに関しては第一級のものがある。その史料のほとんどが故意によるものではなく、中立の、さらにいえば意図されざる方法によってもたらされる、原資料や遺跡のような物質から構成されているからである[1]」。

相対的なものではあるが信頼に値するという点に関するかぎり、ブルクハルトに利があることは間違いない。「意図されざる」証言という主張にも説得力がある。つまり、過去からの証言によって、証言をおこなう者が認識さえしていなかった点を私たちに語ることができるからである。それでもやはり、小説や絵画はつねに中立的で、情熱やプロパガンダから自由であると仮定するのは、賢明なことではない。政治史家や経済史家と同じように、文化史家も史料批判を実践しなければならず、特定のテクストや図像がなぜ存在しているのか、たとえば、観察者や読者を何らかの行動にかり立てる目的があったのではないか、ということを問題にしなければならないのである。

方法論に関するかぎり、ブルクハルトとホイジンガはしばしば印象主義的で逸話的でさえあるという批判にもさらされてきた。私たちが認識したり記憶することが、個人的な関心を喚起したり、すでに信じているものと調和するということは、よく知られている。しかし、歴史家は、こうした観察行為の道徳性について、必ずしも省察を加えてきたわけではなかった。経済史家のジョン・クラパムは、かつてつぎのように告白している。「三〇年前に私は、アーサー・ヤングの『フランス紀行』に線を引きながら読み、そこから学んだ。五年前この本を再読した際、ヤングが哀れなフランス人について語るときは、自分が必ず線を引いていることに気がついた。しかし、彼が幸福で富裕なフランス人に言及している箇所はほとんど線を引いていないことにも気がついたのである」。ホイジンガは「死をめぐる思想に関して、消え去りつつある中世ほど強調された時代はない」という主張を立証しようとするとき、同じようなことをおこなっていたのではないだろうか。

文化史は印象主義的であるという非難を受けなければならないのだろうか。もし、そうではないとしたら、そのオルタナティヴとは何なのだろうか。ひとつの可能性として考えられるのは、フランスの「系《セリー》の歴史学」と呼ばれるもので、史料の時系列的な分析を意味する。一九六〇年代に、フランスの歴史家のなかには、すでに識字率の拡大や「書物の歴史」にこのような方法で取り組んでいる者がおり、たとえば、一八世紀のフランスで出版された書物の部数を時代別にテーマごとに比較検討をおこなった。(2)テクストに対する時系列的アプローチは文化史の多くの領域でも適合的で、実際に、遺言書、特許状、政治パンフレットなどの分析に用いられていった。図像もまた、このようにして分析されてきた。たとえば、プロヴァンスのような特定の地域の奉納画は、何世紀にもわたる宗教的・社会的態度の変化を明らかにしてくれる(3)。

クラパムが提起したテクストの主観的な読解に関する諸問題は、解決することがかなり困難である。しかし、主観的な読解についても、可能なオルタナティヴは存在している。このオルタナティヴは、かつて「内容分析」として知られていた。二〇世紀初頭にアメリカ合衆国のジャーナリズムの学校で用いられた手法で、第二次世界大戦中にはドイツのニュース報道から信頼できる情報を得る手段として連合国に採用された。まず、ひとつのテクストないしはテクストの集合体を選択して、そのなかで与えられたひとつのテーマないしは複数のテーマに言及した回数を数え、その「共分散」、つまりあるテーマとほかのテーマとの結びつきを分析するのである。

たとえば、タキトゥスの歴史的著作はこのようにして分析できるであろう。つまり、「恐れ」(metus, pavor) に対する言葉が突出したかたちで頻繁に登場することを強調し、それらを著者の意識的ないしは無意識的な不安定性を示す証拠として扱うのである(4)。一九七〇年代にサンクルーに本拠地を置き、フランス革命に取り組んだ「語彙測定学研究所」を自称するグループが、ルソーやロベスピエールなどのテクストのなかでもっとも頻繁に見られるテーマをリストにまとめた。たとえば、ルソーの『社会契約論』でもっとも多かった名詞は「法」(loi) であり、ロベスピエールのテクストでは「人民」(peuple) であった。そして、ロベスピエールは「人民」という用語を「権利」(droits) や「主権」(souveraineté) と結びつける傾向があったことに注目している(5)。

この種の内容分析は、いくつかの厄介な問題を抱え込んでいる。サンクルー・グループの研究は、純粋に叙述的なもので、検証する仮説もなく、こうした試みをおこなうことに価値はないということもできよう。いずれにせよ、単語からテーマへの移行には困難がともなう。同じ単語でも、異なる文脈では別の意味をもち、テーマは相互の関連性によって修正されることがあるからだ。計量的アプローチはあまりにも機械的であり、多様性を認めるには配慮がなさすぎて、それ自体では問題を解明するものではない。

しかし、内容分析は、厳密に読むという伝統的な文献学的方法と結びつけて用いれば、少なくともクラパムの述べたような偏向を是正できよう。同様の点は、単文より長いテクストの言語学的分析である「言説分析」についても指摘することができる。このアプローチはそれが取って代わることになった内容分析と少なからぬ点を共有しているが、日常的な発話、口語的定型表現、文学ジャンル、物語の形式により注目する。(6)

このほかに、エルンスト・ゴンブリッチが「文化史を求めて」という講演で強調した前提の問題がある。彼は、ブルクハルトやホイジンガ、とくにハウザーのようなマルクス主義者たちを批判した。彼らが文化史というものを「ヘーゲル的な基礎づけ」、いいかえれば、一八世紀から一九世紀への転換期にあるドイツ語圏で広まっていた「時代精神」の観念を基盤に構築していたからである。(7)しかし、以下では、ブルクハルト派とマルクス主義の文化に対するアプローチを比較対照することにしたい。最初にマルクス主義者による古典的見解への批判を、ついでマルクス主義的な文化史が提起した諸問題を論じることにする。

マルクス主義の論争

文化への古典的アプローチに対するマルクス主義者の主たる批判は、それが経済的ないしは社会的な土台との接触を欠いて「宙に浮いている」ということにあった。ブルクハルトは、のちに認めているように、イタリア・ルネサンスの経済的基盤についてほとんど語るべきものをもっていなかった。他方、ホイジンガも、黒死病を実質的に無視して、中世後期の死にまつわる感性を解釈している。またパノフスキーの論文は、ゴシック建築とスコラ哲学の偉業に関与した、石工親方と人文学者という二つの社会集団の接触についてほとんど語っていないのだ。

古典的な文化史家に対するマルクス主義者による第二の批判は、彼らが文化の同質性を過度に強調して、文化に関する紛争を無視しているということにあった。こうした批判を印象的なかたちで辛辣に表現したものは、エドワード・トムスンの論文に見いだすことができる。そこでトムスンは、文化を「繁みのような言葉」だとして、物事をひとまとめに述べ、差異を隠蔽して「過度の共感や全体論的な概念に人びとを向かわせる」傾向があると述べている。[8] 同じ社会に生きている社会階級のあいだ、男女のあいだ、そして世代間に、差異を設定する必要があった。

もうひとつの有益な差異化は、いわゆる「時間帯」でおこなわれた。一九三〇年代に、ドイツのマルクス主義者エルンスト・ブロッホが指摘しているように、「すべての人間が同じ現在性のなかに存在しているわけではない。それらは、今日、目にすることができるという事実を通じて、外部から見た同時代性のなかに存在しているにすぎない」。事実、「人間はそれ以前の要素を身につけており、それが衝突を起こす」[9]。ブロッホは、一九三〇年代のドイツの農民や自分と同時代の困窮した中産階級を念頭に置いていた。そうした人びとは、過去のなかに暮らしていたのである。しかし、「非同時代性の同時的存在」と彼が呼ぶものは、一般的な歴史的現象として、ひとつの時代が文化的統一性をもっているという古い前提を掘り崩すことになる。

この点が、文化史研究それ自体の歴史から明らかとなるであろう。というのも、文化史の古典的アプローチ、文化の社会史、民衆文化の歴史は長らく共存してきたからだった。

マルクス主義史観の諸問題

マルクス主義的アプローチは、それ自体が厄介な問題を提起する。文化をめぐるマルクス主義の歴史家であろうとすることは、矛盾とはいわないまでもパラドックスを生きることになる。マルクスが単に「上部構造」として無視したものに、なぜマルクス主義者は関心をもつことになったのだろうか。

ふり返ってみれば、エドワード・トムスンの有名な研究『イングランド労働者階級の形成』（一九六三年）の刊行は、イギリスの文化史研究の歴史において画期的事件であった。しかし刊行された当時は、仲間のマルクス主義者によって「文化主義」だと批判された。客観的な社会経済的実態や政治的現実よりも、経験や思想に重点を置いていると非難を浴びたのである。トムスンは、自分への論難を逆に「経済主義」として批判し反論した。

文化主義と経済主義との緊張関係は、少なくともごく稀にだが、生産的になることがある。マルクス主義の中心的な概念である経済や社会の基盤、つまり「土台」と文化的な「上部構造」への内部からの批判を促したからである。たとえば、レイモンド・ウィリアムズは、土台と上部構造の公式を「硬直した」定式化であるとして、彼の表現では「生活様式全体のなかでの諸要素の関係」を好んで研究した。ウィリアムズは「文化的ヘゲモニー」という概念に魅せられた。これはイタリアのマルクス主義者アントニオ・グラムシが提唱したもので、支配階級は、暴力や力による威嚇を通じて直接的なかたちでのみ支配したのではなく、彼らの理念を「サバルタン階級」(classi subalterni) が受容するようになったためでもある、という認識であった(10)。

トムスンにとっても、文化的ヘゲモニーの概念は、文化と社会との関係について「上部構造」に比べても良質の定式化を与えてくれた。『ホイッグ党と密猟者たち』(一九七五年)のなかで、彼は特徴的なレトリックをもってこう述べている。

一八世紀のジェントリと貴族のヘゲモニーは、軍事力や司祭の神格化、出版物、経済的抑圧において示されるのではない。なによりも、四季裁判所やアサイズ裁判、タイバーン処刑場での治安判事のスペクタクルな儀礼において表出されるのだ。

問題は依然として残っている。ひとつには、土台−上部構造という相補的な概念を用いないマルクス主義なるものは、その独自性を失う危険がある。もうひとつは、「全体論的な概念」に対するトムスンの批判は、文化史を不可能とみなすか、少なくとも細分化されたものに分類しているように思われる。トムスンとゴンブリッチのあいだでは見解の相違がみられる。それにもかかわらず、二人の研究者が同じ方向を向いているように思われるのは、ブルクハルトやホイジンガの命題にある「ヘーゲル的な基礎づけ」を拒絶するからであった。そうした批判は、根本的な問題を提起している。すなわち、文化的同質性に関する誤った前提を用いないで文化を全体的に研究することは果たして可能なのか、ということである。

この問題に対しては、主に二つの答えが示されてきた。ひとつは文化的伝統を研究することで、もうひとつは、エリート文化と民衆文化を、全体としてではないが部分的に分離ないしは自律した「サブ・カルチュア」として取り扱うことであった。

伝統のパラドックス

文化の観念は、伝統の観念、すなわち、ある世代からつぎの世代へと継承されてきたある種の知識や技術を含んでいる。多元的な伝統は、たとえば、平信徒と聖職者、男性と女性、ペンと剣の文化といったかたちで、同じ社会のなかで容易に共存できる。したがって、伝統の観念を用いて研究をすることは、中世や啓蒙の時代など、ひとつの「時代」が統一性や同質性をもっているといった前提から文化史家を解放してくれる。前章で言及した歴史家のなかでも、アビ・ヴァールブルクやエルンスト・ローベルト・クルティウスはとりわけ伝統に関心をもっていたが、彼らの場合は古典古代以降の世界での古典的伝統の運命が念頭にあった。

伝統の観念はほとんど自明のようにみえる。だが、この伝統に関する旧来の概念は、問題をはらんだものとしてみる必要がある。二つの重要な問題が、伝統をめぐる双子のパラドックスと呼ばれることになる。

第一に、目に見える革新がおこなわれると、底流に存在する伝統を覆い隠す。カトリック、プロテスタント、ユダヤ教、ヒンドゥー教、イスラーム教など、多くの文化のなかで世俗化された宗教的態度の持続が注目されるようになった。たとえば、個人の重要性の感覚や達成感の必要性、そして自己審査への関心など、今日のアメリカ合衆国でのある種のピューリタン的な身構えと価値観の存続は、このことを明白に示す事例となる。伝道活動を研究する歴史家は、かつては個人や集団、民族の、ある宗教から別の宗教への転向に関心を集中していた。今日では、そうした伝統の連続性が自覚され、二つの宗教に含まれている信仰と価値の、意識的ないしは無意識的な混淆と融合をより強調するようになっている。ブラジルについて論じるフランスの社会学者ロジェ・バスティードは、西アフリカの奴隷が独自の世界観のフィルターを通じてカトリック教を再解釈した点について記している。また、近世日本に関する最近の研究は、「改宗者」や「キリスト教徒」さえも「誤解を招くレッテル」だとして、この場合は遠隔地でとりうる必然的な形態として地域的に限定された言葉の「切支丹《キリシタン》」を用いている。ここでは、神道、仏教、儒教、道教を含んだ雑種的な日本の伝統が、複数の宗教、少なくとも複数の宗派の信仰を容易にしていると主張される。

逆に、外に向けて現われた伝統の痕跡は、革新を覆い隠すことになるのかもしれない。この点については、『伝統の発明』に関する論文集で強調されている（以下、一二一―一二頁で論じる）。私はマルクス主義者ではない、というマルクスの箴言はよく知られている。それは、創始者と継承者の問題として描かれる、繰り返し現われる難問に注意を向けているように思われる。哲学であれ宗教であれ、ひとつの運動の創始者として成功した人物のメッセージは、単純であることはほとんどない。それが多くの人に訴えるのは、多くの側面をもっているためである。自分の関心とそれを発見する状況によって、ある継承者はある側面を強調し、また別の継承者はほかの面を強調する。「伝統内部での紛争」、すなわち普遍的な法則と変化を続ける特殊な状況との避けることのできない衝突の問題は、さらに根深い[11]。

いいかえれば、継承されてきたものは新たな世代への転移の過程で変化しているし、それどころか変化しなければならないのだ。クルティウスによるヨーロッパ文学研究の大きな弱点は、彼がなかなかこの事実を認めようとしないことで、研究対象とした決まり文句を変化しないものとして取り扱うことにあった。これに対して、ヴァールブルクは古典的な伝統が何世紀にもわたって修正されてきたと鋭く自覚している。今日、文化史家は、第5章でみるように「受容」の問題によりいっそうの関心を払うようになっているのだ。

民衆文化の問題

文化的同質性を前提とすることのもうひとつのわかりやすいオルタナティヴに、エリート文化と民衆文化を区別することがある。しかし、「時代精神」の観念や上部構造の概念のように、「民衆文化」の概念それ自体が論争となる問題をはらんでいる。この論争に関しては、ロジェ・シャルチエやジャック・ルヴェルのような歴史家だけではなく、ミシェル・ド・セルトーやステュアート・ホールのような理論家が貴重な貢献をおこなってきた(12)。

第一に、テーマを定義することに困難がある。つまり、「民衆」とは誰かということだ。すべての人が民衆なのだろうか、それとも単に非エリートを意味しているのだろうか。もし後者であるなら、残余のカテゴリーを用いていることになる。そして、そうした残余のカテゴリーの場合によく見られることだが、排除された者の同質性を前提とする危険を冒している。ここでは、多くの最近の歴史家や理論家の例にならって、都市と農村、男性と女性、老人と若者などを含む多元的なものとして民衆文化（というよりも、社会学者がかつて論じていた「サブ・カルチュア」）を考えるほうが無難であろう。「サブ・カルチュア」という用語は、使われなくなりつつあるようだ。おそらく少年犯罪を連想させるからであり、より大きな全体の一部というよりは、文化的階層秩序のなかでの劣位を意味するものとして誤解されているからだろう。

しかし、こうした多元的な解決方法は新たな問題を生み出す。たとえば、同じ社会のなかで、男性の文化と切り離された自律的な女性文化など存在するのだろうか。これを「否定」すると、明白な差異を否定したことになる。だが、「肯定」すると、そうした差異を誇張することになる。したがって、女性の文化ないしは「サブ・カルチュア」は、多かれ少なかれ自律的で、多かれ少なかれ拘束されているという観点から考察するほうが、問題を浮き彫りにしてくれる。というのも、たとえば、女子修道院、伝統的な地中海世界、イスラーム文化のように、女性がより鮮明に男性と分離されるとより自律的な文化とされるからだ（最近の研究者のなかには「修道院文化」と呼ぶ者もいる）。

文化人類学の影響を受けた古典学者ジョン・ウィンクラーは、古代ギリシアの場合、現存する史料のほとんどが男性の手によるものであり、性やその他の問題で女性の見解を明らかにするには、史料を逆なでに読む必要があることを示した。彼は、とりわけ、サッフォーの詩とアドニアの女性の祭典を重要な証拠として取り扱っている。そこでは、「性とジェンダーに関する意味をめぐって、夫や父親が述べたものとは異なるギリシア女性の意識」が提示されている(13)。

民衆文化史を研究する歴史家にとってのもうひとつの問題は、少なくともある時代にエリートを含めるのか排除するのかであった。排除が問題となるのは、高い地位、巨大な富、強大な権力をもった人びとが、文化の面では必ずしも庶民と異なることはなかったという事実による。たとえば、一七世紀のフランスでは、伝統的に民衆文化の事例として描かれてきた青本〔呼び売り本〕の読者には、女性貴族や公爵夫人すらいた。当時は女性の教育機会が厳しく制限されていたので、このことはほとんど驚くにあたらない。

たとえば、ロジェ・シャルチエは、財や文化的実践に「民衆的なもの」というラベルを貼ることがほとんど不可能だと論じている。シャルチエは、財や慣習行為ではなく社会集団に焦点をあてることで、近世の西欧エリートが「文化的両棲類《バイカルチュラル》」で、庶民が排除される学術文化だけではなく、歴史家が「民衆文化」と呼ぶものにも参加していたという。一般的にエリートが民衆文化への参加から撤退するのは、一七世紀半ばを過ぎてからのことであった(14)。

研究者は、エリート文化と民衆文化によくある相互交流を指摘して、二つの形容詞を使えない理由としてきた。問題は、そうした形容詞がなければ、エリートと民衆の相互交流は描くことができないという点である。最善の策とは、二項対立をあまり厳密にせずに二つの用語を用い、エリート文化と民衆文化をより広い枠組みに位置づけることだろう。たとえば、フランスの歴史家ジョルジュ・デュビーは、封建社会に広まった文化モデルについての画期的な論文でこの手法をとった。文化を二つに分割しないで、財と慣習行為の上昇と下降の動きを検討したのだ(15)。

文化とは何か?

「文化」という用語は「民衆」という用語よりも問題をはらんでいる。一八八二年にブルクハルトが述べているように、文化史は「曖昧な概念」なのである。かつて「文化」は「高尚な」文化を意味していた。メタファーを続ければ、それは、「下方」に拡張されて「低俗な」文化や民衆文化を含むものとなった。ごく最近では、それはわき道にも拡大している。すなわち、文化という用語はかつて芸術や科学を意味していたが、その後、民俗音楽や民間医療などの民衆的な芸術と科学を描写するために用いられていった。最近では、その言葉は広範な技芸（イメージ、道具、家屋など）と慣習行為（会話、読書、ゲーム遊び）まで意味するようになっている。

この新たな用法は、厳密にいえば決して新しいものではない。一九四八年に人類学的まなざしでイングランドを観察したアメリカのT・S・エリオットは、『文化の定義のための覚書』において、文化を、なによりも「ダービーの日、ダーツボード、刻んだ茹でキャベツ、ビーツの酢漬け、一九世紀のゴシック建築、エルガーの音楽」を含むものとして定義している。人類学者のブロニスワフ・マリノフスキーは、一九三一年に『社会科学百科事典』で担当した項目で、文化は「継承された技芸、物品、技術過程、理念、慣習、価値」から構成されると広い意味で定義していた。

それどころか、一八七一年に別の人類学者エドワード・タイラーが著書『原始文化』のなかで、「広いエスノグラフィックな意味でとらえられた」文化に対する同じような定義を提出して、「知識、信仰、技芸、道徳、法、慣習、社会の構成員として人間が獲得したその他の能力や習癖を含む複雑な全体」としている。日常性や、相対的に社会的分業が未発達な社会への人類学的関心は、「文化」という用語を広い意味で用いるように促していったのだ。

最近の「歴史人類学」や「新しい文化史」の時代に、文化史家やこの知的活動に属するメンバーが獲得したのは、こうした人類学的思考様式であった。この二つの動向が、以下の章でのテーマとなる。

第3章　歴史人類学の時代

一九六〇年代から一九九〇年代にいたる時期の文化史の実践のもっとも際だった特徴は、人類学的方向への転回であった。この転回は文化史に限られたものではない。たとえば、経済史家のなかには経済人類学を研究する者がいたが、この場合でさえ、彼らが得た主要な教訓は、富の生産、蓄積、消費を説明する際にも価値観が重要であるという文化に関するものであった。

前章の終わりで論じたように、多くの歴史家は「文化」という用語を広い意味で用いることを学んだ。とりわけ、フランス、アメリカ合衆国、イギリスでは、人類学のセミナーをおこない、その概念を借用して「歴史人類学」として知られるようになるアプローチを実践する歴史家が、少数ではあるが現われるようになった。もちろん、それは「人類学的歴史学」といったほうが、より適切であったのかもしれない。歴史学と人類学との長期にわたる遭遇がもたらしたもっとも重大な変化のひとつが、「文化」という語を多元的かついっそう広い意味で用いるようになったことにある。そして、この遭遇はいまだに終わりを告げていないが、たぶん以前に比べて緊密なものでなくなっているといえる。

文化の拡大

文化や文化史、そして「カルチュラル・スタディーズ」への関心は、一九八〇年代と一九九〇年代にますます顕著なものとなっていった。だが、この文化論的転回は、さまざまな学問分野で多様なかたちでの影響を与え、多分に異なった意味さえもつことになった。

たとえば、文化心理学の場合、それが意味するのは、人間はまったく同じ動機をもつという認識からの転換であり、社会学や人類学との和解であった。文化地理学の場合、その挑戦は、ある特定の地域での社会的差異や社会的紛争を無視する、「文化圏」という伝統的な観念への回帰を避けることにあった。経済学の場合、文化への関心は消費への関心の増大と結びつけられ、合理的な消費者という単純なモデルでは、消費傾向が満足には説明できないことを自覚するにいたった。政治学の場合、合理的な投票者というモデルが相変わらず支配的であるにもかかわらず、政治というものを象徴的な行為とみなし、多様なメディアにおける政治的コミュニケーションを研究することになった。サミュエル・ハンチントンのような頑固な世界政治の分析家でさえ、現在では「文化の衝突」を語っている（本書四－五頁を見よ）[1]。

歴史学の場合、『カタルーニアにおける反乱』（一九六三年）の政治史の叙述で名をなしたジョン・エリオットのように、文化論的転回をとげた研究者もいる。エリオットの場合は、美術史家のジョナサン・ブラウンとの共同研究『王の宮殿』（一九八〇年）において、スペイン・ハプスブルク家の権力を誇示する場としてマドリード近郊のブエン・レティロ宮殿の建物と装飾を分析した。今日の歴史家は、かつてよりも「出版文化」、「宮廷文化」、もしくは「絶対主義文化」のような言葉を用いるようになっている。一九九〇年代に刊行された書物の題目からとった以下の事例は、こうした動向を明らかにするのに十分なものとなる。たとえば、「功績の文化」、「企業文化」、「ギャンブルの文化」、「生命保険の文化」、「愛の文化」、「ピューリタニズムの文化」、「絶対主義の文化」、「抵抗の文化」、「秘密の文化」、「優雅さの文化」などであり、さらに「銃文化」を研究する歴史家さえいる。[2] 夢、食物、感情、旅行、記憶、身ぶり、ユーモア、試験など、いまやあらゆるものにまつわる文化史がおこなわれているのである。

「新しい文化史」というスローガンは、いわゆる「素朴な」「普通の」歴史家たちだけではなく、「新歴史主義」（本書六三頁を見よ）を支持する文学史家、美術史家、科学史家を団結させながら、アメリカ合衆国でもっとも成功をおさめることになった。だが、この動向は国際的なものである。フランスでは、「文化史」という言葉はフランス語に入ってくるのが遅かったが、それは競争相手である「心性《マンタリテ》の歴史」や「社会的想像力《イマジナル・ソシアル》の歴史」が存在したためだった（本書九二頁を見よ）。しかし、ロジェ・シャルチエらの歴史家たちはみずからを文化史家と定義している。シャルチエの『フランス革命の文化的起源』（一九九〇年）は、ダニエル・モルネの古典的な研究『フランス革命の知的起源』（一九三三年）への応答として執筆されたもので、そこでは狭隘な思想史に対してより広がりをもった文化史が対置されている。しかし、「文化史」という言葉をもっとも頻繁に使用するフランス人の集団は、一九世紀と二

○世紀を専門としている。(3)
ドイツやオランダでの新しい文化史は、ブルクハルトとホイジンガの伝統に接ぎ木され、いわゆる「日常生活史」にいっそうの強調点を置く。他方、イギリスでは、一九三〇年代以来ロンドンにヴァールブルク研究所が存在しているにもかかわらず、事実上、文化史は新たな展開をとげている。一九八九年にキース・トマスが論じているように、「連合王国ではそのような学科は存在していない。文化史に関する教授や講師のポストはほとんどないし、文化史を教える学部もない。そして、文化史の雑誌や学会も存在していないのだ」(4)。この状況は徐々に変化しつつあるが、最近のイギリスで目立つようになっているのは、文化史というより「カルチュラル・スタディーズ」なのである。

文化的解釈

この文化の帝国の拡大には、たとえば、イギリスの経済的衰退、一般的に諸国民の富や貧困など、経済現象に対する文化的解釈が提出される傾向が増大していったことも含まれる。一九六一年に、ジョン・エリオットは「スペインの衰退」という論文を発表した。一七年後、同じ雑誌『パスト・アンド・プレゼント』に別な論文を発表したが、このときは「一七世紀初頭スペインの自己認識と衰退」というタイトルになっていた。衰退に関する客観的考察から衰退の感覚により大きな関心を寄せることになるような変化は、ある世代の歴史家に特徴的である。同じように、革命、国家形成、三十年戦争でのスウェーデンの介入にまでいたる政治世界の変化に対する文化的解釈が頻度を増して提出されていった。(5)
政治的事件に対する文化的解釈の印象的な事例は、F・S・L・ライオンズが政治史から文化史へ転向した作品にみてとれよう。ライオンズは、最後の著書『アイルランドの文化と無秩序、一八九〇－一九三九年』（一九七九年）のなかで、アイルランドが、イングランド人、アイルランド人、アングロ＝アイルランド人、そしてアルスター・プロテスタントの四つの文化に分断されていると述べた。この四つのコミュニティは「一緒に暮らすことはできないし、離れて暮らすこともできないのだ」。ライオンズが論じるには、政治的諸問題とは底流にある文化的紛争や「衝突」が相対的に表面のほうに表出されたものなのである。そして彼は、よりいっそうの関心を文化史に与えるべきことを要求している。というのも、彼が記すところによれば、アイルランドの文化史は「依然として揺籃期にある」からだ。

ライオンズは、マシュー・アーノルドからその書物のタイトルの一部を借用することになった。ライオンズとアーノルドとの「文化」という用語の使い方に関する対照性《コントラスト》は、ある事実を暴露する。つまり、歴史家による「文化」という用語の使用法に、過去三〇年ほどにわたり、ゆっくりとした変化があったということだ。その言葉はかつてエリート文化を意味していたが、いまや日常生活の文化、つまり、習慣、価値、生活様式なども含むようになった。いいかえれば、歴史家は人類学者の文化に対する見解へと接近してきたのである（本書四四－五頁を見よ）。

歴史人類学の時代

歴史家によってもっとも注意深く研究されてきた人類学者は、贈与に関するマルセル・モース、魔術に関するエドワード・エヴァンズ゠プリチャード、純潔に関するメアリー・ダグラス、そして、バリ島に関するクリフォード・ギアツである。歴史家の多くは、クロード・レヴィ゠ストロースが名声の絶頂にあった一九六〇年代と一九七〇年代に構造主義的アプローチに魅せられた。だが、多くの場合、構造主義的アプローチが歴史家のものになることはなかったといえる。

人類学的転回の初期の事例は、当時のソヴィエト連邦から登場した。故人となった中世ロシアの研究者アーロン・グレーヴィッチは、スカンディナヴィア諸国の専門家であった。土地制度史家として教育を受けたグレーヴィッチは、中世ノルウェーやアイスランドでの財産の観念に興味をもち、動産の絶え間のない移譲を基盤とするシステムを理解するために、人類学へと目を向けたのであった[6]。

グレーヴィッチは、スカンディナヴィアの祝祭とブリティッシュコロンビア州の先住民クワキウトル族の「ポトラッチ」の描写との対比をおこなった（ポトラッチとは、族長が同輩と敵とを招いて貴重品の破壊を見届ける社会的行事であった）。彼はマルセル・モースの伝統社会の贈与行為の規則、とくに受け取りの義務と返礼の義務に関する分析に依拠している。それによれば、返礼は（慎重に間隔を空けておこなわれる）別な贈り物の形態をとることもあれば、送り手に対する忠誠心や賦役という形態をとることもあったとされている。グレーヴィッチは、この観点を用いて、アイスランド・サガのなかで多岐にわたって言及されている贈与関係の説明をおこない、中世スカンディナヴィアでは、気前の良さは要人にとって道徳的義務や地位を維持する条件だけではなく、魔術的特質をはらむ美点でもあり、それによって安定と豊穣が生み出されたのだと結論する。

そうした結論は、間違いなくほかのヨーロッパの地域にも敷衍することができる。アングロ゠サクソンのイングランドでは、叙情詩『ベオウルフ』のなかで生き生きと描かれた饗宴と指輪や武器の贈与のもつ政治的目的は、人類学的理論の光に照らすときにいっそう明瞭なものになる。より一般的に、人類学者の示す手本は、「蛮族の文明」と呼ばれるものを再構築するため、ゴート族、ヴァンダル族、フン族などのローマ帝国への侵略者をより肯定的な観点から見るように歴史家に促していった。

エヴァンズ＝プリチャードの影響は、イギリスの歴史人類学の草分け的な存在のひとり、キース・トマスの作品のなかで一目瞭然なものとなる。たとえば、トマスの近世イングランドに関する研究『宗教と魔術の衰退』（一九七一年）の占星術と魔術に関する章では、テューダー、ステュアート時代のイングランドの「魔術師」と二〇世紀アフリカの占い師との比較のように、アフリカに対する言及がふんだんに見られる。トマスの分析は、魔術信仰の社会的機能が「一般に受け入れられた道徳的基準」を強化するというもので、それはエヴァンズ＝プリチャードによって最初に提起された、つぎのような命題を発展させたものであった。すなわち、（中央アフリカの民族）アザンデ族の魔術信仰は「不機嫌や卑しさや敵対心を示すことが重大な結果を引き起こすために、冷淡な感情をもつことへの重要な抑制剤となっている」のである。(7)

メアリー・ダグラスは、エヴァンズ＝プリチャードの弟子で、同じくアフリカでフィールドワークをおこなった。しかし、歴史家を魅了したのは、彼女の概説的な研究『汚穢と禁忌』（一九六六年）であって、汚穢は「観る者の目のなかに存在して」、それは無秩序のひとつの形態である、という印象的なテーゼであった。この書物のおかげで、西洋の潔癖に関する偏見の長い歴史がよりいっそう視覚化された。それらは言語や職業など多様な領域で発見でき、たとえば、中世都市の周縁に追いやられて肉体的に汚辱なもの（服染織、皮なめしなど）から道徳的に不純であるもの（売春から死刑執行人）まで、広範囲にわたる「不名誉な職業」が描写されている(8)。

『汚穢と禁忌』は、一六世紀後半の宗教戦争のさなかに発生したフランスでの蜂起に関する、アメリカの歴史家ナタリー・デーヴィスの有名な論文のなかで、中心的な参照点とされていった。デーヴィスは宗教戦争を「下から」眺め、プロテスタントによるカトリックの、またカトリックによるプロテスタンへのリンチという、当時の共同体的な暴力を人類学的なまなざしで観察して、そうした騒擾を一種の儀礼、つまり「暴力の儀礼」として、また異端と迷信の汚れから地域共同体を浄化する試みとして解釈をおこなった(9)。

少数の英米系の歴史家がエヴァンズ＝プリチャードやダグラスを読んでいた一方で、フランスの歴史家たちはクロード・レヴィ＝ストロースの作品を発見しつつあった。歴史家の関心を引きつけたのは、ボロロ族やナンビクワラ族などのブラジルの先住民に関する実証的な研究ではなく、文化に関する一般理論、いわゆる「構造主義」であった。レヴィ＝ストロースは、言語学から学んで文化や社会システムの諸要素間の関係を研究し、とりわけ、高と低、明と暗、生のものと火を通したもの、といった二項対立に焦点をあてたのだった。

レヴィ＝ストロースによるアメリカ・インディアンの神話に関する四巻本の研究は、一九六四年から一九七一年にかけて発表され、とくにジャック・ルゴフ、エマニュエル・ルロワ・ラデュリなどの歴史家に影響を及ぼし、ヨーロッパの神話が同様の方法で分析された。ふたたびキース・トマスを取り上げれば、彼の『人間と自然界』（一九八三年）は、レヴィ＝ストロースにならって、近世イングランドでの動物の分類が社会構造を自然界に投影したものだと主張している。

フランス様式というよりもロシア様式で、構造主義や記号論の洞察を用いた歴史研究の良質の事例は、ユーリー・ロトマンの一八世紀ロシアの「日常的行動様式の詩学」に関する論考である。ロトマンの論文は人類学を引用してはいないが、文化が私たちから遠いところに存在すればするほど、その日常生活を研究の対象として取り扱うことができるようになる、という人類学的主張をおこなっている。一八世紀のロシアを事例研究のひとつとして選択した利点は、ピョートル大帝とその後継者によって推進された文化の西欧化が、ロシアの貴族たちに日常的な問題状況をつくりだしていたということにあった。貴族たちは、『若者の真の鏡』(一七六七年)のような西欧的な行動様式を教えてくれる行動規範の手引書を必要としていたのだ。「ピョートル大帝時代以降、ロシアの貴族はみずからの国で外国人のようになった」が、貴族はうわべだけの生活をしていると庶民がみなしていたからであった(10)。

ロトマンは、日常生活の「詩学」の概念をロシア史のある特定の時期に限定される例外的なものと論じている。だが、このアプローチは、より一般的に用いることができるし、実際に用いられてきた。一八六〇年にヤーコプ・ブルクハルトは、美学的アプローチを用いてルネサンス期の政治と社会に関する事例研究をおこない、国家と社会とを「芸術作品」とみなした。その一方で、スティーヴン・グリーンブラット(本書六三頁を見よ)は、より一般的な「文化の詩学」を提出したのだった。

とりわけアメリカ合衆国において、近年の文化史家のほとんどに影響を及ぼしている人類学者となっているのが、クリフォード・ギアツである。ギアツの「文化の解釈理論」は、レヴィ゠ストロースの理論とは対極をなしている。ギアツは、「知識、信仰、技芸、道徳、法、慣習」(本書四五頁を見よ)と文化を定義するエドワード・タイラーに対して、それが「明らかにするもの以上に、多くのものを覆い隠している」という理由で批判する。そして、意味の重要性を指摘し、また、その言葉を冠した有名な論文のなかで「厚い記述」なるものを強調した。彼自身の文化の定義は、「象徴に具現化された意味のパターンが歴史的に伝承されてきたもの、すなわち象徴形態のなかに表現され、継承されてきた思考様式の体系であり、それによって、人間は生活の知識と生活への態度を伝達し、浸透させ、発達させる」というものであった[11]。

このことが実際に意味する内容がより明瞭になるのは、ギアツ自身のエスノグラフィ、とくによく引用されるバリ島での闘鶏の解釈に目を向けるときであり、彼はその見世物を、バリ文化を理解する鍵となる「哲学的ドラマ」として論じている。ギアツが闘鶏を「より広範なバリ島の文化世界」に結びつける意味は、バリ文化の「反映」と見るためではなかった。これに対して、彼がおこなっているのは、闘鶏をテクストとして読むこと、つまり「バリ文化をバリ島の人びとのように読解すること」にあった。ギアツは、そのテクストを欧米の文化にある『リア王』やドストエフスキーの『カラマーゾフの兄弟』と比較しながら、「みずからについておのずと語ってくれる物語」だとしている。ギアツは、ある鶏の勝利に高い賭け金を払うといったよく見られる行為を、「身分への関心の演劇化されたもの」として描いた。これこそが、劇を「深い」ものとしているのだ[12]。

ギアツのなかに、文芸理論家のケネス・バークの影響を見ることは難しくはない。というのも、バークは、すでに一九四〇年代に文化への「演劇的アプローチ」を詳細に展開していたからだ。ギアツと同様の方向で考察したもうひとりの人類学者は、ヴィクター・ターナーであった。ターナーの「社会劇」

(social drama) という概念は、アフリカでのフィールドワークから生み出されたもので、しばしば新しい文化史家によって採用されていった。そこで彼は、社会生活のなかの騒擾が、多くの場合、「多かれ少なかれ決まった順番」に則って進行してゆくことを強調している。それは四つの局面に区分できるという。すなわち、正常な社会的関係の解体、危機、再調整の活動の試み、そして最後に「再統合」あるいは「分裂」の認識という順番である(13)。

ギアツは、演劇的ないしは演劇論的アプローチを続けながら、一九世紀バリの「劇場国家」に関する書物を執筆するにいたった。ギアツによれば、この国家に関しては、多くの西欧の政治学者のように、儀礼は権力に奉仕する媒体であると考えるのは間違いだという。ギアツがそこで提示しているように、バリ島の人びとにとって、事実はまったく正反対であった。「権力は華麗な儀式に奉仕し、華麗な儀式が権力に奉仕するのではない」。バリの国家は弱体であったのかもしれないが、それは華麗であった。国家の存在理由《レゾン・デートル》そのものが、このスペクタクルのなかにあったのだ(14)。

文化史家にギアツが与えた影響は、ロバート・ダーントンの著書『猫の大虐殺』(一九八四年)からも明らかである。これは、ギアツとダーントンが共同でおこなっていた、プリンストン大学での歴史と人類学に関するセミナーから生み出された論文を収録したものである。ダーントンは、人類学者にならって、文化史家の仕事を「他者を理解すること」と定義した。とりわけ、ギアツにならって、「民話や哲学的テクストを読むのと同じように、儀礼や都市を読むことができる」と主張していた。『猫の大虐殺』は、そのような読解のコレクションなのである。

この本のタイトルとなる論文は、一七三〇年代にパリの印刷工場で発生した、一見したところでは些細な事件に関するものである。夜も眠れないほどの地域の猫の唸り声に悩まされた工場の徒弟たちは、猫狩りを組織化して、猫の模擬裁判と絞首刑を「執行」して、組織者たちは狂喜乱舞することになった。これは、少なくとも回想録を書いた後の時点で、徒弟のひとりがその事件をどのように記憶していたかを示している。

ダーントンは、徒弟の笑い声から分析を始めている。そして、「私たち自身がそうした冗談を把握できないということは、前工業化時代のヨーロッパの労働者と私たちを隔てる距離感を示す指標である」という問題を提起する。ダーントンは、この距離感を克服するために、その事件を労使関係から民衆儀礼、猫への態度から暴力観にまでいたる一連のコンテクストのなかに位置づけた。このようにして、なぜ徒弟たちがそのような行為をおこなったのかについて読者に理解を促すだけではなく、その事件を失われた世界への入り口にしている。もちろん、ターナーのいう出来事の順番にはしたがっていないが、ダーントンは「社会劇」として事件を分析しているともいえよう。

この「猫の大虐殺」に関する解釈は、とくにロジェ・シャルチエによって批判を受けることになった。シャルチエはとりわけダーントンの「フランス的なるもの」という概念を批判して、一八世紀と二〇世紀のあいだに存在する距離を強調する一方で、フランスの文化様式に見られる連続性を強調するというパラドックスに注意を促している。しかし、シャルチエはギアツ自身を肯定的に引用しているのだ。[15]

なぜギアツの作品、とりわけ闘鶏に関する論文はそのような影響を与えてきたのだろうか。ギアツの人文主義的な教養、洗練された文章、(一九六〇年代、一九七〇年代の人類学者の多くによって実践されていた慣習の社会的機能の分析と異なって)意味の解釈の擁護などは、彼の議論が温かく受容されることに寄与したのであった。ギアツの解釈学に対する関心は、彼を文化史のドイツ的伝統のなかにも位置づける。いずれにせよ、ギアツのいう「演劇のアナロジー」はきわめて強力で、古い「高尚」な文化への関心と日常生活への関心を結合させることになる。このアナロジーの力が、ギアツやターナーの作品だけではなく、アーヴィング・ゴッフマンの著書『日常生活における自己呈示』(一九五九年)によって生み出された熱狂を説明してくれる。たとえば、ゴッフマンは、レストランの「表舞台」である顧客に向かって振る舞うときと、他方で、「舞台裏」と呼ぶことのできる厨房にいる同僚に向かってまったく別なように振る舞う給仕人を描いている。

演劇のアナロジーの力はまた、儀礼への関心の高まりをも説明してくれる。戴冠式のような公式の儀礼を研究する伝統は、管見のかぎりでは、一九二〇年代までさかのぼることができる。しかし、一九六〇年代や一九七〇年代に、エドワード・トムスンやナタリー・デーヴィスらの歴史家は、シャリヴァリのような民衆儀礼を発見した。その後、そうした歴史家はもっと公式な「実践」や「パフォーマンス」の叙述と分析へと移行していった(本書八六‐七頁を見よ)。その一方で、ドイツの研究者リヒャルト・ファン・デュルメンは、『恐怖の劇場』(一九八五年)において近世の死刑執行を研究している。

例外的に演劇のアナロジーが支持されて用いられた例は、リース・アイザックの『ヴァージニアの変容』(一九八二年)に見いだすことができ、それはきわめて明晰なかたちで文化史家に対して、その価値を示してくれる。アイザックは、「エスノグラフィックな歴史」の事例としてその書物を提出し、また長文の最終章でみずからの方法を論じている。そして、ゴッフマンとギアツの作品を主要な参照点とすることにより、すべての文化が「演劇論的な構成物」ないしはレパートリをもっていることを示した。

「一連のパフォーマンス」として社会生活を理解する点は、ヴァージニアでの場合、大邸宅での食事、お茶会、歓待、法廷での手続き、選挙、地方民兵の召集、決議の採択と署名などの「儀礼的性格」を強調することによって例証されている。「劇場モデル」が白人男性と奴隷の出会いのような日常のミクロな出来事を解釈するために用いられており、そこでは、奴隷たちは「誇張されたかたちで服従を示す」ことになったのである。

しかし、歴史家の側の人類学への関心は、とりわけ一九六〇年代から一九九〇年代にかけての西ヨーロッパやアメリカ合衆国で、ギアツや社会劇への関心を超えて進んでいった。それでは、なぜこの時期に人類学の必要性が増大していったのだろうか。

諸学問分野のあいだでの遭遇は、文化間の遭遇のように、多くの場合、調和と収斂の原理にしたがってきた。ひとつの文化から他の文化へと人を引き寄せるものは、みずからのものと類似した、したがって馴染み深いものであると同時に馴染みのない思想ないしは実践である。この引力によって二つの文化の思想と実践は、相互により接近して似かよったものとなる。私たちが論じている事例では、厚い記述の理論と実践は、歴史家の集団をすでに旅してきた方向へとさらに移動させるのに役立つ。かつて文芸批評家のスティーヴン・グリーンブラットが述べていたように、ギアツの作品との遭遇は、「私がすでに実践していたことをよりよく理解させてくれた。私の専門家としての技術が、かつて理解していたよりも、重要なものであり、活力に満ちており、また刺激的なものとして、みずからに戻ってきたのである」[16]。

フランスのエマニュエル・ルロワ・ラデュリ、ダニエル・ロシュ、アメリカ合衆国のナタリー・デーヴィス、リン・ハント、イタリアのカルロ・ギンズブルグ、ドイツのハンス・メディックなどの二〇世紀後半の指導的な歴史家の多くは、もともとみずからを社会史家と称しており、マルクス主義者ではなかったが、マルクスを高く評価していた。一九六〇年代後半から、文化を社会と関連づける新しい方法を探していたときに、人類学へと目を向けたのだった。文化人類学は、文化を社会の反映物とみなしたり、また上部構造に還元したりすることはなかった。つまり、文化をケーキの砂糖衣とみなすものではなかったのである。(17)

民衆文化への関心の高まりは、歴史家にとって人類学をより重要なものとした。人類学者は、研究している民族が自分たちの文化を理解していないという見下した前提をすでに拒否しており、情報提供者《インフォーマント》によってもたらされるローカルで非公式の知識の価値を高く評価していた。

人類学者の文化に対する概念の幅広さは、もうひとつの魅力であったし、また現在もそうである。それは、かつて素朴な歴史家が美術や文学を研究する専門家たちにゆだねてきた象徴の研究を、社会史家が開拓してきた日常生活と結びつけることになった。演劇のアナロジーが力をもっているのは、ひとつにはそのような結合を確立するうえで役立つところにもある。文化の「規則《ルール》」や「典礼《プロトコル》」といった人類学的な概念もまた、文化史家を魅了してきた。その考え方によれば、物事がどのようにおこなわれるのか、すなわち、飲み物を要求する方法、家に入る方法、あるいは中世の国王や反宗教改革の聖人になる方法などについて、文化史家は子どものように学びとらねばならないことになる。

少数ながら、古い世代の歴史家が日常生活の象徴主義を研究していたことも、忘れるべきではない。そのもっとも有名なものが、ヨハン・ホイジンガによるものであることは間違いない。これまでみてきたように、彼は当時の人類学に依拠して、中世後期に関する傑作を執筆した。ホイジンガは自伝的エッセイのなかで、タイラーの『原始文化』を若いころに読んでいたことが「視野を広げることになり、ある意味で、そのとき以来、私を刺激し続けることになった」と書いており、そのなかには象徴主義への関心があげられている[18]。ホイジンガの『中世の秋』は、三位一体の原理を讃えてリンゴを三つに切り刻んでいた宗教者を描き、またシャルル突進公の宮廷での食事が「大掛かりで荘厳な演劇の上演に似ている」ことを指摘した。

ホイジンガ以前に、デンマークの研究者トゥルルス・フレデリック・トゥルルス゠ルンは、ドイツの文化史家だけではなくスカンディナヴィアの民俗学にも影響を受け、衣服、食物、祝祭のもつ意味に関する部門からなる『北方圏の日常生活』（一八七九–一九〇一年）一四巻シリーズのなかで、日常生活の象徴主義を論じている[19]。

L・P・ハートリーがつぎのようなエピグラフをもって小説『恋』を執筆しはじめたのは、一九五三年のことだった。「過去とは、異国のようなものである。そこでは、別な様式で事態が進行している」。しかし、ある歴史家の集団がハートリーを引用しながら、「文化史は、ある種の懐古的なエスノグラフィとして見られたときに、もっとも首尾一貫したものを達成し、もっとも意味あるものになる」と主張しはじめたのは、一九七〇年代になってからであった[20]。

ザンデ族やバリ人などのような遠く離れた民族の研究を通じて、西洋の歴史家が身近な日常レヴェルでの象徴主義を発見したということは、いささか逆説的である。しかし、G・K・チェスタトンらがみてとっているように、多くの場合、母国に何が存在しているかについて明確に知るためには旅をすることが必要となる。一〇〇年前、日本人のなかにみずからの文化遺産をより高く評価する者が現われるようになったのは、西洋人が、木版画、能楽、三味線音楽に心酔していることに気づいたときだった。

文学、美術、科学などの歴史でも、人類学的転回が可視化されてゆく。たとえば、スティーヴン・グリーンブラットは、文学の歴史から「文化の詩学」へと移動してきた。グリーンブラットの作品は、文学を歴史的ないしは文化的なコンテクストに再定位する運動の「新歴史主義」を支持している文学史家の集団と同じように、マルクス主義的伝統の「文学と社会」というテーマから発展して、その後にそれと対立するようになった。彼は、著書『シェイクスピアにおける交渉』（一九八八年）のなかで、芸術を社会の反映物とする伝統的なマルクス主義的見解を否定した。それに代わって、グリーンブラットは二つの領域の「交換」や「交渉」と呼ばれるものに関心を集中していった。

グリーンブラットは、この書物のなかの「シェイクスピアと悪魔祓い祈禱師《エクソシスト》」と題された論文において、『リア王』と『言語道断のカトリックの欺瞞の告発』という二つのかなり異なる種類のテクストの関係を論じている。『告発』は、悪魔祓いの実践への攻撃であり、プロテスタントの聖職者サミュエル・ハーズネットによって、シェイクスピアの演劇の直前に刊行されていた。ハーズネットが悪魔祓いに反対する主たる論拠は、彼らは現実には芝居を演じているのだが、観る者からその事実を隠しているという点にあった。論文の中心的なテーマは、グリーンブラットのいう「憑依と悪魔祓いに関する表象が神聖なものからいかがわしいものへと移動したこと」にあった。彼は、「演劇のアナロジー」を用いて研究をおこない、演劇のアナロジーの歴史に対しても貢献をしたのだった。

みずからを美術史家と呼んでいた研究者は、現在では「視覚文化」について研究しているといっている。この視覚文化への転回を示す初期の印象的な事例は、バーナード・スミスとマイケル・バクサンドールの作品から手にすることができる。

スミスの『ヨーロッパ的視点と南太平洋』（一九五九年）は、（発見の航海に同行していた芸術家も含む）ヨーロッパ人が最初にこの地域に進出していったとき、彼らは太平洋の人びとを「文化的に拘束された」見方、すなわち、古典的伝統や高貴な野蛮人というステレオタイプのレンズから眺めていたと論じている。たとえば、タヒチ人は黄金時代に暮らす民族、オーストラリアの先住民はスパルタ人やスキタイ人とみなされた。そして、アンティポデス諸島は、ヨーロッパの倒錯物、つまりある種の転倒した世界として認識されていたのだ。

バクサンドールの『ルネサンス絵画の社会史』（一九七二年）もまた、著者が「時代の眼」と呼ぶもの、いいかえれば、舞踏から樽の容積の測定まで、絵画の認識と日常生活の経験との関係を論じている。「パターンのストック」に対するバクサンドールの関心はアビ・ヴァールブルク（本書一八頁を見よ）を想起させるが、彼の文化相対主義的アプローチは同じように人類学を想起させるものであった。とりわけ、その人類学とはギアツの解釈人類学で、他方で、ギアツもその論文でバクサンドールの書物を取り上げている。

科学史家も同様の方向に進んで、ニコラス・ジャーディンらが『自然誌の諸文化』（一九九六年）と題する書物でおこなっているように、みずからを文化史家と定義し直している。ピーター・ギャリソンも『イメージと論理』（一九九七年）のなかで、二〇世紀の物理学が理論と実験との二つの文化をもち、またそのあいだでの交流があることを論じている。フィレンツェのメディチ家でのガリレオ・ガリレイの成功に関する最近の研究、マリオ・ビアジョーリによる『宮廷人ガリレオ』(一九九三年)は、歴史人類学の一例と呼ぶこともできよう。

ビアジョーリは、モースとマリノフスキーに依拠して、ガリレオと彼のパトロンとの紐帯を分析しようとした。また、ギアツとゴッフマンに依拠して、科学者が自分の発見を劇的な方法で発表するように圧力を受けていたことを説明しようとしている。たとえば、ガリレオは、「宮廷文化の規範に適合的なウィットに富んだやり方で」彼に投げかけられた質問に答えねばならなかった。ガリレオは、彼のパトロンである大公の知的な余興の一種として、晩餐の食卓でおこなわれることもある論争に参加することを求められていた。一七世紀初頭の宮廷という場では、「問題となっていたのは、最終的な成果ではなく見せ物だったのである」。

人類学の古典には、歴史家の思考の手助けとなり、かつ歴史家の抱える諸問題に対して解決策を提供するものがあることは間違いない。それと同じように、人類学への関心の増大を純粋に歴史叙述の内在的発展という観点から説明するのは視野狭窄であろう。歴史家は、意識的あるいは無意識的に、広範な世界の変化に対応しており、それは、進歩への信仰の喪失、反植民地主義やフェミニズムの台頭などを含んでいた。

顕微鏡のもとで

一九七〇年代には、「ミクロストリア」と呼ばれる歴史のジャンルの台頭、少なくともラベリングを目撃する。それはイタリアの小さな歴史家の集団を想起させるが、そのなかには、カルロ・ギンズブルグ、ジョヴァンニ・レーヴィ、エドワルド・グレンディなどが含まれている。この事件は、少なくとも三つの意味で考察することができる。

第一に、ミクロストリアは、経済史のモデルにならったある様式の社会史に対する反発であった。そこでは、計量的な手法を用いて、地域文化のもつ多様性や特異性を理解することもなく、一般的傾向が描かれてきたからだった。ドイツでは、ハンス・メディックに代表されるミクロストリアと、ハンス＝ウルリッヒ・ヴェーラーやユルゲン・コッカに代表される巨視的《マクロ》な「社会構造史」という、二つの様式のあいだでの競合が論争を生み出した。第二に、ミクロストリアは人類学との遭遇への応答であった。人類学者が提供したオルタナティヴなモデルは、文化に対する理解があり、また社会経済還元主義から解放され、そして群衆のなかに顔が見える個人を描く余地のある詳細な事例研究を生み出した。こうした顕微鏡は、望遠鏡に対する魅力的な代替モデルを提出し、具体的な個人やローカルな経験をふたたび歴史に挿入する機会を与えたのだった[21]。

第三に、ミクロストリアは、いわゆる進歩への「大きな物語」に対する幻滅が増大したことへの応答でもあった。この「大きな物語」とは、古代のギリシアやローマ、キリスト教、ルネサンス、宗教改革、科学革命、啓蒙、フランス革命、産業革命などを通じた近代西洋文明の勃興を意味している。この勝利者による物語は、こうした動きに参加しなかった西洋の社会集団はもとより、多くの他の文化の功績と貢献を見過ごしてしまうものであった。この「大きな物語」への批判と、いわゆる英文学の文豪や西洋美術史の大画家による「正典《カノン》」への批判とは、明らかにパラレルな関係にあった。なぜなら、そうした批判の背後には、地域の文化やローカルな知識の価値を強調することによるグローバリゼーションへの対抗意識がみてとれるからだ。

一九七〇年代半ばに、ミクロストリアを俯瞰する二冊の書物が刊行された。エマニュエル・ルロワ・ラデュリの『モンタイユー』(一九七五年)、カルロ・ギンズブルグの『チーズとうじ虫』(一九七六年)で、この二冊は、学問的な成功と広範な読者へのアピールを兼ね備えていた。

『モンタイユー』は、一四世紀初頭のピレネー山脈にある小さなフランスの農村とそこに住む二〇〇人の奇妙な農民の歴史的な肖像である。この肖像を描くことが可能となったのは、異端と疑われた二五人の村民への尋問を含む、審問調書の記録が残っていたことによる。この書物は、しばしば社会学者によって実践される類いの地域社会研究の一般的形態をとっている。しかし、個々の章は、その当時のフランスの歴史家によって議論されていた諸問題、たとえば、幼年期、セクシュアリティ、時間と空間のローカルな感覚、家族的価値観の表象としての家屋の問題などを取り上げている。『モンタイユー』は、物質文化や心性も含む広い意味での文化史に貢献したのだった。

『チーズとうじ虫』もまた、現存する一六世紀の北東イタリア・フリウリ地方の異端審問調書にもとづいたもので、異端であるとの嫌疑をかけられた製粉業者ドミニコ・スカンドラ、通称「メノッキオ」として知られていたひとりの人物のパーソナリティに焦点をあてたものだった。異端審問官を驚かせたのは、メノッキオがみずからの宇宙観を展開しながら彼らの質問に詳細に答えたことにあった。この書物の題名の意味するのは、「始まりにおいてすべてのものはカオスである」というメノッキオの信仰にあり、それは「ミルクのなかからチーズの塊ができ、そこからうじ虫があらわれてくるように、このうじ虫のように出現してくるものが天使である」というものだった。異端審問の過程で、メノッキオは、彼が読んだ書物とその解釈のしかたについて詳細に述べた。このようにして、ギンズブルグの研究は、新たな「読書の歴史学」に貢献したのである（本書九〇－一頁を見よ）。

『チーズとうじ虫』は、「下からの歴史」と呼ぶこともできよう。イタリアのマルクス主義者、アントニオ・グラムシのいう「サバルタン階級」の構成員の世界観に焦点をあてていたからだ。主人公メノッキオは「風変わりな庶民」として描写されており、ギンズブルグは、彼の思想をさまざまな角度から検討している。一方で、ときにステレオタイプ化された異端像と一致していないために異端審問官を攪乱させる奇妙な人物として描かれ、またある場合には、伝統的で口承にもとづいた農民文化の語り部として描かれている。その議論は、必ずしも一貫したものではないが、つねに思考に活気を与えてくれる。

その他の歴史研究は、人類学というよりも地理学や民俗学の影響を受けて、村落や家族より大規模な単位である地域を研究してきた。たとえば、チャールズ・フィジアン＝アダムズは、イングランドの「文化的地方」を分類しようとつとめてきた。州《カウンティ》よりも規模は大きいが、イングランドの慣習的な区分である北東部、ミッドランド地方、南西部などよりも小規模なもので、全部で一四あった。またデヴィド・アンダーダウンの場合は、近世の民衆文化の多様性に焦点をあて、文化形態と地域経済や、さらに定住のパターンを関連づけた。たとえば、「核となる村落が存在している羊毛産業と穀物生産の地であるウィルトシャとドーセットの低地地帯」では、とりわけサッカーの人気があったことを指摘している[22]。

多くの論争をはらんだデヴィド・フィッシャーの『英国の種子』（一九八九年）は、大西洋を越えて、今日のアメリカ合衆国の七つの文化圏、植民地アメリカの四つの文化圏を特徴づけており、それぞれの文化圏がイングランドの地域からの移民によって形成されたという。すなわち、イースト・アングリアからはマサチューセッツへ、イングランド南部からはヴァージニアへ、北部ミッドランドからはデラウエアへ、最後に一八世紀には北ブリテンからペンシルヴェニアの「未開地」である西部へ、というものだ。フィッシャーは、その四つの地域のそれぞれで、言語から家屋にいたる文化的痕跡である「フォーク・ウェイズ」が、イギリスの地方の伝統によって形成されたと論じている。たとえば、ニュー・イングランドの下見板張りの家はイースト・アングリアの家屋を再現したもので、ヴァージニア人の訛《なま》りと語彙はサセックスやウェセックスなどの方言に由来しているという。

一九七〇年代以降、何百におよぶミクロストリアの研究が生み出されてきたが、それらは、村落や諸個人、家族や修道院、暴動、殺人、自殺などに焦点をあててきた。その多様性は印象的であるが、それらの研究は、既存のアプローチに対する知的な収穫逓減の法則にしたがっているように思われる。模倣していた歴史家たちはどうであれ、ギンズブルグが直面していた大きな問題は、地域社会とその外部の世界との関連を分析することにあった。たとえば、ドイツのミクロストリア史家ハンス・メディックは、ライヒンゲンのスワビアン村を分析して、地域社会とグローバルな空間との関係をとりわけ強調している[23]。

ミクロストリア的転回が与えたもっとも興味深い影響は、歴史解釈における論争を再開したことにある。たとえば、内戦は、全国レヴェルみればイデオロギー闘争のように見えるが、ローカルなレヴェルでみれば利害の競合や衝突のように見えてくる[24]。

ポストコロニアリズムとフェミニズム

前節で指摘したように、西洋文明の大きな物語への反発が起こったひとつの大きな理由は、排除ないしは隠蔽してきたものに対する認識が拡大してきたことにあった。第三世界での独立闘争や、豊かな国が続ける経済的搾取についての議論は、植民地主義的な偏見とその「ポストコロニアル」時代への浸透に注意を促した。これがポストコロニアリズム理論、正確にはポストコロニアリズムの競合する諸理論が登場する文化的コンテクストとなっている。それは、文化史も含んだ学際的なテーマの集合体で、のちに「ポストコロニアル研究」という制度的形態を取ることになった[25]。

西洋の偏見のもつ力を暴露するのに最大の貢献をした書物のひとつが、エドワード・サイードの『オリエンタリズム』（一九七八年）であった。この論争提起的な研究は、西洋思想のなかにある東洋と西洋との二項対立の重要性を強調している。こうした二項対立を描写する観点は、レヴィ＝ストロースを何らかのかたちで手本にしていることは間違いない。この「やつら」と「われわれ」という区別が、本来ならばそれを和らげるはずのオリエンタリスト研究者によって浸透したと論じている。サイードはまた、一八世紀後半からのオリエンタリズムは、顕在化したものであれ潜在的なものであれ、植民地主義を意味しており、「オリエントに対して、支配をおこない、それを再構成して、権威をもつにいたる西洋の様式」になったとしている。

『オリエンタリズム』は、さまざまな認識論的スキーマを分析した。西洋の旅行者、小説家、学者らはこうしたスキーマによって、中東を「後進性」、「退廃」、「専制」、「敗北主義」、「奢侈」、「受動性」、「感応性」などのステレオタイプとして認識した。これは、怒りの書物でもあった。サイードは、外国人には敵対心や凝縮化といった目隠しをすることなく、中東の文化を眺めてほしいと心から願った。『オリエンタリズム』は、アジア、アフリカ、アメリカだけではなく、ヨーロッパに関しても、多くの類似した研究に影響を与えてきた。アイルランドに対するイングランドのまなざしは、「ケルト主義」と呼ぶことができよう。その一方で、興味深い逆方向の動きとして、「西洋」のステレオタイプ化が「オクシデンタリズム」と呼ばれることになる。(26)

独立に向けたもうひとつの運動であるフェミニズムは、男性の偏見を暴露すること、そして伝統的な大きな物語のなかでは姿が見えなかった女性による文化への貢献を強調することに関心を払ってきたが、同じように文化史と幅広く密接な関係をもってきた。この急速に拡大しつつある領域でおこなわれていることを概観するためには、フランスの歴史家のジョルジュ・デュビーとミシェル・ペローが編んだ『西欧の女性の歴史』五巻本（一九九〇－九二年）に目を向けねばならないだろう。このシリーズには、たとえば、女性の教育、男性の女性へのまなざし、女性の信仰、女性の作家、女性向きの書物など、多くの文化史に関する論文が含まれている。

歴史実践に対するフェミニスト的な関心の影響を示す事例研究として、最近のルネサンスの歴史に注目しなければならない。たとえば、一九〇三年に刊行されたジュリア・カートライトによるイザベッラ・デステに関する書物のように、とりわけ女性研究者は長らくルネサンスの指導的な女性を研究してきた。しかし、ジョーン・ケリーによる「女性にルネサンスはあったか?」というマニフェスト的論文が、一般的な視点の問題を提起し、この分野で記念碑的作品となった[27]。その潮流のなかで、ルネサンス期の女性に関する一連の研究が数多く登場した。ある研究グループは、当時の女性芸術家が成功にいたる過程でぶつかった困難に焦点を当てた。別の研究グループは、同じような視角から、女性の人文主義者に関心を寄せている。彼女たちは男性の同僚から真面目に取り上げてもらうには不利な立場にあったこと、また結婚していようと女子修道院にいようと研究する時間を見つけるのが困難であったこと、などが強調されている。

少しずつではあるが、ルネサンスとして知られる研究領域に女性を加えたことによって、研究の変容、もしくはケリーの言うように、その「再定義」が起きたのだった。

たとえば、最近の研究は、「文学」というよりルネサンス期の「女性の著述」について多くを語っている。特徴的なのは、女性が適切なかたちで表象=代理されていない文学という伝統的なジャンルを超えた視座をもつことが必要だ、という点にあった。強調点が置かれているのは、私的な書簡のような「非公式な形態」の著述である。ここでもまた、たとえば、イザベッラ・デステのような女性たちが芸術家としてよりもルネサンス芸術のパトロンとして傑出した存在となっており、女性史に関心をもつことは、生産から消費へという一般的な関心の転換を促した（本書一〇〇–一頁を見よ）[28]。

新たな様式による女性の文化史に関する事例研究として、キャロライン・バイナムの『神聖な饗宴、神聖な断食』（一九八七年）に目を向けねばならないだろう。それは中世後期の食物に関する象徴主義の研究で、とりわけ「宗教的象徴主義のなかでの食物の浸透」に関するものであった。著者は、メアリー・ダグラス、ジャック・グッディ、ヴィクター・ターナーなどの人類学者の作品を少なからず用いている。彼女が論じるのは、食物というものが、男性よりも女性にとって重要な象徴的存在であり、「信心深い女性の生活と著述における強迫観念的で圧倒的な関心事」となることにあった。たとえば、女性は「神を食物として考え」、とりわけ聖餐儀式を献身的におこなった。この研究は、現在進行している拒食症をめぐる論争に影響を受けているが、現代の身構えを過去へと投影することは慎重に避けられている。バイナムは、女性の断食が病理学的なものではなく、意味のあるものであったとする。それは、自己規制のひとつの形態であっただけではなく、「権威をもった人びとを批判し統制するひとつの方法」でもあったからだ。

同書を中世後期のホイジンガの研究の宗教に関する章と比較対照してみれば、問題の所在がいっそう明らかとなるだろう。バイナムは、実践と女性により重点を置き、象徴主義の拡大に関してもより肯定的な態度を表明している。ホイジンガはこれを退廃《デカダンス》のひとつの徴候としてとらえた。そうした点で、彼女の著書は、後の章で扱われるテーマである「新しい文化史」の優れた模範を提供してくれるのである。

第4章　新たなパラダイム？

前章では、歴史家と人類学者の遭遇が、一九七〇年代から一九八〇年代にかけて文化史にもっとも重要な革新をもたらすきっかけとなったことを指摘した。人類学一般、とくにギアツによってなされた文化史への刻印は、現在でもみてとれる。しかし、いわゆる「新しい文化史」は単なる着想の源以上の意味をもっていた。それは、個人レヴェルでも、また集団レヴェルでも、よりいっそう多方面にわたっている。

「新しい文化史」という言葉は一九八〇年代の末に使用されるようになった。一九八九年にアメリカの歴史家リン・ハント編の有名な同名の書物が刊行されたが、そこに収録された論文は、もともと一九八七年にカリフォルニア大学バークレー校で開催された「フランス史——テクストと文化」をテーマとする学会での研究報告であった。新しい文化史は、今日実践されている文化史の支配的な形態である。なかには、歴史学の支配的な形態だという者もいるだろう。それは、科学「革命」の構造を論じたトマス・クーンの書物のなかで使われた意味での新しい「パラダイム」、いいかえれば、ひとつの研究の伝統が出現する「通常の」実践モデルにしたがっているからである。(1)

「新しい」という言葉は、すでに論じた古い文化史と「新しい文化史」を区別するのに便利なものとなる。ちょうどそれは、一九七〇年代のフランスの「新しい歴史学」と同じようなもので、実際共通点は多岐にわたっている。「文化」という言葉は、理念や思考体系よりも、心性や想念、そして感覚などを強調することによって、思想史と区別される。二つのアプローチのあいだにある差異は、ジェーン・オースティンの有名な「理性と感受性」という対比の視点から観察することができるだろう。すなわち、先輩格にある思想史は真摯かつ几帳面で、後輩格にある文化史は曖昧だが想像力に満ちているのだ。

「新しい文化史」はまた、「文化」という言葉によって、別の姉妹関係にある社会史とも区別される。こうしたアプローチ上の転換がもっとも明瞭になるのは、都市史の変遷にあると思われる。都市の政治史、あるいは「自治体史」と呼ぶこともできる領域は、管見のかぎりでは一八世紀以降に実践されてきた。一九五〇年代から一九六〇年代にかけて、そこから都市の経済史や社会史が離陸する。都市の文化史はごく最近のものであって、カール・ショースキーの著書『世紀末ウィーン』(一九七九年)と、その後の研究によって脚光を浴びるようになった第三の波となる。ショースキーが焦点をあてるのはエリート文化だが、彼はそれを都市のコンテクストに位置づけた。ほかの文化史家は、都市のサブ・カルチュア、とりわけ自己を表現し、そうした自分自身を新しく創りかえるために多くの機会を提供してくれる舞台として、大都市にいっそうの関心を払っている。(2)

新しい文化史の様式は、これまで輪郭を描いてきたような異議申し立て(第3章を見よ)、「文化」の領域の拡大や「文化理論」として知られるものの台頭に対する応答とみなさなければならない。たとえば、前章の最後で論じたキャロライン・バイナムの書物は、ジュリア・クリステヴァやリュス・イリガライのように、男性と女性の言説の差異を分析してきたフェミニスト理論家の作品を導きの糸としている。理論とは、問題に対する応答であり、問題の再概念化とみなすこともできよう。特定の文化理論は歴史家に新たな問題（というより問題があると知らなかったもの）を自覚させてきたが、それ自身が新たな問題を生み出すことになる。

理論への関心は、新しい文化史の際だった特徴となる。たとえば、一八世紀のフランスやイングランドでのブルジョワ的な「公共圏」の勃興は、ドイツの社会哲学者ユルゲン・ハーバーマスの考案によるものだが、彼の概念を批判ないしは検証する一連の研究、それを他の時代、他の諸国、他の社会集団（たとえば女性）、そして絵画や音楽のような他の活動領域にまで拡張する研究を生み出した。とりわけ新聞の歴史は、ハーバーマスの命題に対する応答として発展してきた(3)。

さらにまた、中心を形成するときの周辺の役割についての「代補」(supplement) というジャック・デリダの概念が、多様なコンテクストで歴史家に採用されていった。事実、アメリカの研究者ジョーン・スコットは女性史の登場を描くときに、その用語を用いている。それによって「女性は歴史に書き加えられ、歴史が書き直される機会をも与えたのだった」（ちょうどそれは、第3章で論じたルネサンス期の女性と同じようなものとなる）。同じように、ヨーロッパの魔女研究では、「多くの人が魔術に恐怖を感じていた近世という時代には、信仰はまさにそれが排除しようとしていた要素に依拠していた」と論じた(4)。

四人の理論家

この節では、その仕事が新しい文化史の実践者にとって、とりわけ重要な四人の理論家に焦点をあてる。すなわち、ミハイル・バフチン、ノルベルト・エリアス、ミシェル・フーコー、ピエール・ブルデューである。彼らに見られるいくつかの鍵となる概念を要約することから始めて、その後に、そうした概念を利用する方法を考察することにしよう。バフチンは言語と文学の理論家で、その知見は視覚文化にとっても重要となる。その一方で、ほかの三人は社会理論家で、社会と文化との境界線が解体しつつあるときに研究をおこなっていた（本書四四－五頁を見よ）。それらの理論家をここで論じるのは、読者に彼らの概念を受容せよとかそのまま過去に適用せよと説くためではない。そうした理論を篩《ふる》いにかけて新しい歴史学の論点を検討し、古い論点の再概念化を促すためである。

ミハイル・バフチンの声

ミハイル・バフチンは、二〇世紀が産んだもっとも独創的な文化理論家のひとりである。バフチンは、著書『フランソワ・ラブレーの作品と中世・ルネサンスの民衆文化』（一九六五年）がフランス語と英語に翻訳されて、少なくともロシア国外の歴史家たちに見いだされた。ロシア国内では、ユーリー・ロトマンを含む、記号論の「タルトゥー学派」の生みの親のひとりとされている（本書五五頁を見よ）。

たとえば、ラブレーに関する書物のなかで用いられている基本概念の「カーニヴァル性」、「奪冠」、「市場の言語」、「グロテスク・リアリズム」などは、新しい文化史で頻繁に用いられてきた概念であり、もしそれらが存在しなかったら、これまで研究が進展してきたことを想起するのは困難だろう。

たとえば、ボブ・スクリブナーは、ドイツ宗教改革と当時の民衆文化への影響に関する斬新かつ刺激的なアプローチで、バフチンのカーニヴァルと非神聖化の儀礼に関する作品を利用している。彼が論じるには、たとえば、群衆の練り行進は、カトリックの図像や聖遺物が意味のないことを民衆に示す劇的な方法として、改革派によって用いられていたのだった。

こうした概念は、一六世紀のフランスから一八世紀のイングランドに、また文学史から（たとえば、ブリューゲルやゴヤの研究といった）美術史にも移植されていった。とりわけ民衆の笑いという「民衆」文化による「エリート」文化の転倒と境界侵犯の重要性に関するバフチンの見解は、新たな権威となる危険性をはらんでいたが、批判もなく受容されて、少なくとも現実にはそうなってきたのだった。[5]

これに対して、発話行為のジャンルについて、あるいはひとつのテクストに聞き取ることができる複数の声についての、同じくバフチンによって提出された興味深い概念である「ポリフォニー」、「ポリグロシア」、「ヘテログロシア」などは、相対的に文学の世界以外であまり注目を集めることはなかった。これは非常に残念なことである。というのも、たとえば、カーニヴァルを民衆の転倒行為の単純な表明というものに分類するよりも、遊びと怒り、高尚と低俗、男と女といった複数ある多様な声の表現としてアプローチするほうが、刺激的なことは間違いないからだ。

またヘテログロシアの観念は、固定的で一枚岩的な自己の観念が挑戦を受けている時代では、歴史家たちが呼ぶ「エゴ＝ドキュメント」、いいかえれば、第一人称によって書かれた文書を研究するためにも、明らかに重要である。新聞を抜き書きした日記、あるいはガイドブックを引用した旅行記は、対話とはいわないが、複数ある声の共存を示す事例となる。

ノルベルト・エリアスの文明化

ノルベルト・エリアスは社会学者であったが、生涯にわたって歴史に関心をもち、また文学、音楽、哲学などの「文化」や、日常生活の技法である「文明」にも関心を抱いていた。第1章で論じた『文明化の過程』（一九三九年）は、歴史学と同様に社会理論にも貢献するものだった。

この研究の基本的な概念は、「羞恥心の限界」と「不快感の限界」であった。エリアスによれば、こうした境界線が一七世紀から一八世紀にかけて徐々に登場して、洗練された社会からさまざまな行動形態を排除していったのだという。もうひとつの基本概念は「自己規制への社会的圧力」であり、この二つの概念の外延には、「競争」や、のちにブルデュー（本書八四－六頁を見よ）によって有名になる「ハビトゥス」、エリアスによってダンスと比較される、人びとの関係が変化するパターンを意味する「図柄」（figuration）が含まれる。

一九三九年、スイスで刊行されたドイツ語の『文明化の過程』は、当時はほとんど関心を呼び起こさなかった。しかし、一九六〇年代以降、アントン・ブロックのような歴史人類学者や、ロジェ・シャルチエのような文化史家をはじめ、美術史家や科学史家にまでその影響力を拡大していった。英語圏の歴史家らが「礼節」（civility）という言葉を多用するようになるのは、エリアスの重要性に対する認知度の増大でもある。たとえ、スポーツや時間とか、支配者とアウトサイダーとの比較対照に関する研究を捨象して、実質的に宮廷とその食卓に関する研究しか彼の業績を知らないとしてもである。

『文明化の過程』は、たとえば、中世を無視している、イタリアや性に関して多くを語っていない、宮廷の影響力を過大評価し都市の影響力を過小評価しているといった理由で、数多くの批判を浴びた。著者が明らかに前提としている「文明化」が根本的に西洋的な現象であるという点もまた、きわめて奇妙なものになってしまった。エリアスの概念に対する文化史家の反応は、つぎのように要約できよう。多くの場合、文化史家はエリアスの歴史解釈に批判的だが、彼の社会文化理論は考察をおこなうにはとても便利であると判明したのだった。[6]

ミシェル・フーコーの体制

フーコーは、エリアスが自己規制を強調したのに対して、自己への統制、とりわけ権力によって行使される身体への統制を強調することになった。フーコーは、最初、哲学者から歴史家となり、その後、観念の歴史家から社会史家へと転じて、狂気、医療、思考体系、監視、セクシュアリティなどの歴史に関する一連の著作によって名声を獲得した。[7] 新しい文化史に関するかぎり、彼が先鞭をつけた三つの概念が、とりわけ影響力をもってきた。

第一に、フーコーは、自由や個人主義の進歩、発展、勃興といった枠組みで歴史をとらえる目的論的解釈に対して、鋭い批判を展開してきた。そうした解釈は、ヘーゲルや一九世紀の哲学者によって提出され、しばしば歴史家の日常的な実践でも当然のものとして受けとめられてきた。ニーチェから取られた用語である「系譜学」というアプローチは、観念の発展や現存の体制の起源をたどるというよりも「蓋然性」の影響を強調している。

フーコーはまた、たとえば、一七世紀の言葉と物との関連のあいだに生じた変化、一七世紀の狂気、一九世紀のセクシュアリティの「発明」などに見られる、文化的な不連続ないしは「断絶」を強調した。それらすべての場合において、クーンによって新しい「パラダイム」と呼ばれたものが、それ以前のものにかなり急速に取って代わることになった。最近の新しい文化史の作品で強調される文化的構築も、以下で議論するようにフーコーにかなりのものを負っている。

第二に、フーコーは、彼が「エピステーメ」ないしは「真理の体制」と呼ぶ分類の体系を、既存の文化と同時に、その文化を形成している諸力の表明とみなすことになった。彼がみずからを「考古学者」と呼ぶのは、歴史家の仕事が表面的であるのに対して、思想構造ないしは彼が好んで「網の目」と「格子」と呼ぶものに到達するためには事象を深く掘り下げる必要がある、と確信していたからであった。「格子」の意義は、カルロ・ギンズブルグによって用いられた（六七―八頁を見よ）思想的「フィルター」と同じように、構造がある種の情報を許容する一方で、残余のものを排除していることを指摘した点にあった。

フーコーは、コレージュ・ド・フランスの「思考の体系の歴史」講座の教授に任命されたときの就任講演『言語表現の秩序』（一九七一年）において、みずからの目的をある種の観念や論点が思考の体系から排除される様式を含む思考統制の研究と定義していた。彼の四つの主要な意義深い研究のうちの三つが、思想秩序と社会秩序に対して脅威を与えると認識されたために、ある特定の集団（狂人、犯罪者、性的逸脱者）が排除されることに関するものであった。

これに対して『言葉と物』（一九六六年）の場合は、一七世紀や一八世紀という特定の時代に、根底にあって、思考したり、発話されたり、著述されたりするものすべてを組織化するカテゴリーや原理、いいかえれば、その時代の言説を論じるものだった。この作品でフーコーは、個々の作者よりも集合的言説のほうが研究対象として適切であると指摘したが、それはある者にはショックを与え、またある者には影響を及ぼした。事実、フーコーの言説概念は、サイードの『オリエンタリズム』（本書七〇－一頁を見よ）に対する主たる影響の源のひとつとなる。フーコーの継承者たらんとする者にとっての問題は、この言説という中心的な概念が、クーンのパラダイム概念やマルクスの階級概念のように曖昧だったことにある。大まかにいえば、一八世紀のフランスでは、果たしていくつの言説が存在していたのだろうか。三つか、三〇か、それとも三〇〇なのだろうか。

第三の点は、フーコーが、理論だけではなく実践、また精神に加えて身体を含む思想の歴史を著述したことである。彼の実践概念は、いわゆる権力のミクロ物理学、いいかえれば、ミクロ・レヴェルでの政治を強調することに関連づけられている。「言説＝実践」は、語られている対象、究極的には文化や社会全体を構築し構成するもので、「まなざし」は、近代の「規律社会」の表現とされている。

フーコーは、『監視と処罰』〔邦訳：『監獄の誕生』〕（一九七五年）で、監獄、学校、工場、病院、兵舎などの一連の同型性を、「従順な身体」を創出するための制度として定義した。たとえば、教室の空間的組織化は、パレードの広場や工場の作業場の空間構成のように、監視という手段による統制を容易にするためのものだった。彼は、その有名な文章で、一九世紀の改革派ジェレミー・ベンサムが考案した理想の監獄

「パノプティコン」を、囚人は見ることができないが当局はすべてを見渡せるように設計したものだ、と説明している。

ピエール・ブルデューの使用

ブルデューは、エリアスやフーコーと違って、哲学者から人類学者や社会学者に転じた人物であり、彼自身は歴史を叙述することはなかった。だが、歴史について博学で、一九世紀フランスに関して洞察力のある考察を展開した。しかし、最初はベルベル人に、その後にフランス人に関しておこなった研究の過程で、彼が生み出した概念や理論は、文化史家にとって大きな意味をもつものであった。それらには、「界」(champ) の概念、実践理論、文化的再生産の概念、そして「差異化《ディスタンクシオン》」の概念が含まれている(8)。

ブルデューの文学的、言語学的、芸術的、思想的、科学的な「界」の概念は、特定の文化で特定の時期に独立を達成し、独自の文化的な伝統を生み出す自律的領域を意味する。これまでのところ、文化的「界」の観念は、歴史家の多くを魅了するものではないが、フランス文学や知識人の勃興に関心をもつ研究者には、その概念が刺激的であることが証明されている。

「文化的再生産」に関するブルデューの理論はさらに影響力をもち、まさにこのプロセスによって、フランスのブルジョワジーのような集団は社会的地位を維持しているのだ。それは、一見すると自律的で公平な教育制度を通じておこなわれるが、実際には、そうした社会集団のなかで産まれたときから教え込まれた特質をもった学生が、高等教育へと選別されるのである。

ブルデューによるもうひとつの重要な貢献は、「実践の理論」、とりわけ「ハビトゥス」の概念であった。ブルデューは、レヴィ＝ストロースのような構造主義者の作品のなかの文化の規則についての認識が柔軟さを欠いていることに反発する。そして、即興という観点から日常的実践を考察した。即興は、文化によって精神と身体に教え込まれたスキーマのなかで繰り返される実践のことをいう（彼が使う用語には、身体スキーマ［schéma corporel］や思考スキーマ［schème de pensée］が含まれている）。彼は、こうした即興の可能性に言及するために、「ハビトゥス」の概念を美術史家のエルヴィン・パノフスキーから借りてきた（だが、パノフスキー自身は、それをスコラ哲学者から借りてきたのだった）[9]。ブルデューによれば、たとえば、フランスでのブルジョワのハビトゥスは、高等教育体制のなかで賞賛され特権化されてきた特質と一致している。したがって、ブルジョワの子弟は「自然に」振る舞うことによって試験で成功を収めるのだった。

ブルデューは、経済学から着想を得た卓越したメタファーを活用して、財、生産、市場、資本、投資という観点から文化を分析した。彼の「文化資本」や「象徴資本」という言い回しは、社会学者や人類学者、そして、少なくとも歴史家の一部の日常言語へと浸透してきている。

ブルデューは、農民の結婚の研究だけでなく、文化の研究でも「戦略」という軍事的メタファーを用いている。ブルジョワは、その文化資本を最大利益のために投資していないときには、たとえば、バッハやストラヴィンスキーの音楽を「低俗」であるとみなす集団を差別化する手段として利用しながら、差異化の戦略を採用しているという。ブルデューが記しているように、「社会的アイデンティティは、差異のなかに存在している。そして、差異というものは、最大の脅威を意味するもっとも接近したものとの対抗のなかで主張されるのである」。
エリアスの場合と同じく、文化史家を魅了したのは、相対的に抽象的な界の理論や再生産の理論ではなく、とりわけ「差異化」を求めて闘争するブルジョワの生活様式についてのブルデューの鋭利な考察であった。しかし、一般理論は、叙述だけではなく分析をおこなおうとする歴史家にとって、何がしかのものを与えてくれる。理論は決定論や還元論として批判されてきたが、それは伝統や文化変動についての私たちの前提に再考を迫るからだった。

こうしてみると、これら四人の理論家たちはみな、文化史家に対して表象や実践に関心をもつように促してきたといえる。その指導者のひとりロジェ・シャルチエによれば、表象と実践は、新しい文化史の二つの傑出した特徴となるものであった。

実践

「実践」は新しい文化史のスローガンのひとつである。すなわち、神学の歴史よりも宗教的実践の歴史、言語学の歴史よりも発話の歴史、そして科学理論の歴史よりも実験の歴史が研究されている。実践への転回のおかげで、かつては在野の研究者にゆだねられていたスポーツの歴史は専門化され、いまでは『国際スポーツ史評論《インターナショナル・ジャーナル・フォ・ヒストリー・オブ・スポーツ》』のような独自の雑誌を刊行する分野になっている。

逆説的なことだが、実践の歴史は最近の社会理論や文化理論にもっとも影響を受けてきた歴史叙述の領域のひとつである。実践という観点からすれば、ノルベルト・エリアスはテーブル・マナーの歴史に関心をもっていたことで、かつては風変わりなものと見られていたが、いまや歴史学の主流にしっかりと身を置いている。ブルデューの差異化に関する研究は、消費の歴史研究に影響を与えてきた。フーコーの規律社会の観念は、〔人びとを〕従順な状態にしておくために新たな実践が採用されるというもので、世界の他の地域の研究にも応用されていった。

たとえば、ティモシー・ミッチェルは『エジプトを植民地化する』（一九八八年）において、フーコーとデリダに依拠して、一九世紀植民地主義のもたらす文化的影響を論じた。ミッチェルはフーコーからヨーロッパ的な「まなざし」を学び、また規律化の重要性に焦点をあてながら、軍隊と教育のような異なる領域での発展の同型性を検討した。デリダから学んだ「差異の戯れ」としての意味の観念は、一八〇〇年前後に導入された印刷業のもった著述慣行への影響に関する章の中心的なテーマとなっている。

言語の歴史、とくに発話の歴史も、実践の文化史が植民地化を始めつつある領域、より正確には、言語研究に歴史的な次元の必要性を感じていた社会言語学者と問題意識を共有しつつある領域である。優雅さは文化史家の関心を惹きつけてきたひとつの発話の領域であり、侮辱はそれ以上に歴史家を惹きつけてきたのだった[10]。

宗教的実践は長らく宗教史家の関心であったが、ヒンドゥー教、キリスト教、イスラーム教の瞑想と巡礼に関する作品群が増大したことは、その力点が変化したことを示す。たとえば、ルルドへの巡礼は、一八七〇年代に普仏戦争で敗北を喫したフランスの改悛の国民的運動として、ルース・ハリスが政治的コンテクストのなかに再定位した。巡礼は、ヴィクター・ターナー（本書五六‐七頁を見よ）のような人類学者の影響のもとで、加入儀礼として、また境界現象として研究されてきた。巡礼の参加者は、通常の社会的役割や地位を捨て去り、巡礼のコミュニティのなかに溶け込もうとして、日常的世界と参入しようとする世界とのあいだで宙ぶらりんの状態にあるとみなされている[11]。

もうひとつ実践の歴史の事例をあげるとすれば、旅行史であろう。現在、多くの実証研究や講座本が刊行されているだけではなく、『旅行研究評論《ジャーナル・オブ・トラヴェル・リサーチ》』のような専門誌の創刊が示すように、一種のブームにある。そうした研究は、とくに旅行の技法や方法、つまり、旅行というゲームの規則に関心をもつ。旅行に関する論文は一六世紀後半からヨーロッパで刊行されており、読者に対して、たとえば、教会や墓場の墓碑名を転写すること、あるいは訪問場所の統治形態やマナーと慣習を調査することを助言している[12]。

実践の歴史は、文化史のなかでも、相対的にみれば伝統的領域に属するルネサンス研究のようなものにも影響を与えてきた。たとえば、人文主義は、「人間の尊厳」に対する信念のような人文主義者にとって鍵となる思想から定義されていた。今日、人文主義は、碑文の写生、キケロのスタイルで語り著述すること、何世代にもわたる写本により歪曲されてきた古典を復元すること、古代の貨幣を収集することなど、行為の集合体という観点から定義される傾向にある。

収集は実践の歴史のひとつの形態で、美術史家、科学史家、博物館や美術館のスタッフにアピールするものとなった。一九八九年には『収集史評論《ジャーナル・オブ・ヒストリー・オブ・コレクションズ》』が創刊され、この一〇年間に「好奇心の陳列品《キャビネット》」の博物館や美術館をめぐる重要な研究が現れた。主に焦点があてられたのは「収集の文化」である。研究の対象となったのは、（鋳貨や貝殻など）何を集めているか、収集の哲学や心理学、収集の団体、実践の根底にある理論など収集の基本的カテゴリー、そして最後に収集品への接近可能性であった。こうした収集品は、フランス革命以前は概して個人の所有物であり、その後は公的所有が増大していった[13]。

この分野での事例研究として、西洋を離れて明代中国に目を向けることが問題の所在を明らかにしてくれる。クレイグ・クルナスは、著書『長物』（一九九一年）でこれを描いた。この書名は、一七世紀初頭の郷紳学者の文震亨によって執筆された『長物志』から取られたものである。

そこで問題となっているのは、「長物〔無用の物〕」に対する関心が必要なものへの関心を払うことのない人、つまり「有閑階級」であるエリートに属することの象徴だった点にある。

文震亨は、純粋な骨董品と偽物をどう区別するか、（たとえば、木彫の龍の飾りがある食卓など）悪趣味をどのように避けるかといったことを論じながら、鑑識眼に関する中国の伝統の一部をつくりあげた。クルナスはブルデューに依拠しながら、「『長物志』のなかで事物のあいだの差異を不断に主張することは、消費者のなかの差異、とりわけ郷紳学者と成金との差異を主張することにほかならなかった」という。

日常的実践の歴史への転回は、科学史の分野でより明瞭なものとなる。科学史は、思想史の一形態と見られていたが、いまや実験のような行為の意味にいっそう関心を払うようになった。研究の関心が、英雄的な人物や偉大な思想から、トマス・クーンが「通常の科学」と呼んだ方法の変化へと取って代わり、科学的道具を開発した職人や実際に実験をおこなっていた実験助手の貢献に対しても、物語のなかに存在価値が与えられるようになったのだ[14]。

読書の歴史
実践の歴史学のなかでもっとも広く知られた様式のひとつが、読書の歴史であろう。それは、一方では著述業の歴史、他方でかつての（書籍取引、検閲などの）「書物の歴史」とは別なものとして定義され、（本書一一二－五頁で論じる）ミシェル・ド・セルトーの文化理論を基礎として、読者の役割、読書慣習の変化、印刷の「文化的利用」などに新たな焦点があてられている。読書の歴史を実践するロジェ・シャルチエは、もともと文学作品の受容に関心をもつ文芸批評家とパラレルに仕事を進めていたが、数年後には二つの集団はお互いを意識するようになった。(15)

個々の読者によるテクストへの反応は、欄外の書き込みや下線を通じて、またすでに論じたように（本書六七－八頁を見よ）、ギンズブルグのメノッキオの場合には異端審問官による尋問を通じて研究され、歴史研究の流行のテーマとなってきた。たとえば、小説『新エロイーズ』の刊行後に著者のジャン＝ジャック・ルソー宛てに届いた読者の手紙が、ロバート・ダーントンによって研究されてきた。この初期のファンレターは、小説によってかき立てられた感涙に対する言及に満ちている。

女性の読者や、彼女たちの書物の嗜好に関する一群の作品も存在する。ジョン・ブルーワは、一八世紀のイングランド人女性アンナ・マーガレッタ・ラーペントの一七冊もの日記を分析して、「女性作家の作品と女性が主人公の作品への彼女の偏愛」を強調している。一八世紀に政治史や軍事史がないがしろにされ、マナーと慣習の歴史、また女性の歴史も含む「社交の歴史」が台頭したのは、ひとつには読者層の女性化が進んだことへの応答であると論じられている。

西洋の読書の歴史において、現在の関心と論争のテーマは、三つの明白な力点の変化ないしは転換を含んでいる。すなわち、声を出して読む読書から沈黙の読書へ、また集団的な読書から個人的な読書へ、そして、じっくりと集中する読書から速読や「幅広い」読書へ、といういわゆる一八世紀の「読書革命」である。

書物の数が増大するにつれて個人の読破できるものは、全体からすればほんの少しになってしまった。したがって、読者は通読しなくても情報を得られるよう、飛ばし読み、また目次や索引を調べるといった新しい読書術を開発した、とも論じられる。だが、変化の急激さが、多分に誇張されてきた。現実には、読者は書物や状況に応じて、多様な読書スタイルのなかから複数のものを利用していたのだった[16]。

それにもかかわらず、きわめて独創的研究のなかでは、なによりも照明や家具、そして一日の有機的構成（それはかつてよりも明瞭に労働の時間と余暇の時間に分断されることになる）が変化したこと、とくにフィクションの作品の場合には、感情移入型の読書が登場したことなどを検討して、少なくともドイツでは一八〇〇年前後の時期が読書の歴史での分水嶺になったと論じられている[17]。

東アジアの歴史家や二〇世紀の歴史家も、読書の歴史に目を向けるようになりつつある。そうした歴史家たちは、一九九〇年代のロシアで、かつては共産党の指令によって組織化されていた書物の生産体制に対する市場の影響を研究したり、こうしたアプローチを西欧とは異なる著述体系、文学ジャンル、読書習慣をもつ中国や日本に適用して「書物文化」を研究している。中国の書物や知識階級の文化に関する最近の研究によると、清朝末期には書籍の流通とともに流通の機能不全が起きたという。そこで引用される格言は、「書物を貸すは愚かなり。それを返すのも愚かなり」というものだった。最近の別な研究では、日本の例であるが、近世における「静かなる知識革命」と呼ぶものを強調し、御触書、百科

事典、文献目録などの図書の増大が、情報の拡大と国民意識の勃興に貢献することになったという。(18)

表　象

あるときフーコーは、いわゆる「現実に対する理解の貧困さ」を理由として歴史家を批判した。つまり、想像されたものに対しての理解がまったくないからであった。そのとき以来、主要なフランスの歴史家たちは、この挑発に応答してきた。この種の歴史の有名な事例のひとつは、フランスの歴史家ジョルジュ・デュビーの『三身分』(一九七八年)で、それは、祈る人、働く人・犂をひく人、戦う人という「三身分」からなる中世社会のイメージの登場についての研究である。この「三身分」とは、すなわち聖職者、貴族、「第三身分」を意味している。デュビーは、このイメージを中世の社会構造の単純な反映としてではなく、むしろそれが反映していると思われる現実を変容させる力をもった表象として提示しているのである。

フランス人が「想像力の歴史」(社会的想像力《イマジナル・ソシアル》、いいかえれば、純粋に想像上のものというよりは想像されたもの)に貢献した作品をもうひとつあげるなら、ジャック・ルゴフの『煉獄の誕生』(一九八一年)だろう。ルゴフは、中世に煉獄の観念が登場したことを空間と時間の観念の変化に関連づけて説明している。ルゴフはまた、一九七〇年代初頭に社会学者や人類学者の夢の研究に影響を受けて、夢の歴史を始めた研究者のひとりでもあった。(19) 幻想や幽霊の研究も想像力のもつ積極的な役割への新たな関心によって促進され、絵画、物語、儀礼からとられた諸要素の独創的な結びつきを強調したのだった[20]。

これに対して英語圏では、ベネディクト・アンダーソンによる国民を「想像の共同体」とする一九八三年の研究がもたらした成功にもかかわらず、「想像力の歴史」という言葉はいまだ確立していない（本書一二〇－一頁を見よ）。より一般的な用語は「表象の歴史」なのである。

ここ二、三〇年は、文字や視覚、そして心理的なものであれ、数多くの表象の形態が研究されてきたので、もし簡単なリストを作ろうとしても、この節がひとつの章へと膨れ上がってしまうだろう。キース・トマスの『人間と自然界』（一九八三年）のように、自然に関する表象の歴史もある。同書は、一五〇〇年から一八〇〇年にかけてのイングランド人の身構えに関する変化の軌跡を追ったもので、自然界の中心から人間を追放する「革命」ならびに動物愛護と野生の登場を強調している。

また、デュビーの「三身分」のように社会構造に関する表象の歴史があり、働く女性を含んだ労働者の表象、女神、売春婦、母親、魔女としての女性の表象、キリスト教徒によるユダヤ人、黒人による白人など「他者」の表象が存在する。聖者の文学的・視覚的イメージは、一九八〇年代にカトリシズムの歴史の内部での主たる関心の的となった。このテーマに関する初期の研究者がみてとっているように、「聖性は、社会生活の何ものにもまして、見る者の目のなかにある」のであった[21]。

『リプレゼンテーションズ（表象）』は、一九八三年にバークレーで創刊された学際的雑誌のタイトルである。第一号には、文芸批評家スティーヴン・グリーンブラットによる一六世紀のドイツ農民のイメージに関する論文、美術史家スヴェトラーナ・アルパーズによるフーコーのベラスケス解釈に関する論文、そして、聖者に関するピーター・ブラウン、葬式に関するトマス・ラカー、フランス革命の「表象の危機」に関するリン・ハントの論文なども含まれていた。

文学の領域では、サイードの『オリエンタリズム』が、とりわけ西洋での「東洋」イメージ、いわゆる「他者」の表象に関心をもったことはきわめて重要であった。また、多くの場合、旅行の歴史研究が焦点をあてたのは、見知らぬ文化が認識され描写されるステレオタイプ化された様式や旅行者の「まなざし」であり、それによって、帝国主義的で、女性的で、絵に描いたような視点が発見されていったのだ。旅行者は、その地に足を踏み入れる前にその国について文献から知っていて、到着するやいなや、すでに読み期待していたものを目にしたといえるであろう。

ステレオタイプ化に関する鮮やかな事例は、一七世紀から一八世紀にかけて外国人旅行者により執筆されたイタリアについての叙述からみえてくる。たとえば、そこではナポリのラザローニに関する決まり文句が繰り返されており、貧しい労働者が太陽の下で横たわって何もせずに過ごす様子が描かれている。転倒された世界についてのトポスは、ヘロドトスの昔から今日にいたるまで観察を構成するひとつの方法として、旅行者にはアピールするものがあった。たとえば、ソールズベリ主教でスコットランド人ピューリタンのギルバート・バーネットは、一六八〇年代に彼が旅したイタリアを観察して、そこが迷信、専制、怠惰、教皇支配の地であるとした。いいかえれば、彼がイギリスの属性とする啓蒙、自由、勤勉さ、プロテスタンティズムとは正反対の地だったのである(22)。

音楽におけるオリエンタリズム

表象の歴史の事例研究として、音楽学にも目を向けねばならないであろう。それは、この分野の研究者たちも、みずからを文化史家と定義しているからである。文芸批評家によって執筆され、哲学の影響も受けた研究、サイードの『オリエンタリズム』に音楽研究者が応答する様子は、文化史の広々とした傘のもとで学際的な接触や「交渉」をおこなう生き生きとした事例を提供してくれる。

サイードの書物に反応したのは、一九八〇年代には美術史家であったが、一九九〇年代には音楽史家となる。熱狂的なオペラ愛好家のサイードでさえ、この分野で独自の貢献をおこなうのは一九九三年を待たねばならなかった。サイードはヴェルディの「アイーダ」をめぐる議論で、オペラが「本質的に異国風で、距離感があり、古代風の場としてのオリエントに対する西洋のイメージを強化したこと」を示唆している。「そうした場で、ヨーロッパ人はある種の権力を示す劇を上演できるのであった[23]」。

このテーマを発展させた最近の二つの研究は、その複雑性を指摘している。ラルフ・ロックによるサン゠サーンスの「サムソンとデリラ」に関する研究は、聖書の世界が一九世紀の中東と同一視されており、サン゠サーンスが構わずにローカルな彩り、より正確にはローカルな音までもそのオペラに加えていたことに注目している。サン゠サーンスは伝統的な方法で、とりわけ女性の他者であるデリラを恐ろしく魅惑的なものとして描写する。だが、彼女に非常にロマンティックなアリアを歌わせ、たとえば「オペラの筋書きにある典型的にオリエンタリストの二項対立」を転倒しようとするのであった[24]。

他方、リチャード・タラスキンの一九世紀ロシアの音楽的オリエンタリズムは、パラドックスに直面する。ボロディンの「中央アジアの草原にて」やムソルグスキーの「ペルシャの女奴隷たちの踊り」のような異国情緒に満ちた音楽は、ロシアとオリエント（男性と女性、主人と奴隷）の二項対立を前提としている。ところが、セルゲイ・ディアギレフがこの音楽をパリにもっていくと、フランスの聴衆はそれを典型的なロシア音楽とみなしたという[25]。

記憶の歴史

現在、ブームのもうひとつの新しい文化史は記憶の歴史であり、「社会的記憶」とか「文化的記憶」と表現されることもある。フランスの研究者で編集者でもあるピエール・ノラが編み、一九八四年から一九九三年にかけて『記憶の場』というタイトルで刊行された七巻の論文集は、このテーマへの学問的な関心の表出であり、また、それが学問的な関心を刺激してきたといえる。このシリーズは、ラルースの百科事典のような書物、パンテオンのような建築物、七月一四日のバスティーユ陥落のような毎年の記念顕彰行事が維持し再形成した、フランスの「国民的記憶」に注目する[26]。これに対して、とらえどころはないが重要であることは間違いない、記憶喪失に関する社会的・文化的な研究は、現在までのところ少数にとどまっている[27]。

ノラの編著と同じような共同研究の成果は、イタリアやドイツなどでも刊行されてきた。歴史的記憶に関する根強い大衆的関心が存在しており、書物よりも映画やテレビ番組のほうがずっと明瞭にこの点を明らかにしてくれる。この関心の増大は、たぶん過去と現在の私たちとを分断することによってアイデンティティに脅威を与えている、社会的・文化的な変動の加速化に対する反動であろう。より特殊なレヴェルでは、ホロコーストや第二次世界大戦の記憶に対する関心が増大しているのは、そうした忘れられない出来事が、生きられた記憶から消滅しようとする途上にあるからだろう。

記憶の歴史は、旅行史と同じく、すでにフレデリック・バートレットが著書『記憶』〔邦訳：『想起の心理学』〕（一九三二年）で強調したように、非常に明快なかたちでスキーマやステレオタイプの重要性を明らかにしてくれる領域となる。出来事は消え去ると、それがもっていた特異性を失う。出来事は、通常、無意識のうちに精緻化され、その文化で流通している一般的スキーマと類似したようになる。そのスキーマは事実を歪曲する代償として、記憶を維持することに一役買っているのである。

南フランスにおけるプロテスタントの例をとってみよう。みずからも南仏プロテスタントのひとりであるフィリップ・ジュタールの研究は、聖書が刻印された文化のなかでは、カトリックによるプロテスタント社会の迫害の記憶が、選ばれた民が迫害される聖書の物語に影響を受けたり、形づくられたりさえしたことを明らかにした。虐殺された住人の家のドアにつけた印まで、その影響は多岐にわたる。ジュタールの解釈を読むと、ホロコーストを思い出さざるをえない。「ホロコースト」という言葉は「焼かれた供犠」を意味していたために、聖書の枠組みでも記憶される忘れられない出来事となるからであった（インガ・クレンディネンは文化的視点からのホロコーストに関する鋭い論考を執筆した[28]）。また、イギリス人の第一次世界大戦中の塹壕での悲惨な記憶は、ジョン・バニヤンの『天路歴程』の回想によって形づくられていた。その書物は、当時でもまだ広範に読まれていたからである。アメリカの評論家ポール・フッセルが記しているように、塹壕の泥が絶望の沼と似ているときのように、「その場面が『天路歴程』の行動とかなり類似しているとみなされる場合に、前線での経験が解釈可能になるように思われる」。これに対して、第二次世界大戦の記憶は、第一次世界大戦の知識によって再形成されたのだった[29]。

書物のもつ回想の過程への影響を示すこうした例は、おそらく集団で声高に読み上げられる書物の場合に顕著なものとなろう。だが、もちろん記憶は読むことによってのみ、伝達されたり形づくられたりするものではない。今日のアイルランドは、南でも北でも、過去の出来事にかかわる記憶が大きな影響力をもっており、ある者にとってそれは悪名高いものとなっている。そうした記憶は、内戦のトラウマで強化され、ドローダやデリーのような場所によって喚起され、オレンジ党支部の年次パレードやヒバーニアン友愛組合で再演されている。ベルファストの市壁には「一六九〇年を忘れるな」という落書きが通行人にメッセージを投げかけている。

ギアツの有名な「みずからについておのずと語ってくれる物語」という見方は、アイルランドのコンテクストでは問題があると思われる（本書五六頁を見よ）。カトリックとプロテスタントは、同じ物語を語ってはいないからだ。いわゆる「記念顕彰物を爆破する根強い伝統」にならって、一方が記念碑を建立すると、他方がそれを破壊する。紛争の記憶は、記憶をめぐる紛争でもある(30)。

ギアツの見解は、それぞれの宗教共同体で、いまでも有効なのかもしれない。しかし、大きな社会的問題を提起して見ることが依然として必要となる。すなわち、「誰の記憶が語られているのか」ということだ。男性と女性、旧い世代と若い世代は、同じかたちで過去を記憶してはいない。特定の文化では、たとえば、一九一八年のフィンランドや一九三六から一九三九年にかけてのスペインの勝者と敗者のように、ある集団の記憶が支配的となり、その他の集団の記憶は従属的になる。

物質文化

文化史家は、物質的な領域を経済史家にまかせて、観念に比べて物質文化に対して注意を払うことはあまりなかった。ノルベルト・エリアスが文明化の過程に関する書物のなかでフォークやハンカチの歴史に割いた紙幅は、当時としては異例なものであった。文化史家の考えでは、経済史家は、食物、衣服、家などのもつ象徴的な側面を無視して、栄養水準やさまざまな商品に消費された個人の所得の総計を考察していたのであった。近世の世界に関する有名な著書『文明と資本主義』〔邦訳：『物質文明・経済・資本主義 一五―一八世紀』〕（一九七九年）で、フェルナン・ブローデル自身は「物質文明」という言葉を用いているが、多様な文化圏どうしの物体の移動の比較分析として重要な同書ですら、文化を無視していると批判される余地があり、また実際に批判されてきた。

しかし、文化史家のなかには、一九八〇年代から一九九〇年代にかけて物質文化の研究に転じてきた者がいる。そして、考古学者、博物館管理者、あるいは服装や家具などの歴史研究をおこなってきた専門家たちと活動をともにするようになった。たとえば、宗教史家は、宗教的な態度の変化の指標として教会の装飾の変化にいっそうの注意を払ってきた。一九六〇年代に、イギリスの歴史家エイザ・ブリッグズは『ヴィクトリア朝の人びと』や『ヴィクトリア朝の都市』を上梓した。一九八八年には、ブリッグズの文化論的転回は『ヴィクトリア朝の事物』を刊行したことで明らかとなるが、この本の出版はずっと以前に計画されていたのであった。

文学史家でさえ、落書きを研究したり、恋愛をプライヴェートなかたちで象徴的に表現するものとして短詩と挿絵とを比較したりすることで、この方向に転じた。他方で、ニュージーランド人のドン・マッケンジーは『書誌学とテクストの社会学』（一九八六年）で、書誌学を文化史のひとつの形態として再定義して、「空間の配置」を含む非言語的な要素が意味を担うと論じ、「書物の物質的形態」や「類型学とレイアウトの詳細」などを研究する必要性を強調している。マッケンジーの書物がもうひとつの関心を示している演劇の言語を用いれば、印刷されたページの物理的な外観が読者に対する一連の暗示として機能し、テクストを特定の方向性に解釈するよう促していたといえる。

物質文化に関するほとんどの研究は、衣食住といった古典的な三つのテーマを強調して、しばしば、消費の歴史に焦点をあてることになった。身分を誇示する行為を中心にした消費の社会史から、アイデンティティや商品への欲求を喚起する際に広告によって演じられる想像力を重視する文化史へと、変化が生じてきた。今日の「消費者文化」と過去の消費に対する関心との関連は明らかになっているが、この分野の歴史家は一般的に時代錯誤となる危険性を十分に自覚している。(31)

食物の歴史に対する代表的な貢献は、アメリカの人類学者シドニー・ミンツによる『甘さと権力――近代史における砂糖の役割』（一九八五年）だろう。ミンツの歴史は、社会史でもあり文化史でもある。それが社会史であるというのは、消費者への関心や、コーヒーであれ、お茶であれ、富裕層のための奢侈品から庶民の日常的消費の必需食料品へと、砂糖が変化してゆくことに関心を払っているからだった。他方で、『甘さと権力』は、砂糖の象徴的側面にも関心をもっている点で文化史となる。この象徴的権力は、砂糖がその消費者を一般大衆から差異化する奢侈品となったときに最大の効果を発揮する。しかし、その砂糖という商品が社会的階梯を下降するにつれて、新たな意味を与えられ、新たな社会的儀礼へと組み込まれていった。

フランスの歴史家ダニエル・ロシュは『服飾の文化』（一九八九年）において、「それが諸々の文明について多くを語ってくれる」という理由で、衣服の歴史に目を向けることになった。ドレスの規範は文化の規範を明らかにするからであり、ロシュは「服飾の背後には、実際に心理的な構造を見いだすことができると思う」と語る。たとえば、一八世紀のフランスでは、ある特定のドレスの規範にしたがうことは、男であれ女であれ、その個人が貴族であり、また貴族への社会的上昇をはかろうとしていることを示す方法であった。服装の選択は、その時代の「衣裳の劇場」と歴史家が呼ぶ場での役柄の選択となる。ロシュは、「自由、平等、軽薄さ」の登場として見られる「衣服の革命」とフランス革命とを関連づけようとする。彼がこの軽薄さを真剣に受けとめたのは、一八世紀後半の女性の出版物のなかの衣服への関心が、「もはや流行が特権階級の専売特許でないこと」を意味していたからである。(32)

住居に関する歴史の事例研究としては、スウェーデンの人類学者オルヴァー・レフグレンによる『文化建設者』（一九七九年）の、一九世紀スウェーデンのブルジョワ家庭の歴史を挙げることができる。同書は、レフグレンとその共著者のジョナス・フリュクマンが手ほどきを受けた伝統的なスカンディヴィアの民俗学を、エリアスやフーコーに着想を得た概念と結びつけた。『文化建設者』は、一九世紀後半の「質素な生活」から「豊かさ」への転換に注目して、そうした変化が生じたのは、家庭が「家族の富を見せびらかして、その社会的地位を顕示する舞台となった」ためだと論じている。とりわけ応接室における家具や室内の装飾は、家族というものを訪問者に自己演出するのに一役買っていた。イングマール・ベルイマン監督の映画『ファニーとアレクサンデル』（一九八二年）が描く一九〇〇年ごろのウプサラのエークダール家をイメージすれば、読者は、そうした豊穣な展示をたやすく思いうかべることができるであろう。それらは、当時のイギリス、フランス、中央ヨーロッパなどでも同様に発展していたのだった。

しかし、スウェーデンでは「オスカル期」（一八八〇－一九一〇年）と呼ばれる時代のブルジョワ家庭は、舞台であっただけではなく、匿名化が進行する外部の世界からの避難所としての「安らぎの場」でもあった。したがって、寝室や子ども部屋のような個室の重要性が高まり、家庭内での公と私の空間的差異化も鮮明なものとなっていった。

家庭空間に言及することには、若干の注釈を加えることも無駄ではないだろう。「物質文化」に空間を含めることは、いささか逆説的にみえるかもしれない。だが、文化史家は、それ以前の建築史家や歴史地理学者のように、境界線上にある都市や家庭という「テクスト」を解読するようになっている。都市の歴史が市場や広場の分析を欠いては不十分なのと同じように、住居の歴史が室内の空間の使用法の研究を欠いては不十分となる。

本章の最初のほうで紹介した理論家には、政治的討議の場としてのコーヒー・ハウスについて論じるハーバーマスから、規律化を促進する学校や監獄の設計について論じるフーコーまで、神聖なものと汚れたもの、公と私、男性的なものと女性的なものなどに分かれる空間の重要性へと、歴史家の関心を向けるのに貢献した者もいる。

いまや科学史家は、実験室や解剖学教室内部の空間へと関心を寄せている。その一方で、帝国史家は兵営や〔インドでの〕バンガローの設計を研究している。美術史家は、博物館や美術館を制度としてだけではなく空間ともみなしている。演劇の歴史家は劇場を研究して、音楽史家はオペラ劇場やコンサートホールの設計を研究する一方で、読書の歴史家は図書館の空間的構成にも注意を払っているのである。

身体の歴史

今日さかんであるが、たとえば、ひと世代前の一九七〇年代であればほとんど認識されていなかった新しい文化史の領域が存在するとしたら、それは身体の歴史であろう(33)。身体に関して以前に発表されてきた数少ない著作は、ほとんど知られていないか、また周辺的なものとしてみなされていた。

たとえば、一九三〇年代、ブラジル人の社会学者で歴史家でもあるジルベルト・フレイレは、一九世紀に刊行された新聞での、逃亡奴隷についての情報を求める広告に記載された奴隷の肉体的特徴を研究した。奴隷がやってきたアフリカの地域を明らかにする部族の目印、繰り返された鞭打ちの傷跡、そして重い荷物を頭に載せて運んだためにできた頭髪の喪失のような仕事の痕跡に対する言及に注目したのだ。また、一九七二年にエマニュエル・ルロワ・ラデュリと二人の共著者によって刊行された研究は、軍事記録を用いて一九世紀フランスの兵士の肉体的特徴を研究している。そこでは、たとえば、北部出身者は背が高く南部出身者は背が低いなどの、間違いなく栄養摂取の差異のために生じた身長の差異が強調されている。[34]

他方で、一九八〇年代初頭以降、研究の潮流は、男性と女性との身体、経験や象徴としての身体、切断された身体、拒食症の身体、運動選手の身体、解剖された身体、聖者と罪人の身体などに関心を払ってきた。一九九五年に創刊された雑誌『身体と社会《ボディー・アンド・ソサエティ》』は、社会学者だけではなく、歴史家にとってもひとつの議論の場となった。また、身体をめぐる清潔さ、舞踏、訓練、入れ墨、身ぶりなどをテーマとする歴史書が出版された。身体の歴史は医療の歴史から発展してきたが、社会学者や人類学者だけではなく、美術史や文学史家が「身体論的転回」と呼ぶものに関与することになった。こうなると、すでに多くの転回が存在しているために、読者は当惑してしまうかもしれない。

新たな研究のなかには、歴史家にとっての新しい領域とされるのにもっともふさわしいものがある。身ぶりの歴史は、このことをわかりやすく示してくれる。フランスの中世史家ジャック・ルゴフがこのテーマに着目し、古典学者から美術史家まで国際的な研究者の集団がこれに貢献してきた。他方、ルゴフのかつての弟子ジャン゠クロード・シュミットは、主に中世の身ぶりをテーマとしてきた。シュミットは、一二世紀に身ぶりへの関心が増大していることに注目したが、そうした関心によって、祈禱のような宗教的身ぶり、また騎士爵授与や領主への託身儀礼のような封建的身ぶりを再構築することを可能にする、一群のテクストや図像が残されたのであった。たとえば、(伸ばした両腕というよりは) 手を覆っての祈禱や跪いての祈禱は、託身儀礼の封建的身ぶり、すなわち主君の前に跪いたり、自分の手を主君の手のなかに置いたりする行為の宗教的領域への移行であると主張する。[35]

ロシア史の事例は、一見すると小さな差異に歴史的な注意を払うことの重要性を示してくれる。一六六七年、ロシア正教会は二つに分裂して、教会会議はモスクワで会合を開き、新しくおこなわれた革新を支持して、のちに古儀式派と呼ばれるようになる伝統主義の支持者を破門した。争点のひとつは、祝福の身ぶりを二本の指でおこなうか、三本の指でおこなうかであった。後世の合理主義的な歴史家が、そうした論争をどう評価するのかは想像に難くない。現実生活からかけ離れて重要なものと重要でないものを区別できない、宗教的ないしは迷信的な考え方の典型とみるからだ。しかし、そうした微妙な身ぶりは重要な選択を含んでいた。三本指はギリシア正教にしたがうことを意味し、二本指はロシア的伝統を維持しているとみなされたのである。ここでふたたびブルデューを引用すれば、「社会的アイデンティティは、差異のなかに存在している」のである。

身体の歴史に関する研究はまた、伝統的な想定に異議を唱える。たとえば、ピーター・ブラウンの『身体と社会』（一九八八年）は、キリスト教徒の身体への嫌悪に関する伝統的な見解を掘り崩すのに貢献した。女性史のひとつの事例としてすでに論じた（本書七三頁を見よ）キャロライン・バイナムの『神聖な饗宴、神聖な断食』（一九八七年）も、身体と食物をコミュニケーションの媒体として論じることで重要な意味をもっている。

この分野の草分け的存在であるロイ・ポーターが考察しているように、このテーマが急に関心を集めるようになったのは、エイズの拡大と無関係ではない。「近代的身体の脆弱性」に関心を促しているからだ。身体の歴史への関心の増大はまた、ジェンダー史への関心とパラレルな関係にある（本書七一―三頁を見よ）。しかし、本章の冒頭で紹介した理論家たちの身体に対する言及は、より緩慢な動向に対するより深い解釈を提示している。たとえば、ミハイル・バフチンの中世の民衆文化の議論は、グロテスクな身体、とくに彼が「物質的・身体的下部」と呼ぶものについて大いに論じていた。ノルベルト・エリアスの自己規制の歴史でも、身体への関心が、明示的とはいわないまでも言外に含まれていた。

ミシェル・フーコーやピエール・ブルデューの著書は、身体の研究を哲学的にはっきりと擁護する。フーコーとブルデューは、フランスの哲学者モーリス・メルロ＝ポンティのように、デカルトにさかのぼる哲学的な伝統と断絶した。それは、すなわち身体と精神を分離することで、イングランドの哲学者ギルバート・ライルが嘲笑しながら描写している「機械のなかの亡霊」という認識であった。ブルデューのハビトゥスの観念は、精神と身体とのギャップを架橋し、その単純な二項対立を避けることが明らかに意図されていたのだった。

文化史における革命？

本章で私は、新たな文化史のもとで展開する多様なアプローチを読者に伝えようとしてきた。ここ二、三〇年の集団的な功績は目を見張るものがあり、そうした動きは、全体としてみた場合にはかなり印象的なものである。厳密な意味での方法論上の革新がほとんど存在しなかったとしても、新たな概念の助けを借りて多くの新しいテーマが発見され探究されてきた。

それでもやはり、初期の研究との連続性は忘れるべきではない。新しい文化史は第3章で論じた歴史人類学から発達してきたが、ナタリー・デーヴィス、ジャック・ルゴフ、キース・トマスなどの指導的な人物は両方の動きに属しているからだ。

また、スイスの建築史家ジークフリート・ギーディオンは、物質文化に関する先駆的な研究である

『機械化の支配』〔邦訳：『機械化の文化史』〕（一九四八年）を執筆した。彼がいうには、「歴史家にとって陳腐なものなど存在しない」。なぜなら、「道具と物体は、世界に対する根本的な態度からの派生物だからだ」。他方、「集合表象」という言葉をその一世紀以上前に社会学者のエミール・デュルケームは使い、一九二〇年代にマルク・ブロックがこれにならった。本章で何度か強調したように、「スキーマ」に対する関心は、アビ・ヴァールブルクやエルンスト・ローベルト・クルティウスまでさかのぼることができる（本書一八－九頁を見よ）。

最近の動向とブルクハルトやホイジンガのいくつかの作品に見られる類似性も、強調するに値する。ヴァールブルクやホイジンガは、いわゆる「原始的」部族の人類学的研究が古典古代や中世の歴史に対してもつ有意性を、すでにみてとっていた。クリフォード・ギアツはブルクハルトを賞賛し、折に触れて彼の作品に言及した。他方、ダーントンは犯罪記者をしていたころ、仕事場で『プレイボーイ』誌のあいだに隠しながら、ブルクハルトの『イタリア・ルネサンスの文化』を読みふけった。「私は今でも、あの本がこれまで読んだなかで最高の歴史書だと思う[36]」という。

そのような明白な連続性が存在するにもかかわらず、文化史の理論や実践において集団的な転換や転回がここ三〇年間に発生したことを否定できないだろう。こうした転換は、何かまったく新しいものが登場したというより、力点の置き方の変化とみなしうるもので、革命というよりは伝統の改革であった。しかし、結局のところ、ほとんどの文化的な革新というものは、このようにして発生しているのである。

新しい文化史は批判を受けてこなかったわけではない。その基底にある理論は、伝統的な実証主義者だけではなく、一九七八年にはじめて発表された「理論の貧困」という長文の論文で、エドワード・トムスンのような革新的な歴史家からも論難され拒絶された。伝統的な人類学は文化を「信仰と実践からなる具体的かつ境界のある世界」ととらえたが、文化は紛争の場であり「緩やかに統合されている」にすぎないと批判されてきたのだ。[37]

新しい文化史の根底には現実の文化的構築に関する理論があり、論争を呼んでいる。次章で論じることにしよう。

第5章　表象から構築へ

問題の解決策が結果的には独自の問題を生み出すということは、本書の最初のほうで示唆しておいた。新しい文化史の中心的な概念である「表象」を例にとってみよう。この概念は、図像やテクストが単純に社会的現実を反映ないしは模倣していることを意味するように思われる。しかし、新しい文化史を実践する者の多くは、この意味に長いあいだ居心地の悪さを感じてきた。したがって、表象という手段によって（知識、領域、社会階級、病気、時間、アイデンティティなどの）現実を「構築」または「生産」すると考え、また語ることがよく見られるようになってきた。この文化的構築の概念の価値と限界は、もう少し詳しく論じるに値する。

ロジェ・シャルチエは、有名なエピグラムのなかで、「文化的なものの社会史から社会的なものの文化史へ」の転換が最近になって始まったと語っている。彼がこの定式化を提出したのは、それが一九八〇年代の歴史家の側での関心の「移動」を表すからであり、とくに社会階級のような社会構造の研究に見られる「客観的な」意味での社会史からの転換であった。「社会的なものの文化史」という認識により、哲学や社会学から科学史まで他の学問領域の「構築主義」的傾向が新しい文化史に与えた影響が明らかになる。[1]

構築主義の登場

客観的な知識という一般に認められた見解に異議申し立てを始めたのは、哲学者や自然科学者であった。たとえば、アルバート・アインシュタインは、私たちが観察できるものを決定するのは私たちの理論であると宣言し、カール・ポパーもそれに同意した（本書一九頁を見よ）。ドイツの哲学者アルトゥール・ショーペンハウアーは「世界は私の表象である」とすでに論じており、フリードリヒ・ニーチェは真実は発見されるのではなく創造されるものだと主張した。ニーチェはまた言語を監獄と特徴づけ、ルートヴィヒ・ヴィトゲンシュタインは「私の言語の限界は、私の世界の限界を意味する」と主張した。プラグマティズムと称するアメリカの哲学運動も、同じような方向に進んでいった。たとえば、ジョン・デューイは、現実性を生み出すのは私たちである、つまり個々の人間は自己と環境との遭遇からその世界を構成する、と主張した。ウィリアム・ジェームズは「心理的関心は……それらが表明する真理をつくりだす手助けとなる」と論じている。[2]

かつて歴史家はニーチェやヴィトゲンシュタインを無視できたし、それが普通だったが、「反映している」と想定されていた外界と言語の問題をはらんだ関係について議論を避けることは、いまではますます困難になっている。物事を忠実に写し出す鏡は解体されてしまったのだ。表象は表象している対象と「対応している」という前提に対して疑問が投げかけられ、伝統的な学者にとって重要な前提であった透明性に異議が唱えられた。歴史的資料は、かつて私たちが考えていたよりも不透明なようだ。

逆説的なことだが、二〇世紀後半の構築主義への転回に関する社会的解釈を提示することは、困難ではない。たとえば、エドワード・トムスンの『イングランド労働者階級の形成』（本書二七－八頁を見よ）のように、「下からの歴史」の台頭には過去を民衆の視点から提示する試みが含まれていた。同じようにアジア、アフリカ、アメリカで植民地化された人びとの歴史が登場し、それとともにポストコロニアル研究が台頭して、しばしば「征服された側の視座」や「サバルタン階級」の視点に焦点があてられてきた。(3) 同じく、フェミニストの歴史家は、女性を歴史のなかで「可視化」しただけではなく、過去を女性の観点から記述しようとした。こうして歴史家は、さまざまな人びとが「同一の」出来事や構造をかなり異なる視点から眺めていることを、ますます自覚するようになった。

文化史家が社会学者や人類学者などの研究者とともに、かつては純粋に哲学論争ないしは科学論争とみなされていた議論に関与することになったのは、まさにこうしたコンテクストにおいてであった。研究者が研究の対象を構築しているのだろうか。より正確には、どの程度まで構築しているのか。構築する方法はどのようなものなのか。こうした問いが、研究の主たる対象になっていった。そうした疑問は、哲学者や社会学者が「現実の社会的構成」と呼ぶもののなかの特殊な事例となる。

心理学者は、認識を知覚されているものの反映というよりも、能動的な過程として表現するようになっている。言語学者は、言語を社会的実態の反映として記述することはあまりないが、発話「行為」やその効果について多くを語っている。社会学者や人類学者、歴史家は、たとえば、エスニシティ、階級、ジェンダー、そして社会そのものが「発明」され「構成」されてゆくことを語るようになった。研究者の多くは、かつては社会決定論のような「ハードな」社会構造の世界のもつ制約条件として理解していたものに代えて、想像界の力のように「ソフトで」順応性があり、また流動的で壊れやすい社会文化的な世界のもつ解放性という、ほとんど混乱してしまいそうな感覚をいまや表明するようになっている。したがって、社会学者ジグムント・バウマンの近著『リキッド・モダニティ』(二〇〇〇年)のようなタイトルを目にすることになるのだ。

ミシェル・ド・セルトーの再利用

ミシェル・フーコーの『知の考古学』(一九六九年)は、「構築主義」的立場の影響力あるひとつの見解を示す。フーコーは、「言説」を「語られているものを体系的に構築する」実践として定義する。この定義はすでに一九六〇年代に「言語論的転回」と呼ばれていた動向を実例をあげて説明するが、言語論的転回という言葉はそのときよりも一般的になった。しかし、構築主義者は、数年後に定式化されるミシェル・ド・セルトーの文化理論にずっと多くのものを負っている。(4)

ミシェル・ド・セルトーは、神学者、哲学者、精神分析学者、人類学者、社会学者としても評されるような多面的な人間であった。彼自身はなによりも歴史家を自任しており、神秘主義や歴史叙述、そして言語の歴史に重要な貢献をおこなった。一七世紀フランスの小さな街ルーダンの女子修道院で起きた有名な悪魔憑き事件に関する研究は、第3章で論じた「演劇のアナロジー」を徹底して用い、事件を「スペクタクル」「憑かれた人びとによる劇場」として描いた。フランス革命期の言語政策に関する彼の著書は、かつて歴史家が無視していたテーマを取り上げて、その政治的・文化的な重要性を明らかにした[5]。

しかし、新しい文化史に関するかぎり、セルトーのもっとも影響力をもった研究はこの歴史的な作品ではなく、共同研究者とともに一九八〇年に出版した、一九七〇年代フランスの日常生活に関する本である[6]。初期の社会学者は、消費者や投票者、その他の集団の「行動様式」と一般的に呼ばれるものを研究対象としたが、セルトーは「実践《プラティーク》」について語ることを好んだ。彼は庶民の実践を分析し、たとえば、買い物、近隣の散歩、家具の整理、テレビ鑑賞などの日常的な慣習行為を取り上げる。セルトーがそれらを「行動様式」ではなく「実践」と呼ぶ理由のひとつは、この人びとが真剣に考慮するに値する存在であることを読者に示すためだった。

また、初期の社会学者は、普通の庶民を大量生産された物品の受動的な消費者で、テレビ番組の受動的な視聴者にすぎないと想定していた。これと対照的にセルトーは、庶民の創造性、いいかえれば発明の才能を強調した。彼は消費を生産の一形態としてとらえる。彼が強調するのは、店頭に展示される大量生産された対象から諸個人がおこなう選択という行為、また本で読んだり、テレビ画面で観たりしたものを解釈する自由についてであった。セルトーの創造性に対する関心は、フランス語の原題『日常生活の発明』〔邦訳：『日常的実践のポイエティーク』〕にも表れている。

より正確にいえば、セルトーは、ある特定の種類の発明を発見しながら、「利用」や「領有」、とりわけ「再利用」(ré-emploi) についての著述をおこなった。いいかえれば、セルトーは、庶民がレパートリから選択し、選択したものを新たに組み合わせ、なによりも領有したものを新しいコンテクストに位置づけているという視点で物事をとらえたのだった。このような再利用の実践を通じた日常生活の構築は、セルトーが「戦術」と呼ぶものの一部を構成している。セルトーが示唆するところによれば、被支配者が戦略というより戦術を用いるのは、他人が定めた見せかけだけの自由を享受するだけからだとされている。たとえば、庶民は「密猟」の自由をもっているというのだが、それは、公式の意味を転倒した意味へ代えてゆく創造的な読解を表した、セルトーの有名なメタファーなのである。

セルトーが対話へと入っていった同時代人、とくにブルデューやフーコーと彼の概念とのあいだには明らかな類似性がある。セルトーは、規律概念を「反‐規律」という概念によって置き代えることで、フーコーを転倒させる。また、下からの視点を示す「戦術」という概念は、上からの視点を強調するブルデューの「戦略」概念に対する慎重な異議申し立てとして提出されている。そして、セルトーのキー概念である「実践」は、ブルデューのそれと多くを共有している。だが、ハビトゥスの概念は、庶民はみずからがおこなっていることに無自覚だという意味を含むとして、セルトーは批判する。

文学と美術の受容

セルトーは、最近の美術、文学、音楽研究における大きな転換のなかで、唯一というわけではないが、重要な人物のひとりにあげられる。関心の対象が芸術家、著述家、作曲家から公衆へ転換して、その反応、つまり彼らが観たり、読んだり、聴いたりしたことの「受容」を論じる傾向にあるからだ。

この転換は、すでに読書の歴史で示されていた（第4章を見よ）。美術史でも、この観点から記述された実証研究が着々と出版されている。たとえば、デヴィド・フリードバーグの重要な著書『図像《イメージ》の力』（一九八九年）は、宗教的応答に注目して、ある種の図像を中世後期と近世の瞑想の実践の登場に結びつけている。キリストの受難をめぐる瞑想は、当時の信心深い作品が好んだテーマであるが、マティアス・グリューネバルトの『磔刑』の絵画、また一五世紀以来、大量に流通していた廉価な木像が、そのための補助的な装置となってきた。フリードバーグは（ビザンチン帝国、一五六六年のネーデルラント、一七九二年のフランスなどの）聖像破壊を暴力の一形態として研究したが、それは意識的であれ無意識的であれ、破壊者たちの価値観、とりわけ図像の力を信じていることを明らかにするものだった。

発明の発明

もし文化的構築の重要性に関してフーコーやセルトーが正しいとしたら、すべての歴史は文化史となる。一九八〇年以降に刊行された歴史研究書でタイトルに「発明」「構築」「想像力」のどれかを含む本のリストを作れば、長大でしかも多様な内容になることは間違いない。自己、アテナイ人、野蛮人、伝統、経済、知識人、フランス革命、原始社会、新聞、ルネサンス期の女性、レストラン、十字軍、ポルノグラフィ、ルーヴル美術館、人民、ジョージ・ワシントンの発明などの研究がここに含まれるだろう。

たとえば病気を例にしてみよう。身体に関する新しい文化史は、病気、とりわけ「狂気」に関してその文化的構築を重視し、より伝統的な医学史とは区別する。ミシェル・フーコーは、彼の名声を確立した『狂気と文明』〔邦訳：『狂気の歴史』〕(一九六一年)に、この視点を導入した。イギリスでは、ロイ・ポーターの『理性がつくりだした拘束』(一九九〇年)が記念碑的作品である。彼は「狂気のねつ造」が一種の作り話であるとして精神科医のトマス・サーズを批判し、時代が異なれば異常性の認識や、愚者や鬱病患者のような狂人の類型化に関しても多様な「狂気の文化」が存在すると主張した。

最近この種の研究では、たとえば、アルゼンチン、エチオピア、フランス、アイルランド、イスラエル、日本、スペイン、スコットランド(私の知るかぎりではイングランドに関するものはないが)の国民の発明に焦点をあてるものが目につき、アフリカ、バルカン半島、ヨーロッパ、東ヨーロッパ、北ヨーロッパ(スカンディナヴィア)、ブラジル北東部(ペルナンブーコ州、バイーア州、近隣諸国)といった地域の文化的構築に関する研究もある。

新しい構築

過去それ自体が構築物だと考える、アメリカのヘイドン・ホワイトのような研究者もいる。『メタヒストリー』(一九七三年)でホワイトは、ジュール・ミシュレ、レオポルト・フォン・ランケ、アレクシス・ド・トクヴィル、ヤーコプ・ブルクハルトなどの一九世紀の古典的作品に焦点をあて、歴史的テクストを「形式主義的」に分析しようとした。一九世紀の四人の偉大な歴史家が、それぞれ主要な文学ジャンルをモデルにして物語や「プロット」を構成していたと主張したのである。ホワイトの言葉を使えれば、たとえば、ミシュレはロマンスの様式を用いて記述した、というより「筋書きを立てた」のであり、ランケは喜劇、トクヴィルは悲劇、そしてブルクハルトは諷刺劇の様式を用いた。

ホワイトが展開させつつあったのは、カナダの批評家ノースロップ・フライがもともと提唱した、歴史叙述におけるプロットについての考え方であった。一九六〇年の論文で、フライは同じ「メタヒストリー」という言葉を使い、詩と歴史の相違に関するアリストテレスの有名な省察を出発点とした。[7] しかし、フライは重要な留保をつけた。「歴史家のスキーマがある理解に到達するとき、それは形態として神話的なものになるであろう」というのだ。彼は歴史家の悲劇的なプロットの例として、エドワード・ギボンやオズヴァルト・シュペングラーの作品をあげているが、それは、この二人の歴史家がローマ帝国の衰退や西欧の没落に関心をもっていたからである。

フライはアリストテレスのいう詩と歴史の大きな相違を軽視したため、プロットの考え方を歴史叙述全般に拡げたところで終わってしまったが、ホワイトはそこから考察を開始したといえるかもしれない。ホワイトは、二つの立場というよりも、二つの命題の境界線に立っている。歴史家がテクストや解釈を構築するという伝統的な見解と、歴史家が過去そのものを構築するという伝統から逸脱した見解の二つである。

ホワイトが持論を展開した著書や論文は、尽大な影響力をもってきた。彼の「筋書き立て《エンプロットメント》」という用語は、ある特定の歴史著述家が研究対象であれ、政治紛争に関する同時代人の見解が研究対象であれ、多くの歴史家の言説に浸透してきている。

階級とジェンダーの構築

かつてはまるで固定した揺るぎないもののように扱われていた社会的カテゴリーは、現在は弾力的で流動的な様相を呈している。インドを研究する歴史家と人類学者は、もはや「カースト」を自明のカテゴリーとはみなさない。それどころかカーストを歴史を持った文化的構築物だと説く。これは帝国主義と結びつけられるような政治史を意味している。同じようなことは「部族」概念についてもいえ、アフリカを研究する歴史家と人類学者は、部族を研究対象とするのを躊躇うようになった。[8]「エスニシティ」は三〇年前に比べて一般的に用いられるようになり、弾力的で交渉可能な社会的カテゴリーとみなされるからだ。

「階級」もまた、その定義をめぐって見解の対立があったにもかかわらず、かつてはマルクス主義者もそうでない者も客観的な社会的カテゴリーとして扱ってきた。だが、いまでは文化的、歴史的、言説的な構築物とみなされるようになっている。たとえば、エドワード・トムスンの『イングランド労働者階級の形成』は、経験が言語に媒介されることもなく、おのずから意識へと変容されてゆくことを前提としているために、批判され続けてきた。ギャレス・ステッドマン・ジョーンズがいうように、「意識は、経験の理解を構成する特定の言語が媒介して、はじめて経験と関連づけられるのだ」。彼はイングランドのチャーティスト運動に注目し、その言語の分析に乗り出した。[9]

フェミニストも、「ジェンダー」を同じように議論するよう歴史家に促してきた。第2章（本書四三頁）で強調したように、男性の目から見た女性らしさ（たとえば、「慎み深く」というように特定の様式で振る舞わねばならない圧力として女性は経験する）と、同時代に社会的レヴェルで流通している女性の見解とを区別することが必要となる。後者は、「ジェンダーをする」過程の日常生活レヴェルでつねに遂行されているからだ。

演劇論的モデルに戻っていいかえれば、男性性と女性性は社会的な役柄として研究されるようになり、それは異なる文化やサブ・カルチュアのなかで異なるスクリプトをもっている。そのスクリプトは、のちに仲間集団、行為の書、学校、宮廷、工場などを含む諸制度の影響を通じてどんなに修正されることがあっても、元来は母親や父親の膝のもとで習得したものである。そうしたスクリプトには、ポーズ、身ぶり、言語、衣服、いわんや性的な行動様式が含まれている。たとえば、ルネサンス期のイタリアでは、男性には大げさな身ぶりが許されていたが、上品な女性には許されなかった。手をなんども動かすことは、女性が売春婦だということを意味していたからである。

女性性や男性性のモデルは、しばしば対照性《コントラスト》によって定義されてきた。たとえば、男性的なイングランド人は、女性的なフランス人や「東洋人」と対比して定義される。最近の研究で強調されているもうひとつの論点は、特定の文化における女性性モデルと男性性モデルの相互依存性に関するもので、それぞれが他者との関係あるいは他者との対抗によって規定されるという。

この点は、宋代（九六〇－一二七九年）の中国に注目したパトリシア・イーブリーの『後宮』（一九九三年）で明瞭に浮かび上がる。「この時期には一般的に理想的な男らしさ」が武人から学者へと「変化」し、身分の高い男性が追う流行は、狩猟から古物の収集に取って代わられた。ピエール・ブルデューの「差異化」の観念に関してはすでに論じたが（本書八四－六頁を見よ）、彼なら、つぎのような可能性を認めたことだろう。こうした学識への転換は、トルコ人やモンゴル人のような好戦的な隣国人との差異化を求める中国人によって加速したという可能性である。

ほぼ同じ時期に、女性らしさの理想も変化していった。詩人が花にたとえるように、女性は美的で受動的で繊細で脆弱な者とみなされるようになった。また、この頃には纏《てん》足の慣習も始まる。イーブリーは、そうした変化がすべて関連していると示唆した。より正確には、「清朝の時代まで、理想的な上流階級の男性が相対的に抑制され洗練された形象であったため、もし女性が繊細で控え目で落ち着いていなければ、男性が女性的とみなされた」からである。

共同体の構築

一九八三年は、少なくとも英語圏では、構築主義的歴史学の形成という点で象徴的な年となるだろう。きわめて影響力のある二冊の本が刊行された年で、一冊はベネディクト・アンダーソンの著書であり、もう一冊はエリック・ホブズボームとテレンス・レンジャーが編んだ論文集であった。

アンダーソンの『想像の共同体』は、グローバルな関心とグローバルな視点をもった東南アジアの専門家による作品である。これ以降、近代ナショナリズムの歴史に関するあふれるほどの文献が書かれることになる。この書物は少なくとも次の三点で優れていた。第一に、視点という面で、アンダーソンはヨーロッパを外部から見ることを選び、紙幅の多くをアジアや南北アメリカにあてた。第二に、政治への文化的アプローチという点で、当時としては異例な本であった。アンダーソンは、「ナショナリズムの文化」の起源を政治理論ではなく、宗教や時間などの無意識的ないしは、なかば意識的な態度のなかに発見したのだ。

アンダーソンの試みの第三の特徴は、彼の適切かつ巧みな表現である「想像の共同体」に集約されるように、想像力の歴史を強調したことにある。彼は、キリスト教世界のような古い共同体に代わる国民という新たな想像の共同体が構築されるにあたり、印刷物、とりわけ新聞の果たした役割について多くを論じた。自分よりも少し前のフランスの歴史家による「想像力の歴史」への転向については、ほとんど認識していなかったようである。しかし、彼は同じ方向へ進んでいった。事象が生起する過程での集合的想像力や共有されたイメージの力を認めた点では、そうした歴史家と同じである。「構築」という表現を用いていないが、このプロセスの重要性を前提としていたのである。

これに対して、文化史の基本的概念のひとつを論争提起的に再検討した論文集、ホブズボームとレンジャー編『伝統の発明』〔邦訳：『創られた伝統』〕は、構築を中心的なテーマとした。この論文集は「パスト・アンド・プレゼント協会」が組織した学会の成果で、同学会も、新たな伝統の創出にとって一八七〇年から一九一四年という時期がとりわけ重要であるとの、エリック・ホブズボームの発想から生まれた。この書物には、イングランド、ウェールズ、スコットランドのほか、インドやアフリカにおけるイギリス帝国に関する一連の異彩を放つ事例研究が収められており、キルトや（ウェールズの国章）リーキの起源、とりわけ新たな形態の王室儀礼ないしは帝国の儀礼を題材に取り上げている。ホブズボームの序論は、一般的な議論を提示することで、そうした研究のもつ影響力をより大きなものとしていった。それは、当時としては革命的であり、伝統というものが「一見すると古いものであり、また古いものであることを主張するが、しばしばその起源はごく最近のものであり、ときに発明されたものである」という趣旨であった。

『伝統の発明』は、文化史のもっとも伝統的な形態のひとつの、伝統そのものの歴史を再生するうえで貢献するものであった。しかし、その受容はすべての者を驚かせたようだ。この論文集は、編者や出版社（ケンブリッジ大学出版局）の予想をはるかに超えた成功をおさめた。一九世紀後半についてのホブズボームの仮説の意義は、日本からブラジルまで世界中の他の地域を研究する者たちによって強調された。しかし、こうして温かく受容される過程で、同書のメッセージは再解釈されてゆく。この整序概念は、すべての伝統は発明されたものだという意味に解釈されたからである。今日では、右に引用したホブズボームの序論も、革命的というより保守的な表現となった。それは、ホブズボームが「しばしば」とか「ときには」といった留保条件を用いたためで、また「純粋な伝統のもつ強靱さと適応能力」を発明と混同すべきではないと警告したためでもある。

しかし、別の意味で、ホブズボームは正確な預言者であった。「伝統の発明」の概念が、ネーションとナショナリズムの研究にとくに有用であると注意を促したからだった。「ネーション」は構築の典型的な事例とみなされており、前述したように、タイトルに「発明」という単語の入ったたくさんの本がその表れである。

どのような手段によって、この発明や構築がおこなわれたのだろうか。最近の研究の多くは、中世の戴冠式から七月一二日に北アイルランドで実施されるオレンジ党支部パレードまで、共同体の構築に政治祭典の果たした役割を重視している。そうした集団的行動は、参加者の集団的アイデンティティの感覚を表現するだけではなく、強化した。

この点で非凡な才能を示すのが、サイモン・シャーマの『富めるが故の惑い』（一九八七年）での一七世紀の「オランダの国民性の創出」をめぐる解釈である。オランダ人は、スペインのフェリペに抵抗する過程で出現した新たな国民であり、集合的アイデンティティを探し求める集団であった。神聖ローマ帝国と闘うオランダ人は、ローマ帝国と闘った古代バタヴィア人や、ファラオのエジプトからの独立を宣言したイスラエル人にみずからを重ね、自分たちが求めているものを発見ないしは発明したのである。

この指摘はすでにオランダ人史家もしていたが、シャーマは独自の観点をつけ加える。第3章で論じたメアリー・ダグラスの純潔に関する議論に影響を受けて、一七世紀オランダ人の清潔をめぐる強迫観念について「分離・独立を主張するもの」と解釈した。その点に関しては、すでに外国人旅行者によって（必ずしも好意的な意味ではないが）指摘されていた。フロイトの言葉を使えば、オランダ人の清潔好きは「微妙な差異への自己陶酔」、すなわち「人びとのあいだで、仲違いや敵対心といった感情の基礎となるのは、ほかの点では似かよった人びとのこうしたわずかな差異にある」という点を典型的に表現するものだった。ピエール・ブルデューの言葉を用いれば「差異化《ディスタンクシオン》」をめぐる闘争を例証するものであり、イギリスの人類学者アンソニー・コーエンの言葉を用いれば「共同体の象徴的構築」を示すものである。[10]

君主制の構築

一九九〇年代に出版されたロシア、日本、フランスに関する三つの研究は、政治的領域での表象から構築への転換を示すものとして有益である。

リチャード・ウォルトマンの『権力のシナリオ』（一九九五年）は、ロシア君主制の形成のなかでの神話や儀礼の役割を研究したものである。著者はギアツからバフチンにいたる文化理論に依拠しており、またゴッフマンを引用してはいないが、少なくとも宮廷とその周辺での演劇性の遍在についてゴッフマン的な理解を示している。この書物は、征服、家内性、王朝、啓蒙、友情、幸福、謙遜、愛、ナショナリティ、改革についてのものを含む、「シナリオ」の観念に焦点をあてている。これによって、戴冠式、結婚式、葬式、宗教行列、軍事パレードは、すべて権力を強化するもの、また国民統合を顕示するものとみなされることになる。

タカシ・フジタニの『天皇のページェント――近代日本の歴史的民族誌から』（一九九六年）は、一八六八年の朝廷による王政復古後の日本の伝統の発明に関心をもっている。著者が示唆するのは、「国民的共同体の文化」に民衆を包摂し、また民衆が天皇のまなざしの対象となっていることを自覚化させる政策の一環として、当時の「日本の支配階級が、空前の規模で国民的な儀礼を発明、改訂、操作、推進していった」ことだった。とりわけ重要なのが、天皇の皇位継承、婚礼、葬儀、巡幸などの機会に実施されたページェントと行進であった。フジタニが論じるのは、そうした行幸が「特定の神話やイデオロギーを伝達しているからではなく、単に壮麗さや華やかさによって権力を生み出している」ことであった。ロシアの場合と同じように、英国風の馬車のような外国の用具を用いることがその効果を高めた。フーコーの影響を受けるフジタニは「天皇のまなざし」を論じて、民衆は天皇を恐れて見上げることをしないが、天皇が自分たちを観ている事実を自覚していた点を強調する。

個々の歴史家が社会的現実の言説的な構築の問題に対してどのような立場をとっているのかは、必ずしも明らかではない。こうした理由によって、拙著『ルイ一四世の捏造』〔邦訳：『ルイ一四世』〕（一九九二年）を議論することにした。ツァーリの場合と同じように、ルイ一四世の場合も、日常生活のほとんどが儀礼化ないしは劇場化されている点を目にすることになる。ルイ一四世の「起床」と「就寝」は（ルイが賞賛してみずからも演じることがあったジャンルの）一種のバレエとして構成されていた。また国王の食事は、格式の度合いに応じて選別された聴衆の前で演じられるパフォーマンスとみなしうる。それはウォルトマンの意味での「シナリオ」であった。

「アパルトマン」（les appartments）として知られる制度を例にとってみよう。一六八二年にヴェルサイユに移ると、ルイは、ビリヤード、カード遊び、会話、軽食などのために宮殿の部屋を週に三回ほど貴族たちに開放した。この革新のひとつの意義は、ヴェルサイユに一定の無礼講を導入したことにある。だが、そうした行事を「儀礼」と表現しても、その言葉を拡大解釈することにはならない。というのも、メッセージを伝達するために考案された行事であり、国王の親しみやすさを臣民にアピールする手段であったからだ（この親しみやすさは、メダルの鋳造によっても示された）。実際には、ルイ一四世はすぐに姿を現わすことをやめるが、親しみやすさを表す演劇は長期間にわたって続けられることになった。

どの程度まで、国王の日常生活が「儀礼」の項目に含まれるのかを判断するのには困難がともなう。まさにこの理由によって、国王ルイの生活を研究することは、この概念のもつ価値とその限界を考察する機会を与えてくれる。ほかと同様にここでもまた、儀礼を異質な種類の行為として描くよりも、行為そのものを多かれ少なかれ儀礼化された（多かれ少なかれステレオタイプ化され、多かれ少なかれ象徴的な）ものとして引き合いに出すほうが、問題の所在をはっきりとさせるだろう(11)。結局のところ、同時代の観察者が主張するには、もっとも些細な国王の身ぶりでさえリハーサルがおこなわれていたのだ。ヴェルサイユの日常生活の分析で、ふたたびゴッフマンの作品（本書五九頁を見よ）がその価値を示してくれる。宮廷の「表舞台」に登場するときには、ルイ一四世はつねに演技をおこなっていた。しかし、国王の書斎ないしは「個室」は「舞台裏」として表現することができる。そこでは、国王は、情婦であり、のちに妻となった（そのことはみな知っていたが、誰もあえて公然とは触れようとしなかった）マントノン夫人とだけ過ごしたからである。舞台裏から表舞台へ移動する際の自己操縦術に関する同時代人の生き生きとした描写は現在でも残っており、それらは、私的領域と公的領域とを分離するドアを通り抜ける際に、どのようにしてルイ一四世がみずからを創り出したのか、またみずからを威厳あるものに見えるように努めたかに注意を促している。国王は、このような方法によって君主制の権力の維持に役立つように、自分自身に関する理想的イメージの創出に貢献することになった。

ルイ一四世は、このようにみずからを表象することとは別に、詩や歴史、（「官報《ガゼット》」を含む）定期刊行物だけではなく、多くの銅像、絵画、版画などでも表象されていった。そうしたテクストや財によって、歴史家はかつて国王の公的な「イメージ」と呼ばれていたものについての記述が可能となった。そのテーマは、一九世紀末の広告の登場によって私たちがイメージに深い関心をもつようになって以来、研究者を刺激し続けてきたのだった。

私がルイ一四世のイメージの捏造ではなく、ルイ一四世自身の捏造に注意を向けることを選んだのは、より短いタイトルが劇的であるだけではなく、国王はみずから役柄を演じるパフォーマンスを通じて不断に創造され、再創造されていった点を指摘するためであった。それは、グスタフ三世を研究するスウエーデンの歴史家が「偉大な役柄」と呼ぶものであった。[12] パフォーマンスとそうした多くのパフォーマンスをめぐる表象は、表象の演出／演劇に代わるもの（representation of representation）であって、貴族、民衆、外国の宮廷、そして子孫にまでいたるさまざまな観衆に、ルイ一四世を視覚化させていった。そうした表象は、政治的な状況に影響を与えたという意味で、現実性を付与されてゆく。しかし、それらは唯一の現実性であったわけではない。同時代人のなかには、たとえば、武人としての国王の表向きのイメージと、戦場からは距離をおこうとしたルイ一四世の実際の行動様式との矛盾を、自覚している者がいたからである。

構築主義というコンテクストでは、拙著に対極的な反応があることを明記しておくのも興味深いだろう。伝統的な歴史家のなかには、私が国王の政策を論じるのではなく、ルイ一四世のイメージを真剣に取り上げ、イメージをテーマとする書物を執筆したことに驚く者がいた。他方で、ポストモダンな読者のなかには、テクストの外部に何者かが存在する、つまり表象の陰に隠れた現実の個人の存在を示唆している点に不満を覚える者がいる。今日では、文化史家は難しい状況のもとで仕事をしなければならないのだ。

個人的アイデンティティの構築

アイデンティティの構築への関心は新しい文化史の大きな特徴であり、「アイデンティティ・ポリティクス」が多くの国で重要な争点となった時代では、驚くべきことではない。そこでは、個人の史料、あるいはオランダ人が「エゴ＝ドキュメント」と呼ぶ史料に対する関心が高まっている。そうしたテクストは第一人称で記述され、書簡、すでに論じた旅行記（本書八八頁を見よ）、日記、そして、鋳掛け屋、仕立て職人、靴職人、大工のような熟練職人による自叙伝を含んでいる。たとえばダニエル・ロシュは、パリのガラス職人ジャック・メネトラの自叙伝に、フランス革命期の人生に関するすばらしい記録を発見した[13]。

関心が増大しているのはそうした史料のレトリックであり、それは「アイデンティティの修辞学」と呼ばれている。たとえば、書簡は、時代や書き手の社会的地位、書簡の種類（同輩のあいだでの親密な手紙、目下の者から目上の者への依頼状など）に応じて慣例にしたがって執筆された。

たとえば、ナタリー・デーヴィスは『古文書の中のフィクション』（一九八七年）において、「一六世紀フランスの恩赦の物語とその語り手」と呼ばれるものを研究している。デーヴィスの関心をかき立てたのは、おそらく依頼主の代理人の法律家が書いたと思われる、「逆上」や正当防衛などによる殺人と国王に宛てた恩赦の嘆願書の「フィクション的」側面であった。彼女はこう説明している。「『フィクション的』［fictional］という言葉によって、私が意味しているのは、架空の諸要素ではなく、むしろ語源であるフィンゲーレ［fingere］という別のより広い意味を用いて、それらの諸要素を形成し、具体化し、組み立ててゆくもの、すなわち、物語の技法なのである」。

恩赦の物語の場合のように、自叙伝を真実か虚偽かのどちらかを語るものとしてとらえる伝統的なまなざしは、より繊細なアプローチに徐々に取って代わられた。つまり、特定の文化の自己表現の慣習ときまりごと、特定の役割（名誉ある貴族、有徳の妻、霊感を受けた芸術家）にもとづく自己認識、そしてプロット（たとえば、乞食から金持ちへの出世、罪人の悔恨や回心）の観点からみずからの生涯を認識している点を考慮に入れるようになったのだ。

こうしたアプローチの初期の事例として、ウィリアム・ティンダルの『ジョン・バニヤン――下級職人説教師』（一九三四年）があげられる。ティンダルの議論が依拠しているのは一九三〇年代の様式であり、バニヤンの『神恩無量（罪人のかしらに溢るる恩寵）』は、識字能力という点を除けば、熟練職人や「下級職人」といったバニヤンが属する階級の典型的人物が生み出した作品だとされている。しかし、ティンダルは「熱狂的自叙伝」や回心の物語のような特殊な文学ジャンルにも『神恩無量』を位置づけている。それは、一七世紀半ばのイングランドに出現し、バプティストやクエーカーなどの急進的なプロテスタントの宗派を連想させるものだった。

このジャンルの作品は、聖アウグスティヌスの『告白』のモデルや『使徒行伝』で語られたような聖パウロの生涯を模範として、最初に初期の罪深さを強調し、その後に心情が劇的に変化するプロットを語っている。ティンダルは、そのジャンルの「慣例」、「選択、強調、調整のパターン」、「再生の厳密な公式」を論じる。そうした記述の規則は、口頭で物事をおこなう礼拝集会に起源をもつ。

同じように、学問的な伝記は、研究対象の自己顕示や自己成型に焦点をあててきた。スティーヴン・グリーンブラットが『サー・ウォルター・ローリー――ルネサンス人とその役割』（一九七三年）で実践しているのはまさにそれであり、もっと有名な『ルネサンスの自己成型――モアからシェイクスピアまで』（一九八〇年）がこれに続いた。フェリペ・フェルナンデス゠アルメストの『１４９２　コロンブス』（一九九一年）は、主人公の生涯にわたる上昇志向と自己主張の強さへの関心を強調することによって、偉大な発見者の伝記としては従来のものとかなり異なる性格をもっている。この作品では、コロンブスが謙遜をするときでさえ「自己顕示欲の強い」「気味の悪いほど筋書き立てられた」役柄を演じる人物として描写される。

さらにアイルランドの歴史家ロイ・フォスターによる最近のウィリアム・バトラー・イェーツの伝記は、この詩人の自己顕示ぶりにかなり重点を置いている。たとえば、彼の衣服（とくに黒の外套やソンブレロ）、演劇的な身ぶり、公衆の前での詩の語り方、というよりむしろ抑揚のつけ方、本の扉に載せる肖像写真への関心、自叙伝、そして一九一五年に同時代人が「みずからに関する伝説の形成」と呼んだものに対するイェーツの関心があげられている。かなり初期のリチャード・エルマンの研究でも、すでにイェーツの「ポーズ」や「仮面」と呼ぶものが強調されていた(14)。

また、歴史家は、過去の自分と異なるものに「見られ」ようとして、みずからと異なるアイデンティティを身につけ、構築をしている白人や男性、上流階級の成員などの行為を理解することにますます関心を示すようになっている。男性のような衣服を着て、陸軍や海軍に従軍し、やがてその秘密が明かされる女性のよく知られた事例は、女性の歴史だけではなく、アイデンティティやその可塑性に関心がもたれているような現在のコンテクストでは、新たな重要性を帯びてきている(15)。

あまり知られていないが、このようにして新たに学問的関心の対象となった人物が、ジョルジュ・サルマナザールである。彼はフランス人で、多くの経歴を重ねイングランドにやってきて、身元を偽り台湾先住民で通した。一七〇四年に台湾を詳細に描写した書物を刊行したが、やがてペテン師だと暴露される。最近の研究が強調しているように、サルマナザールは「たとえば、日本人、台湾人、フランス人、オランダ人、ユダヤ人、学生、無頼の徒、難民、軍人、改宗者、時論家、詐欺師、学者、三文文士、実業家、囚人、模範人、老人など……多くの役柄を演じていたのだ」[16]。

パフォーマンスと機会原因論

サルマナザールは、熟練した演技者とみなされるであろう。また最近の彼の経歴への関心は、文化史研究における「パフォーマンスへの転回」(performative turn) と呼ばれるものを示す徴候となる。一九五〇年代から一九六〇年代にかけての演劇論的モデルは、すでに記した (本書五六 - 七頁を見よ)。しかし、一九七〇年代以降、このモデルの使われ方にゆっくりとした微妙な集団的変化が生じてきたのだった。

文化史のパフォーマンス

歴史家は、ほかの学問分野の研究者と同じく、社会的「スクリプト」としてではなく社会的「パフォーマンス」として認識するようになった。この言葉は、ゴシップや儀礼を研究する人類学者によって一九七〇年代に初めて理論的に注目を集めた。少し遅れて、それとは別の人類学者マーシャル・サーリンズが、文化を一連の「遂行的発話」を実践するための方法として一般的に理解するようになった。その用語は、イングランドの哲学者ジョン・オースティンから借りたもので、「この羊に名前を与える」とか、結婚の場面での「誓います」のような発話行為を研究して、それらが状況を描写するというよりも、状況を引き起こすととらえたのであった[17]。

政治思想の歴史もこの観点から書き直されてきており、傑出しているのはクェンティン・スキナーの『近代政治思想の基礎』（一九七八年）である。スキナーが関心を寄せるのは、論じられる思想家たちが書物を執筆しているときに何をおこなっているのか、すなわち思想家たちが論争している問題であり、オースティンが「発語内の力」と呼ぶものであった。スキナーは、政治的、社会的、思想的なコンテクストのなかでの行為としての言葉に焦点をあて、「純粋に歴史的な性格をもった政治理論の歴史」に貢献をおこなったのだ[18]。

もうひとつの例は、フランス以外ではあまり知られていないが、クリスチアン・ジュオーの『マザリナード』（一九八五年）で、一七世紀半ばのマザラン卿の体制を批判する五〇〇〇点あまりのパンフレットに関する研究である。ジュオーは、先行研究のようなそうしたパンフレットの統計的アプローチ（本書三三一-五頁を見よ）を退けた。それは、反マザランの諷刺詩を当時の世論の受動的な「反映」とするアプローチを退けるのとまったく同じだった。その言説の「流動性」は、そうした浮遊するテクストに対する伝統的な手法によるアプローチを受け入れがたいものにしている。それに対して、著者が問題としているのは、オースティンやスキナーのように「これらの著述活動が実際に何をおこなっているか」であり、パンフレットをさまざまな行為として、すなわち戦略、戦術、舞台化（演出）、受容、そして効果という観点から議論する必要があるテクストとして提示している。

公的な祝祭がパフォーマンスの観点から分析できることは、よりいっそう明らかであろう。実際に、祝祭はパフォーマンスとして分析されてきている。たとえば、エリザベス二世の戴冠式の場合は「合意形成のパフォーマンス」として解釈され、ベネズエラの民衆的祝祭はナショナリズムのパフォーマンスとしてみなされることになった。記念顕彰行為は、歴史や記憶のパフォーマンスとして表現されてきた。舞踏の歴史はかつては専門家の領域であったが、現在では文化史家によって真剣に取り上げられ、政治や社会との関連で議論されている[19]。

その概念は、エスニシティ、ジェンダー、名誉、廷臣、貴族、奴隷などをパフォーマンスするという観点から、日常生活の分析にも用いられている。たとえば、マイケル・ハーツフェルドのクレタ島のある村落に関するエスノグラフィは、儀礼化された攻撃性で男性らしさをパフォーマンスする舞台としてコーヒー・ハウスを描いている。カード遊びは、「ほとんどすべての動作が攻撃的な身ぶりである。とりわけ、カードを荒々しく放り出すときは、テーブルに拳を打ち付けるのであった[20]」。奴隷が主人に示す従属性は、パフォーマンスや「身につけるもの」、そして誇張(本書五九―六〇頁を見よ)として解釈されている。労働者階級の示す恭順も、同じような観点から解釈されてきた。逆に、人類学者のジェームズ・スコットが記しているように、「もし従属が謙遜と恭順のもっともらしいパフォーマンスを必要としているとしたら、支配は傲慢さと卓越性のもっともらしいパフォーマンスを必要としているように思われる[21]」。

言語学もまた、「アイデンティティの行為」を語ってきた。それは、言語がアイデンティティを表現するだけではなく、アイデンティティを創出し、その創出に一役買っている事実を強調するためでもある。メタファーのパフォーマンスへの関心も増大している。たとえば、床を清掃することは、内的な秩序の象徴として機能している。また、民族浄化は、純潔のメタファーの遂行としてみなされるだろう[22]。

「パフォーマンス」という用語は建築にも応用されて、建築物や広場を舞台とする旧い観念を発展させた。教皇アレクサンダー七世は、ローマの聖ピエトロ広場の建設を依頼したが、この広場は「劇場」として表現されていた。建築は集合的芸術であり、その計画は職人の側での即興の余地を許す一種のスクリプトとみなされていた[23]。

パフォーマンス概念が登場した意義とは、どのような点にあるのだろうか。それには、何が拒絶されているかに注意することが重要となる。固定的な文化の規則の観念は消え去り、即興の観念に取って代わられたのだ。ピエール・ブルデューは「パフォーマンス」という用語をめったに使わなかったが、こうしたアプローチ上の変化を推進してきた主たる人物のひとりで、ハビトゥス（規制された即興の原理）の概念を導入した。それは、彼があまりにも硬直化したものとしてとらえた、文化を規則の体系としてとらえる構造主義的概念への反発であった。

文字どおりの意味での即興は、一連の口承文化に関する研究で詳細に分析されてきた。そのなかでももっとも重要な成果のひとつは、いまだに文化史家はほとんど触れることのない書物であるが、最初にそれが刊行されたとき、私は強烈な印象を受けたことを告白しなければならない。アルバート・ロードの『物語の歌い手』（一九六〇年）である[24]。ロードは、ミルマン・パリーとともに、一九三〇年代に当時のユーゴスラヴィアへ赴いた。ハーヴァード大学の古典学の教授であったパリーは、『イリアス』や『オデュッセイア』を口頭上演から文字化された口承文学だと信じていた。

パリーとロードは、この仮説を検証するためにボスニアに出かけた。そこでは、叙事詩を題材とする詩人や歌手が居酒屋やコーヒー・ハウスで、当時も活動をおこなっていたからだった。二人は、テープに何百もの叙事詩を録音し、それを分析して、同一の詩人は「同一の」物語を、異なる機会には異なる形態で、たとえば、長くしたり短くしたり、あるいは別な様式に適応させたりしながら、上演していたことに注目した。要するに、詩人は即興をおこなっていたのだ。

何時間もアドリブを続けるのは、パリーとロードが「定型表現」と「場面による固定化された表現」と呼んだ枠組みによって可能だった。ここでもまた文化的スキーマが強調されていることを発見するのだが、今回は二つの異なったレヴェルにおいてである。「定型表現」とは、繰り返し現われる成句や対句で、「平原の上で」とか、ホメロスの場合には「葡萄酒色の海」のようなものであった。「場面による固定化された表現」とは、定型表現を拡大したもので、手紙を送るとか英雄が武装するといった繰り返し現われるエピソードである。それは歌い手の熟練度やパフォーマンスをしている場の性質に応じて、精緻化や「脚色」の余地を残すような基本的構造をもった物語の構成要素なのである。

識字率や計算能力に加えて、口承も歴史研究にふさわしいテーマとして認知された現在では、歴史家はこの種の「定型表現」と「場面による固定化された表現」を再発見しつつあり、同じように、歴史家は、噂やバラッド、民謡に、かつてよりも関心を払うようになっている。(25) それでもやはり、『物語の歌い手』で提出された分析は、いまだそれに匹敵するものはない。

一九八〇年代に、パフォーマンスの概念はより広い意味を含むようになった。多くの場合、儀礼や祝祭に関する旧い研究は、そうした儀礼や祝祭が厳密にテクストにしたがうことを前提としていた。一六世紀や一七世紀に、ときにはその行事がおこなわれる以前にも、祝祭に関する注釈が刊行されていたことを強調している。一般的にテクストはイラスト化され、祝祭のイコノグラフィはパノフスキーらが絵画の図像を分析したのと同じ方法で分析できる、と想定する研究者もいた。

他方で、最近の祝祭に関する研究は、「パフォーマンスは単なる演技」や表現ではなく、より積極的な役割をもっていると論じている。意味は、それぞれの状況で新たに生み出されているからだ。研究者は、特定の祝祭の意味がもつ多元性や衝突を重視するようになっている。たとえば、南米の宗教的饗宴では、ある参加者にはカトリックの団体があり、別の参加者には伝統的なアフリカの宗教団体が準備されていた。

中世や近世ヨーロッパの歴史家たちは、宗教的・世俗的な祝祭で重要な役割を演じる練り行進についてたびたび議論をしてきた。それは、そうした練り行進がコミュニティの社会構造を表象し、具現化するからであった。しかし、練り行進がおこなわれているときに、そうした儀礼に関する合意形成は完璧なものではなく、民衆がもっとも荘厳な儀式を台無しにする場合のあることを認識する必要がある。というのも、民衆はコミュニティでの地位に関して両立しがたい見解をもっており、それぞれが他人に対して優越した権利をもっていると確信していたからである。

したがって、道を踏み外したもの、すなわちスクリプトからの逸脱に新たな強調点が置かれることになる。たとえば、トマス・ラカーによる処刑に関する研究は、フーコーたちを「司法の演出法」を強調していると批判して、群衆の反応と「予期せぬ変化」に関心を集中したが、それは公開処刑が「よりいっそうの流動性をもつ演劇」を上演しているからだった[26]。

さらに、ルネサンス期のローマで、ローマ教皇の儀典長パリ・ド・グラシスの残された日記が、教皇の儀礼で何が起こらなければならなかっただけではなく、何が実際に起こっていたのかについて、その一端を垣間見せてくれる。たとえば、グラシスは、行列して歩くことはもとより、長時間にわたって立ったり跪いたりすることが困難な年輩の枢機卿に対処しなければならなかった。事態をよりいっそう難しくしているのは、当時の教皇がユリウス二世だったことにある。ユリウス二世は痛風もちで、典礼によって必要とされるときでも、いつも片膝をついたわけではなかった。彼はまた正装することが嫌いで、そのように定められていても、法衣をまとわずに現われた。それに加えて、彼は儀礼上の慣例にしたがうことに耐えられなかった。ある行事で儀式の責任者がつぎに何をすべきかを話すと、「教皇は笑って、ことを単純にかつ自分流にやりたい、とおっしゃったのだ[27]」。

機会原因論の登場

前節で論じたパフォーマンス、ないしはパフォーマンスとしての生活に関する研究が示唆するのは、領域や学問分野は異なるとはいえ、人文科学の研究者の実践において静かな革命を目にしているということにある。私は、こうした潮流を「機会原因論（偶因論）」と名づけることにしたい。それによって私が提案しているのは、マールブランショのような後期デカルト主義者に言及するために、もともとカントによって使われた哲学的用語を、文化史家のニーズに対して応用することである。

これまでみてきたように、状況が異なれば同じ儀礼や物語でも変化する一方で、支配者の目に映る範囲では恭順の意が表明されることもある。これらの諸事例を一般化すれば、異なる場（時間と地域）や異なる状況、異なる人物の面前では、同じ人物でも異なる行動様式をとるということになる。

私が「機会原因論」と呼んでいるものは、社会決定論から個人の自由への転換ということを厳密には意味していない。だが、少なくとも規則にしたがう固定化された反応という認識と決別して、シカゴ学派の社会学者ウィリアム・I・トマスによって有名となった言葉である「ロジック」や「状況の定義」にならって、柔軟な反応という理解へと向かっている。もうひとりのシカゴ学派の社会学者アーヴィング・ゴッフマン（本書五九頁を見よ）による自己表現の研究は、この傾向をもっともヴィヴィッドに表すものを提供してくれる。一九五〇年代に、この機会原因論アプローチは、社会分析や歴史分析の支配的形態に反抗するものであった。これに対して、ここ数年は、あらゆるところで、つまりもっとも多様なコンテクストや分野で、機会原因論に遭遇しているように思われる。

たとえば、言語の場合、歴史家は社会言語学から学んで、バイリンガルな人物がひとつの言語から別な言語に切り替え、他方で、「二言語使い分け」を実践する人物が政治を論じる「高尚」な言語とサッカーを語る「低俗」な言語を使い分ける状況を研究している。

二言語主義は、「文化的両棲類」と呼ばれる、より一般的な現象を示す一例となる。私たちは手稿を個々人のパーソナリティを表現するものとして考えがちである。しかし、たとえば、一六世紀フランスでの同一人物による手稿は、場合によってかなり異なった様式になることがあった。法廷文書、閣僚文書、商人文書など手書きの特殊な様式は、会計簿をつけたり、友人に書簡を送ったりするなど、特定の機能と結びつけられていた。近世のハンガリーでは、ひとりの個人が、ある場合には署名をおこない、別な場合には十字の印を記すといった事例が発見されている。

美術史家も、時代や個人だけではなく、状況との関連で様式を考察するようになっている。たとえば、ルネサンスの研究者は、ピサネッロやファイト・シュトースのような画家や彫刻家が、あるときはジャンル、別なときはパトロンの要請にしたがって、ゴシックから古典へ、そしてふたたび古典からゴシックへと様式を変えている点に注目している(28)。

同様のことは、ノルベルト・エリアス(本書一七―八頁を見よ)が一九三九年の古典的研究で示した文明化の過程についても指摘できる。たとえば、ユーモアの歴史の場合、エリアスの命題にとっての問題は、一七世紀や一八世紀に公衆の面前や男女が一緒にいる場合、上流階級はある種の冗談に笑うことをやめてしまったが、ほかの場所ではそうした冗談に笑い続けることになったと思われることにある。上流階級の成員、とりわけ貴婦人など高貴な社会的地位にある人びとは、ほかの集団の人びとが彼女らを見たり聞いたりしているときには、「下劣」な冗談に喜ぶところを見せないよう求められていたようだ。他方、ヴィクトリア時代のジェントルマンは女性から隔絶された喫煙室で、そうした冗談に興じ続けた。女性たちも、男性のいないところでは同じようなことを続けていたのかもしれない。

脱構築

現在の研究者にとっては旧世代の歴史家のナイーヴなリアリズムに見えるものでも、その側面をあまり誇張すべきではなかろう。旧世代の歴史家も、社会的カテゴリーの構築にあたっての歴史家の積極的役割を十分に認識していたからである。たとえば、一八八〇年代にフレデリック・ウィリアム・メイトランドが述べているように、誰が封建制度をイングランドに導入したのかを問題にする試験官がいたとすれば、それに対する良質の解答は、適切な説明が加えられるならば、ヘンリー・スペルマン(という中世法の歴史に関心をもっていた一七世紀の学者)とされたのだ[29]。

さらに、フランスの歴史家リュシアン・フェーヴルは、「私たちの祖先たちはルネサンスを捏造したのだが、すべての時代は歴史的な過去の表象を心理的に捏造している」と記している[30]。同じように、歴史家も「ルネサンスの神話」なる言葉を用いてきたが、それはその言葉が客観的な描写のためというよりも、価値観を過去へと投影させたものであるという自覚を明確に示すためだった。

ほかの歴史家は、歴史と神話との関連をよく自覚している。フランシス・コーンフォードの『トゥキュディデス――神話的歴史家』(一九〇七年)は、トゥキュディデスによって記された「神話」と彼の作品とギリシア悲劇とのあいだにあるアナロジーを分析した著作であり、ヘイドン・ホワイトの『メタヒストリー』(一九七三年、本書一一六-七頁を見よ)や「ミスヒストリー(神話史)」を研究したその他の作品よりも、ほぼ七〇年も前に刊行されている。

さらに、国民は必ずしも変わらないものとして考察されてきたわけではなかった。アメリコ・カストロの有名な『歴史のなかのスペイン』(一九四八年)の最初の文章は、「ひとつの国は固定された実体ではない」というものである。著者は、つぎのように説明を続ける。「スペインは他の国民と同じように不確定な『主体』であり、その存在の過程でみずからを発明し維持しなければならなかったのだ」。メキシコの歴史家エドムンド・オゴルマンの『アメリカの発明』は、一九五八年に刊行されている。当時、第四の大陸という観念に比べた場合、その発見はあまり重要なものではない、という彼の議論は、奇妙なものに思われた。しかし、現在では、それはほとんど決まり文句となっている。

しかし、構築の観念は、今日ではさらなるかたちで用いられるようになっている。フランスの人類学者ジャン゠ルー・アムセルは、アフリカのアイデンティティに関する研究書『ロジーク・メティス』（一九九〇年）で、フラニ族やバンバラ族は、部族はもちろんエスニック集団とすらみなすべきではなく、「変容のシステム」の一部としてみなさねばならないとしている。彼は、そうした集団には截然とした文化的境界が存在しない一方で、諸個人は流動的で多元的なアイデンティティをもち、その状況にしたがって異質な「他者」とみずからを差異化している、と主張する。アイデンティティは絶え間なく再構築され、もしくは交渉をおこなっているのだ。

文化や社会集団を同質的で明確に外部の世界から分断されたものと見る単純化された見解に対する構築主義的反発は、健全なものである。アムセルらによる「本質主義」への批判は、フラニ族のような文化もしくはブルジョワのような階級に対してのみならず、ルネサンス、宗教改革、ロマン主義、印象派などの運動や時代に関しても便利なかたちで応用されるものとなる。同じように、文化的構築の観念は、解決するにはほど遠い状態にある諸問題を提起している。それは、とりわけ三つの問題に収斂することになる。つまり、誰が、どのような制約条件のもとで、そして何を素材として構築をおこなっているか、ということである。

デクラン・カイバードは、『アイルランドの発明』（一九九六年）の冒頭で「誰がアイルランドを発明したか」と問うている。海外に亡命したアイルランド人はアイルランド国民という理念の形成に著しく貢献し、イングランド人もまたその構築の事業に対して「援助」をおこなっていたことが強調されている。「東洋」の場合、それが構築される過程での対立物としての西洋の役割は一目瞭然のものとなっている。しかし、旅行者、学者、宣教師、官僚などの多様な西洋人が相対的にもつ重要性の問題は、いまだ解決されないままである。個人や集団の発明が相対的にもつ重要性の問題、また、たとえば創造的受容によって集団的創造性が作動する方法の問題も、依然として解決されていない。

第二の問題は、構築のプロセスで存在しうる文化的ないしは社会的な制約条件に関わる。たしかに、いついかなるときでも、すべてのものを考え出すことができるというのはありえないことである。たとえば、イスパノアメリカの集団は、スペインから独立後、彼らが欲したアルゼンチンを自由に発明したというわけではない。文化的構築の観念は、経済的・社会的な決定論に対する健全な反発の一部として発展してきた。しかし、過剰な反発は避ける必要がある。歴史家は文化的可塑性の限界を明らかにする必要がある。そうした限界とは、たとえある程度は修正が可能ではあっても、あるときには経済的要因によって、またあるときには政治的要因によって、別の場合には文化的伝統によって設定されるのだ。

第三の問題は、文化的構築の素材に関わる。文化的構築を「無からの」創造の過程として考えるのは誤りであろう。事実、すでにエリック・ホブズボームは『伝統の発明』〔邦訳：『創られた伝統』〕の序文で「古来の素材を利用する」点を強調していた。この方向性をさらに少し進めて、かつ宇宙論研究者の用語を借用すれば、慣例として伝統の転位と表現されてきたもの（あるいは、ブルデューが「文化的再生産」と呼んだもの）は、むしろ「連続的な創造」の過程ということになる。文化の伝承者たらんとする者がみずからの行為をどのように考えていようとも、ひとつの文化を新たな世代に手渡してゆく過程は必然的に再構築の過程にある。すなわち、レヴィ゠ストロースが「ブリコラージュ」と呼び、セルトーが「再利用」と呼んだ過程である（本書一一三‐四頁を見よ）。

この過程が強力に推進される要因としては、旧い観念を新たな状況に適応させる必要性や、伝統的な形態と新たなメッセージとの緊張関係、伝統の内なる衝突、すなわち人間の諸問題に対する普遍的解決策を追求する試みと、状況の必然性ないしはロジックとの衝突などがあげられる。宗教や政治の運動の場合、創始者と継承者との当然の差異が、文化的分極化へとつながることもある。多くの場合、創始者のメッセージは曖昧であり、それどころか、多くの人びとに多くの意味を与えているからこそ、創始者は成功したのだという者もあろう。継承者が創始者のメッセージを解釈しようとするときに、潜在的な矛盾が表面化するのだ[31]。

このプロセスをより徹底的に探究することは、将来に課せられた仕事である。そうした文化史の将来の課題は、次章で言及する。

第6章　文化論的転回を超えて？

一九一〇年代のアメリカ合衆国で「新しい歴史学」がそうであったように、「新しい文化史」という言葉は、考案された一九八〇年代には魅力のある理念のように思われた。残念ながら、新しさというものは、すぐに消え去る文化的資産である。この「新しい」文化史は、二〇歳以上の年齢に達している。それどころか、本書の文化史セレクションを一瞥すると、そのスローガンが考案される一〇年以上も前の一九七〇年代に実は断絶が生じており、それから数えるとすでに三〇年以上がたっていることがわかる。また、たとえば、一九八八年に最初に刊行された本の守備範囲とその質の高さをみて欲しいのだが、革新的な作品が一九八〇年代に次々と出版されたのに、一九九〇年代には徐々に減少していることも見てとれる。二一世紀初頭は、業績評価と在庫管理、そして整理統合の時代であるように思われる。したがって、現在おこなわれている研究は、こうした意味で存在価値をもつことになる。しかし、概してこの種の在庫管理というものは、もっとも創造的な文化運動の段階に続いて出現するといわねばならない。

新しい文化史が深刻な批判の対象となってきた事実も、これに加わる。さらに新しい段階の時期がやってきたのか、それともその段階はすでに始まっているのかという問題は、避けて通ることができないものとなる。私たちはまた、つぎのような点を問題にすることもできよう。新しい文化史のあとにくるのがより急進的な運動であるのか、それとも、これと対照的に、より伝統的な歴史学の形態との和解を見ることになるのか、ということである。

いつものように、違いをはっきりとさせることにしよう。私たちは短期的動向と長期的動向を区別しなければならないだけではなく、主観的願望と現実的な予測を区別しなければならない。予見に関するかぎり、たとえ過去の経験から、未来がそのような傾向の単なる延長線上にあるものではないと自覚していたとしても、長期的な傾向を推測する以上のことは困難である。また、単なる過去への回帰が不可能であることはわかっている。しかし、長期的な傾向に対する反動として過去へ回帰する試みのあることも、考慮に入れなければならない。

この点で、いくつかの異なるシナリオを論じるのが、おそらくもっとも有益であろう。ひとつの可能性として考えられるのは、「ブルクハルトの回帰」として表現されるシナリオである。この場合、ブルクハルトの名前は、一種の簡略表現として用いられ、伝統的な文化史の復活の象徴となる。第二の可能性は、新しい文化史をよりいっそう多くの領域へと絶えず拡張してゆくことである。そして、第三の可能性は、構築主義的に社会を文化に還元することへの反発で、それは「社会史の逆襲」と呼ばれるだろう。

ブルクハルトの回帰

ある意味で、私たちは、ブルクハルトの回帰を語ることができない。先輩格にあたる歴史家は住み慣れた場所を離れようとはしなかったからである。たとえば、ルネサンスの歴史や啓蒙の歴史といったエリート文化の歴史は、たとえ〔人材や財源という〕学問的資源をめぐる競争にさらされていたとしても、一九七〇年代や一九八〇年代といった民衆文化に熱狂した時代にも決して放棄されなかった。

アンソニー・グラフトンは、ルネサンスとそれ以降の古典的な伝統に焦点をあてることを研究上の仕事としてきた文化史家の模範として、よく知られている。だが、彼は読書の歴史にも貢献して、著書『脚注』（一九九七年）で、註や歴史専門職の職業的慣行、イデオロギーとの関連についての歴史も執筆した。

この時期に英語で刊行された文化史でとくに有名な作品は、カール・ショースキーの『世紀末ウィーン』（一九七九年）であろう。同書は、アルトゥール・シュニッツラーやフーゴ・フォン・ホーフマンスタールなどのような著述家、グスタフ・クリムトやオスカー・ココシュカといった芸術家、ジークムント・フロイトやアルノルト・シェーンベルクなどに関する研究であった。ショースキーは自著をモダニティに関する研究だと述べたが、一九世紀の歴史主義の問題点を明らかにする作品だった。彼のいう「伝統に無関心な文化」の歴史は、この運動に関するきわめて重要な政治的解釈を提示しており、それを「社会的・文化的な解体のもたらす不安」、また自由主義の没落と結びつけている。ここでいう自由主義とは、合理主義、リアリズム、進歩への関与という意味であり、それは彼の描く主人公たちが多様なかたちで反抗した価値であった。たとえば、フロイトは深層心理の非合理的な力を強調し、クリムトはリアリズムと断絶してブルジョワの道徳に意図的に反抗することによって、それを実行していった。

少なくとも近い将来の文化史にとって、ひとつのありうる姿は、エリート文化に力点を置くことがふたたび流行することであろう。エリート文化は、今日、多くの場所で研究され教えられている「カルチュラル・スタディーズ」では明確に抜け落ちている。しかし、もしこの再流行や回帰が生じたとしても、およそ「民衆文化」の歴史が消え去ることなど起こりそうにもない。たとえ、民衆文化の概念が長らく疑問に付されてきたとしてもである。二つの種類の文化史は、その間の相互交流への関心が増して、おそらく共存してゆくだろう。それどころか、エリート文化は、たとえば、多様な社会集団による啓蒙の受容や、日常生活への影響という意味でのルネサンスの受容を強調することで、再構成されかつ脱中心化されることになるだろう。すなわち、絵画や宮殿だけではなく椅子や皿の意匠、また哲学の歴史だけではなく心性の歴史をも取り扱うことになるのである。そして、実際に、この力点の置き方の変化はすでに発生しつつある[1]。

たとえば、ギンズブルグの『チーズとうじ虫』（一九七六年）のような新しい文化史の先端的な事例は、こうした視点から再読される。ひとりの人間やその宇宙観の生き生きとした描写は、一六世紀イタリアに特別の関心をもたない多くの人びとにも魅力的に映った。しかし、それは、反宗教改革のような大きな文化運動の受容、すなわち伝統的な民衆文化との相互交流の観点から見た歴史叙述への貢献としても読むことができる。要するに、文化史ではよく起こることだが、過去への回帰の試みは何らかの新しいものを生み出す。伝統の観念の再生や再定義の最近の試みは、同様の方向性を示している。

政治、暴力、情動

第二のシナリオとして予想されるのは、新しい文化史を拡張して、かつて無視されてきた領域、とりわけ政治、暴力、情動を包摂することにある。

政治の文化史

政治と文化が結びつけられる様式は、ひとつとは限らない。ひとつのありうる結合のかたちは、ショースキー『世紀末ウィーン』で試みられている。もうひとつのアプローチは、文化の政治学とも表現されるようなもので、統治者の偉大さと趣味の良さを示す記号としての収集行為《コレクション》を評価し、一九世紀の美術館、博物館、劇場の設立に対する国民的ないしは国民主義的な論拠にいたるまで、幅広い対象を射程に入れている。

「文化マネジメント」については、とくに一九世紀と二〇世紀に関心が高まった。たとえば、ブラジルでは、とりわけバルガス政権下の一九三〇年から一九四五年が国民文化に特別な関心がもたれた時期といわれる。だが、最近の研究が示唆するように、この時代は、国民のアイデンティティを表象するという名目で、聖職者どうしや建築様式での競合が見られたという意味で「文化戦争」の時期でもあった。[2]しかし、この点で、もっとも注目に値するのが政治の文化である。文化史家がつねに政治を無視してきた、また政治史家が全面的に文化を無視してきたと主張するとしたら、それは誤りであろう。ブルクハルトのルネサンス国家を芸術作品とする研究、マルク・ブロックによるフランスやイングランドの国王に与えられた治癒能力に関する研究、また王の紋章、戴冠式、葬儀、入市式の儀礼などの君主政の象徴主義に関する研究者の作品のように、伝統的な文化史研究でも政治に対する存在価値が与えられていたのであった。

政治学では、『象徴行為としての政治』（一九七一年）の著者、マーレー・エーデルマンのような指導的人物は、過去および現在の政治的儀礼や擬似儀礼、その他の政治的行動様式の象徴的側面を検討して、一世代前に「文化論的転回」をとげていた。F・S・L・ライオンズによって提出されたアイルランドの苦難に満ちた政治史の文化的解釈は、他章で議論したとおりである（本書五〇－一頁を見よ）。

それでもやはり、新たな専門用語が使われるようになるのは、通常は関心やアプローチの変化があったことの徴《しるし》である。「政治文化」という概念は、民衆のなかの多様な集団の政治的態度や想念、またそうした態度が浸透してゆく過程に焦点をあてながら、二つの領域を結合させる必要性を表した。「政治文化」という言葉は、一九六〇年代に政治学者により採用され、キース・ベイカーの『アンシャン・レジームの政治文化』（一九八七年）のような書物から判断するに、国全体について用いるのであれ、女性のようなひとつの集団について用いるのであれ、一九八〇年代後半に歴史家の言説に浸透してきたように思われる。

新しい文化史の指導的人物、リン・ハントによるフランス革命研究は、政治文化に中心的な関心を寄せている。『フランス革命の政治文化』（一九八四年）は、「政治的行動様式の規則」、より限定的には新たな「象徴的行為」の変容に焦点をあて、フーコー的手法で研究をおこなった。そうした実践は、公的祝祭の舞踏法から三色旗の花形記章や自由の赤い帽子の着用、親しみやすい「あなた」（tu）とか「市民」（citoyen）といった呼びかけまで及び、それらは平等と友愛を象徴しつつ、些細な身ぶりによって、理念を具体化することに貢献したのであった。同書は、政治の社会史から始まるが、著者が告白しているように文化史へと変容してゆく。しかし、たとえば、男性と女性が新たな政治文化に参加する意味を慎重に区別する姿勢は、かつて社会史家であったみずからの過去を無意識のうちに表している。

政治史と文化史を紡いでゆく最近の事例は、インドに基盤を置き、ラナジット・グハの指導を受けたサバルタン研究グループの論文集に見ることができる。サバルタン・グループの研究は広範な議論を呼び起こし、インド史、とりわけ一九四七年以前のインド独立運動の歴史を書きかえる以上の意味をもった。その目的は、かつての独立運動の歴史叙述を独占していたエリートとは区別される多様な被支配集団（グラムシが用いた言葉によれば「サバルタン階級」）に、適切な役割を付与することにあった。この点で、インドで仕事をして独立運動に共感を示していた父親をもつ、エドワード・トムスンの研究が着想の源となっている。(3)

サバルタン研究グループの著作に特徴的なのは、政治文化、とりわけ「サバルタン状況」を性格づける文化への関心である。公文書だけではなく、文学作品も「サバルタン性の心性」を示す史料として用いられているように、ここでもエドワード・トムスンがひとつのモデルとなっている。だが、サバルタン・グループはトムスンとは異なり、つねにレヴィ＝ストロース、フーコー、デリダをはじめとする文化理論への強い関心をもってきた。

サバルタン・グループのアプローチの具体例として、シャーヒド・アミーンによる「農民意識」のなかのガンディーのイメージに関する研究に注目しなければならない。彼は、「民衆信仰の既存のパターン」がこのイメージを形づくったことの意味を強調する（ここでもまた、スキーマへの関心をみてとるであろう）。ガンディーの霊的能力を描いた物語が流布しつつも、指導者への崇拝はクリシュナ神などの神への献身（bhakti）を世俗化したものであった。この研究は、第5章で提起した伝統の転移に関するいくつかの問題に光をあててくれる。一方で、宗教的慣行が世俗化されつつあったことを発見するだろう。また他方、政治的態度や実践は宗教的信条に深甚な影響を受けていたことが明らかとなる。アミーンの分析したこのプロセスは、「伝統の近代化」というよりも「文化的混淆《カルチュラル・ハイブリディティ》」と解釈するのが最適と思われる。(4)

サバルタン研究は、ポストコロニアル研究への国際的な関心の台頭に支えられて、インド国外でも注目を集めてきた。「ラテン・アメリカのサバルタン研究グループ」が設立される一方で、一九九六年に執筆されたある論文は、アイルランド史研究に対する「サバルタン的アプローチ」の影響を考察している。(5) サバルタン研究グループの成果の受容は、過去に劣らず今日でも文化と政治が結びついていることを示すだけではなく、今日の歴史叙述のグローバル化を示す好例ともいえよう。それはまた、こうした諸概念がもともと発生してきたコンテクストの外部で採用される過程において、どのように篩《ふる》いにかけられるのかを示してくれる。

このような政治文化に関する研究が存在するにもかかわらず、おびただしい研究テーマが文化史家を待ち受けている。イングランドの市民革命でニュース本が果たした役割や、宮廷スキャンダルをめぐる政治といった「ニュース文化」に関する研究を除けば、政治とメディアとの関係については研究が始まったばかりだ[6]。新しい文化史は中世史や近世史の専門家によって独占されてきたために、一九世紀や二〇世紀を扱う場合、その研究の可能性はいっそう明白となる。私が知るかぎりでは、ナショナリズムの時代における祝祭の研究はあるが、議会や現代の外交使節団とその儀礼の歴史人類学を記述しようと試みた研究はいまだ存在しない[7]。

暴力の文化史

近代の軍隊に対する歴史人類学がまったくないとしても、少なくとも身体性の歴史の観点からみた第一次世界大戦の研究はある。軍事史家のジョン・キーガンは戦闘の社会史研究でよく知られているが、現在では、戦争とは文化的な現象だと論じている。政治史や軍事史の伝統的なテーマである三十年戦争に関する最近の論文集は、民衆の日常生活の観点からとらえている[8]。とりわけ、第一次世界大戦を文化的な観点から議論しており、たとえば、一九一四年世代を形成する戦争の脅威や、戦争とモダニティの関係を含む戦争の及ぼす文化的影響に焦点をあてている[9]。

城塞の歴史家も、軍事決定論、いいかえれば、純粋に防衛の観点で建築された城塞という解釈を避け、富や権力、歓待を誇示する重要性、すなわち劇場としての城塞を強調して、文化へ目を向けるようになった。海事史でさえ、この観点からアプローチを始めている。たとえば、一九〇〇年前後にドイツとイギリスが組織した海軍の演習のための「海洋劇場」として北海をとらえる最近の研究では、両国の軍拡競争の文化的側面に注目する。[10]

現在、かつてないほど暴力というテーマが文化史家の注目を集めている理由は、一目瞭然であろう。暴力の文化史が存在するという問題提起は驚きを与える。多くの場合、暴力は、火山の爆発のような文化とはまったく関係のない人間の衝動の表明とみなされているからだ。また、暴力が一種のドラマであるという議論は、スキャンダラスなものにさえみえる。流されるのは本物の血液だからである。

しかし、演劇のアナロジーの目的は、流血の惨事を否定することではない。オランダの人類学者アントン・ブロックは、(たとえ行為主体自身が象徴主義を意識していないとしても) 行動のなかの象徴的要素、すなわち暴力的なものが送るメッセージを解読する重要性を強調して、問題の手がかりをつかんでいる。文化的アプローチの目的は、一見すると「意味のない」暴力のもつ意味、つまり暴力が用いられる際の規則を明らかにすることにあった。キース・ベイカーが言明しているように、「秘蹟の水差しを拾い上げる司祭の行為と同様に、石を拾い上げる暴動参加者の行為は、それに意味を与えている象徴的領域から分離して理解することはできないのだ」。こうして、人類学者のメアリー・ダグラスやヴィクター・ターナーに依拠する歴史家たちによって、一九世紀アメリカ南部でのリンチは「モラル・シナリオ」として、一六四七年のナポリの暴動は「社会劇」として研究されていった。[11]

一六世紀後半のフランス宗教戦争のさなかの群衆の暴力は、歴史家たちによって高い関心を寄せられてきた。その先駆的存在となったのは、ほかと同様に、ここでもナタリー・デーヴィスだった。一六世紀を新たな観点から眺めるようにデーヴィスに促したのは、ホロコーストと一九六〇年代の政治的暴力をめぐる思索であった。何人かのフランスの歴史家たち、とりわけドニ・クルーゼが似たようなアプローチを採用していった[12]。

これらの歴史家は、内部では多くの点で意見を異にしているが、多くのものも共有しており、それはデーヴィスとクルーゼに顕著であった。ふたりは、祝祭的無礼講によって解釈されるのであれ、子どもと無垢を連想させる伝統的観念によって解釈されるのであれ、暴力行為のなかで若い男性や少年らの果たす重要な役割に注意を促した。デーヴィスとクルーゼは、参加者が利用できる行為の文化的レパートリを再構築している。そのレパートリは、あるものは枢機卿や法の儀礼から借用され、当時の神秘的な演劇から借用された。ふたりは、ミハイル・バフチンの祝祭的暴力に関する概念に依拠しながら、暴動の遊戯的ないしはカーニヴァル的な側面を論じている。

デーヴィスとクルーゼはまた、事件の宗教的な意味も考察している。クルーゼは、暴動の参加者と宗教儀礼の過程で神や霊感に「憑かれてしまった」人びとを比較する。デーヴィスは、コミュニティから不浄を取り除く試みである暴動を浄化の儀礼として読み解かねばならないと提唱する。第5章で論じたパフォーマンスの議論に依拠すれば、暴動の参加者は浄化のメタファーを遂行していたといえよう。そうした行為は、よそ者の排除を演劇化することで、コミュニティの構築に一役買っていたともいえる[13]。

将来の研究において、民族浄化の研究、また「テロリズムの文化史」と呼ばれる研究が登場してくるのを期待してもよいだろう[14]。

情動の文化史

前項で論じた暴力は、強烈な情動の表現であった。果たして情動には歴史があるのだろうか。ニーチェは、そのように考えていた。ニーチェは『悦ばしき知識』（一八八二年）のなかで、「これまでのところ、存在に彩りを与えているものには、すべてに歴史というものが欠落している。……愛情、強欲、嫉妬心、良心、信仰心、野蛮さなどの歴史は、どこにも見つけることができない」と述べている。

前のほうの章で論じた歴史家ならば、ヤーコプ・ブルクハルトをもって、この分野の歴史を始めることに同意するであろう。というのも、ニーチェは、個人的な接触があったにもかかわらず、ブルクハルトの取り上げたルネサンス期イタリアの嫉妬心、怒り、愛情を見過ごしていたからである。[15] ヨハン・ホイジンガは『中世の秋』で、「情熱的で暴力的な時代の精神」と呼ぶもの、すなわち、この時代の個人に特徴的な情緒的な振幅と自己規制の欠如を論じた。二〇年後、ノルベルト・エリアスは、独自の情動の文化史の出発点としてホイジンガの研究を用いており、とりわけ情動の統制の試みを「文明化の過程」の一環とみなした（本書八〇－一頁を見よ）。

そうした先例があったにもかかわらず、多数の歴史家が情動を真剣に取り上げるようになったのは、比較的最近のことである。たとえば、涙の歴史は、一九八〇年代以前だったら、少なくともフランスの特定の仲間内以外ではほとんど考えられなかった。しかし、今日では、涙は歴史の一部となっている。より正確にいえば、一八世紀後半の「愛情革命」の歴史の一部であり、それがルソーに感涙する読者にコンテクストを提供しているのだ。そうした研究でもっとも頻繁になされた質問とは、つぎのようなものである。誰が泣いているのか。文化規範によれば、いつ、どこで男性は泣くことが許されるのか。よ

り一般的には、異なる時期の異なる号泣の意味と利用法、つまり異なる「涙の規範」とは何かである。(16)

英語圏では、情動の歴史への関心は、ピーター・ゲイ、セオドア・ゼルディン、ピーターとキャロルのスターンズ夫妻を連想させる。ゼルディンは、ナポレオン三世をめぐる政治から（ゴンクール兄弟にならって）野心、愛情、不安などの情動に関する一九世紀フランスの「内に秘めたる歴史」に関心を転じた。他方で、ピーター・ゲイは、精神分析の手ほどきを受けて、「理性の時代」の思想史から一九世紀ブルジョワジーの愛と憎しみの心理的歴史へと移った。(17)

キャロルとピーターのスターンズ夫妻は、歴史的な「情動学」の綱領的文書、怒りと嫉妬心に関する実証研究、二〇世紀初頭のアメリカにおける情動の「様式」の変化に関する概説的な研究（『アメリカン・クール』一九九四年）を協力しながら刊行してきた。二人は三種類の変化の事例、すなわち、一般的に情動に与えられる強調、つぎに特定の感情のもつ相対的な重要性、そして情動の統制ないしは「マネジメント」について論じている。

オルタナティヴな観点は、近年ウィリアム・レディが『感情のナヴィゲーション』（二〇〇一年）で提唱している。レディは人類学と情動の心理学に依拠して、相互に関連した一群の概念を示した。彼は、キャロルとピーターのスターンズ夫妻のように、個人レヴェルおよび社会的レヴェルでの、情動の「マネジメント」ないしは彼のいうところの「ナヴィゲーション」を強調している。これらの概念に、彼のいう「情動の体制」を結びつける。しかし、彼のアプローチは、最近の「パフォーマンスへの転回」（本書一三二頁を見よ）の事例ともなる。レディは、「パフォーマティヴな発話行為」の観点から情動の言語を論じているからである。たとえば、愛を告白することは感情の表現ではないし、少なくとも唯一の表現ではない。それは、愛される者の感情を刺激し、豊かにし、変容さえするひとつの戦略となる。

そうした提言から距離を置いて考えてみると、その潜在的な重要性がいまだ論じ尽くされておらず、情動の歴史家が根本的なディレンマに直面していることが何となくわかってくる。歴史家は、最大限綱領主義者であるか、最小限綱領主義者であるかの、どちらかを選択しなければならない。いいかえれば、情動の本質的な歴史性を信じているのか、それとも非歴史性を信じているのかを決定しなければならないのだ。つまり、特定の情動ないしは特定の文化での情動のパッケージ全体（スターンズ夫妻の言葉ではローカルな「情動の文化」）が時を経るなかで根本的な変化を被っているのか、時間が異なっても本質的には同じままであるかの、どちらかなのである。

ディレンマのうちの「最小限綱領主義」を選択する研究者は、情動に対する意識的な態度の研究に限定することを余儀なくされる。そうした研究者は正統的な思想史を記述するが、実際は情動そのものの歴史ではない。他方、「最大限綱領主義」を選択した研究者はより革新的となる。彼らが支払う代償とは、その結論が支持しがたいものになるということだ。怒りや恐怖や愛情などへの意識的な態度を示す証拠は、現存する文献から発掘するのが困難なわけではない。しかし、長期間にわたる根本的な変化についての結論は、必然的により思弁的になる。

古典学者のエリック・ドッズは、よく知られた研究のなかで、友人であり詩人のW・H・オーデンの言葉を借りて、古典古代後期を「不安の時代」として特徴づけた。『不安の時代における異教とキリスト教』（一九六五年）は洞察力に満ちた著書であり、宗教的な経験に焦点をあてるだけではなく、夢や身体に対する態度を論じている。しかし、この書名は、著者がほとんど解決していない問題を提起している。ある特定の歴史的時代がほかの時代とは異なる種類の不安に満ちていたのではなく、ほかの時代に比べてより不安に満ちていたなどと、果たしていえるのだろうか。たとえ、このことが事実であっても、それを確認する証拠をどうやったら見つけられるのだろうか。

認識の文化史

感覚の歴史に対する関心は、情動の歴史への関心と並行して発展している。フーコーの影響を受けるまなざしに関する研究とは別に、視覚の研究の伝統が存在する（例として、スミスの『ヨーロッパ的視点と南太平洋』［一九五九年］やバクサンドールの『ルネサンス絵画の社会史』［一九七二年］があげられよう）。過去の音に対する言及は、ヨハン・ホイジンガや、植民地期ブラジルの大邸宅の階段をこするスカートの衣ずれの音を描写したジルベルト・フレイレによって、副次的におこなわれてきた。フレイレは、一九世紀ブラジルの寝室を、足や湿気、尿や精液が混淆したにおいを放つ場としても描く。しかし、今日では、すべての感覚について詳細に記述する野心的な試みがみられる。

たとえば、サイモン・シャーマは『レンブラントの目』（一九九九年）で、その卓抜した大胆さをもって、一七世紀のアムステルダムを五感に訴える都市として描いた。シャーマは、とりわけ、塩、朽ちた木、屎尿、また、ある場所ではハーブや香辛料といった都市のにおいを生き生きと再現する。都市の音を描写して、時計の刻む音、「運河の水が橋を叩く音」、木材を切る音、さらに武器を製造する「金属製の連続音地帯」で金槌が金属を叩く音を事例として取り上げる。読者は、いったいどのような史料がそのような刺激的な叙述の典拠となっているのかと不思議に思うかもしれない。この点では、旅行記の価値に注目すべきだろう。旅行者は、なじみのない感覚的刺激に対して著しく感度が高まっているからである。

においと音の歴史は、とりわけフランスの歴史家アラン・コルバンによって、ここ数年でほとんど書き尽くされてしまった感がある領域である。コルバンは「フランスの社会的想像力」に関する研究『においの歴史』（一九八六年〔フランス語版原著は一九八二年刊〕）において、認識の様式や感覚、においの象徴主義や衛生上の習慣などを主張した。コルバンは、ノルベルト・エリアスの発想を独創的に用いて、そうした習慣と、一九世紀初頭に悪臭の許容度が下がったことを関連づけている。この頃、「貧民の悪臭」に対するブルジョワの態度が急変した。別の研究者が記しているように、「芳香には、文化的価値が与えられている」ために「においは文化的なものとなる」。においが想起させるものが時代を経て変化し、歴史的なものとなるのと同じことなのである。

コルバンや、一八世紀フランスを舞台にした、においの強迫観念をもった男の物語であるパトリック・ジュースキントの『香水』（一九八五年）のような小説まで、このテーマはより多くの歴史家を魅了した。これまでのところ、そうした歴史家は、二〇世紀の脱臭された「においの文化」と、かつての時代のにおいの文化との大きな隔たりに関心を集中させている。研究が進展するにつれて、ほかの重要な差異が現われることが期待される(18)。

コルバンは『村の鐘』〔邦訳：『音の風景』〕（一九九四年）において、においの歴史から音の歴史へと転じた。同書でコルバンは、「音の風景」の歴史と「感覚の文化」に関心を払う。いずれにせよ、フランスの歴史家がこの領域を始めたというのが、妥当なところである。一九四〇年代にリュシアン・フェーヴルが、一六世紀は聴覚の時代であると示唆していたからだ。時代が異なれば優位になる感覚も異なるという論争は、現在ではかなり不毛なものになってしまった。しかし、コルバンは、音の歴史を別な意味で叙述することが可能であると示唆する。たとえば、鐘の音は過去には異なる意味で聞かれていたという。フランスでは、信仰や地域主義、フランス語でいう「お国根性」（l'esprit de clocher）を連想させたからだ。そうした連想関係が弱まってゆくと許容範囲の限度が下がり、耳障りな鐘の音に異議が申し立てられるようになる。コルバンは、においの場合と同じように、同時代から一歩抜きん出ていた。しかし、現在では、音に関するかなりの数の歴史研究が存在する。(19)

音に関する歴史は、ほとんどがいわゆる「雑音」と呼ばれるものに焦点をあてるが、音楽の歴史は認識の歴史の一形態としてアプローチできる。ジェームズ・ジョンソンは『パリで聴く』（一九九五年）において、一見すると逆説的であるが、楽譜と図像史料に依拠しながら、旧体制末期の「新たな鑑賞方法」の台頭を論じ、一八世紀および一九世紀の音楽の認識の歴史を示した。ジョンソンによれば、音楽鑑賞における革命は、第一に、ほかの聴衆と話をしたり、他人を眺めたりすることではなく音楽に専心すること、第二に、言葉よりも音に対して情緒的な関心が高まったことから成り立つ。この点で同書は、前述した受容の歴史を体現してくれる（本書九〇、一一四頁を見よ）。当時の読者、とりわけルソーの読者のように、一八世紀後半のパリの聴衆はオペラやコンサートホールで洪水のような涙を流した。この事例が示す教訓は、感覚に関する全体的な歴史を書くことの重要性であり、それは、見ること、聴くこと、においを嗅ぐことなどに分断された歴史なのではない。

社会史の逆襲

新しい文化史の拡大をめぐる別のシナリオは、それに対する反発であり、その帝国が拡大しすぎたこと、すなわち、あまりに多くの政治や社会の領域が「文化」に敗れ去ったことへの鋭い認識にある。「文化的なものの社会史から社会的なものの文化史へ」(本書一〇九頁を見よ) 転換するという理解は、すべての人びとを満足させたわけではない。文化的構築の概念は、「主観主義的エピステモロジー」、実証からの退却、そして「何でもあり」という信条を表す事例と解釈されているからである。最近の研究は、伝統的な歴史学だけではなく、「新しい文化史」とも断絶する「ポスト社会史」に向けた主張をおこなっている[20]。

新しい文化史への反発、少なくともそのある側面への反発、また新しい文化史に対する異論というものは、歴史学ではよく生じる振り子の揺れのようなものとして説明されるであろう。あるいは、新しい世代の研究者が古い集団との争点を明らかにし、注目される位置に着こうとする必要性にもとづくものとして解釈されるかもしれない。

それでもやはり、そうした反発は新しい文化史のプログラムに欠点があって起きたことは、率直に認めざるをえない。欠点は、ある種の批判を通じて、時間の経過とともに明らかとなってきた。先に論じた構築主義の限界を別にすれば、文化の定義、新しい文化史に続く方法、細分化の危険性の三点がとりわけ深刻な問題である。

文化の定義は、かつてはあまりにも排他的であったが、いまではあまりにも包括的になってしまった（本書四四－五頁を見よ）。今日、とくに問題なのが社会史と文化史の関係である。「社会文化史」という言葉はよく使われるようになった。イギリスでは、「社会史研究協会」が最近その問題関心を定義し直して文化を含めるようになっている。現在進行中のことを、文化史を吸収した社会史としてとらえるのか、あるいはまたその逆としてとらえるのかはともかく、私たちはいま、異質な要素が結合したジャンルが登場するのを目のあたりにしているのである。このジャンルは多様なかたちで実践でき、文化的な部分を強調する歴史家もいれば、社会的な部分を強調する歴史家もいる。たとえば、読書の歴史家は、読者の多様性を無視することなく特定のテクストに焦点をあてたり、何が読まれていたかという内容の問題を省略することもなく、読者の多様な集団に関心を集中したりするだろう。

現在のところ、「社会」とか「文化」という用語は、ほとんど互換可能なかたちで、たとえば、夢、言語、ユーモア、記憶、時間といった歴史を描写するために用いられているようである。だが、ここでも、違いをはっきりとさせることが有益だろう。私自身は、夢や記憶や時間のような「自然」に見える現象の歴史のために、「文化」という用語をとっておく傾向がある。他方、言語やユーモアは明らかに文化的な構築物であるため、それらの歴史に独特のアプローチをするには、「社会」という用語を使うほうが適切なように思われる。

「文化」と「社会」の関係は、どのように二つの用語を用いようとも、依然として問題をはらんでいる。ひと世代前には、文化論的転回の主たる扇動者だったクリフォード・ギアツが、「厚い記述」（本書五五－六頁を見よ）という論文で、文化分析が経済構造や政治構造のような「生活の客観的な側面との接触を失ってしまう」危険性にすでに注意を促していた。彼の預言が正しかったことは間違いない。いわゆる「ポストモダン以降の時代」に、この関係はふたたび確立されることが望まれているのである。

「社会の文化史」に向けた構築主義的プロジェクトがどれほど価値があっても、構築主義そのものの歴史を含んだ文化の社会史に対するオルタナティヴではない。いまや文化論的転回を超えてゆくときなのであろう。ヴィクトリア・ボーネルとリン・ハントが提唱したように、「社会的なるもの」の観念は、放棄されるべきものではなく形を変えねばならないのだ。[21] たとえば、読書の歴史家は「解釈の共同体」を研究する必要がある。他方、宗教の歴史家は「信仰の共同体」、実践の歴史家は「実践の共同体」、そして言語の歴史家は「発話共同体」を研究する必要がある。事実、先に述べたテクストや図像の受容の研究（本書九〇、一一四頁を見よ）は、通常は「誰が」を大きな社会史的問題とする。いいかえれば、特定の場所と時間で、どのような種類の人びとが、そうした対象を見ているのかということなのだ。

　こうした定義をめぐる論争は、方法をめぐる論争と結びついている。一九七〇年代のフランスの「新しい歴史学」のように、新しい文化史は歴史家の領域を拡げ、においや雑音、読書や収集、空間や身体のような新たな研究の対象を発見した。従来の史料はこの目的にとって十分ではなく、小説から図像まで比較的新しい種類の史料の使用を余儀なくされた。しかし、新しい種類の史料は独自の史料批判を必要としている。ひとつ例をあげれば、歴史的資料として絵画を読み解く方法は、いまだ確立されていない。[22]

　さらに、人類学者や歴史家が読み解こうとしている文化もテクストであるという考え方は、魅力的だ。

しかし、それは深いところで問題をはらんでいる。いずれにせよ、歴史家と人類学者は、読解のメタファーを同じ意味で用いていないことに注意する必要がある。ロジェ・シャルチエが指摘しているように、ギアツがバリ島の闘鶏の研究で特定の鶏を考察し、その参加者に語りかける一方で、ダーントンは猫の大虐殺を、その事件を描写した一八世紀のテクストを出発点として分析している（第3章を見よ）。読解のメタファーの根本的な問題は、それが直観を認めているかのようにみえることである。しかし、直観による読解をおこなう二人の意見が一致しないときは、誰が調停役をつとめるのだろうか。読解の規則を定式化し、少なくとも誤読を発見することは可能なのだろうか。

儀礼の場合、論争はまさに始まったばかりである。最近の批判では、九世紀ないしは一〇世紀の現存するテクストと人類学的モデルに整合性がないとして、儀礼を初期中世の歴史家の語彙から消去しようという試みがみられる。もし私たちがある種の出来事を「儀礼」として描写するとしたら、その明確な基準が必要であるという意味で、この警告は受け止められるべきだろう。だが、もし前述したように、実践は多かれ少なかれ儀礼化されているという観点から考えれば、問題は解決することになる。[23]

いずれにせよ、ひとつの方法だけで文化史を探求しようと考えると、文化史を貧しくする。問題が異なれば、別の対処法が必要になる。計量的アプローチは、文化論的転回で多くの研究者に捨てられてしまったが、伝統的な社会史に劣らず文化史でも有用であることが証明されている。たとえば、フランスの歴史家ダニエル・ロシュの著作では、アカデミーの研究であれ、書物の研究であれ、衣服の研究（本書一〇一頁を見よ）であれ、計量的方法と定性分析との幸福な融合がみてとれる。

第三に、細分化の問題がある。第1章でみたように、初期の文化史家は全体史を志向しており、そうした文化史家は相互に関連づけて考えることを好んだ。ごく最近では、とりわけアメリカ合衆国の卓越した文化史家たちが、細分化に対する改善策として文化的アプローチを推奨している。それは、「アメリカの歴史研究の再統合にとって適合的な基盤」となるのだという(24)。問題は、アメリカ合衆国でも、アイルランドでも、バルカン半島でも、多くの場合、文化が分解を促す原動力となっているように見えることである。アイルランドでは文化的差異が政治紛争に関わっていることはすでに論じた(本書五〇－一頁を見よ)。歴史家アーサー・シュレジンガー・ジュニアも『アメリカの分裂』(一九九一年)で同じような議論を進めるが、彼は、現在のアメリカ合衆国でエスニック・アイデンティティが突出したために失われてしまったものを強調している。

かなり異なったレヴェルで、「機会原因論」(第5章を見よ)として前述した思想的傾向の登場は、社会集団、あるいは個人の自我さえも細分化して見るという意味をもつ。これは、一九五〇年代や一九六〇年代の社会学者や社会人類学者、社会史家たちよりも、さらに世界を流動的で弾力的で予測不可能な場とみなすという意味で、典型的に「ポストモダンな」見解である。たとえ、ナタリー・デーヴィス、エマニュエル・ルロワ・ラデュリ、カルロ・ギンズブルグなどが、みずからのポストモダン的意図を断固否定していても、ミクロストリアの登場は、こうした傾向の一部であることは間違いない(25)。

ミクロストリアの歴史家は、民俗学者と同じように、詳細に研究する小集団と大きな全体性との関連の問題に直面している。「厚い記述」という論文で、ギアツ自身がその問題について述べているように、「エスノグラフィックな細部の集積から、国民、時代、大陸、文明といった大きな文化的風景にいたるにはどうしたらよいか」という問題である。ギアツの闘鶏に関する研究は「バリ島の人びと」について語っているが、読者は、そうした身構えがバリ島のすべての人に共有されているのか、男性だけのものなのか、ひょっとしてエリートを除く特定の社会集団の男性のものなのか、疑問に思うことであろう。

同じように、すでにみたとおり、ダーントンの『猫の大虐殺』に関する批判は、ひとつの小さな事件から国民性について結論を引き出すことができるのかという問題に焦点をあてた。ダーントンの研究は、ギアツの問題をより先鋭的なかたちで提起するものであった。人類学者のギアツは、ひとつの村落の研究から小さな島に関する結論を導こうとしたが、歴史家のダーントンは、徒弟の集団と一八世紀フランスの人口とのギャップに架橋しなければならなかったからである。誰にとって、猫の大虐殺は愉快なものだったのかを問題にすることもできよう。

要するに、文化史家にとって問題は尽きることがない。以下では、辺境《フロンティア》と遭遇《エンカウンター》、そして物語《ナラティヴ》に関する最近の研究を論じることにする。そして、こうした研究が、前述した難問に何らかの解決策を提供してくれるものなのか検討したい。

辺境と遭遇

フェルナン・ブローデルは一九四九年に刊行した有名な『地中海』において、古代ローマから宗教改革期にいたるライン河やドナウ河のような「文化的辺境」の重要性をすでに論じていた。しかし、その言葉が多様な言語のなかで頻繁に使用されるようになったのは、比較的最近のことである。おそらく、細分化に対抗するひとつの方法を文化史家に提供しているからであろう。

文化的辺境の観念は魅力的である。いや、魅力的すぎるとさえいえる。この言葉は使う人が自覚しないうちに、いつしか文字どおりの使用法からメタフォリカルな使用法になることを促すからである。また、地理的な辺境と、たとえば、社会階級のあいだ、神聖なものと汚れたもの、深刻なものと喜劇的なもの、歴史とフィクションの境界を区別できないからである。以下では、文化間の辺境の問題に焦点をあてる。

ここでも、違いをはっきりとさせることにしよう。たとえば、特定の文化を外側から眺めるのか内側から眺めるのかということである。外側から見れば、辺境は客観的なものであり、地図にすることさえできるように思われる。とりわけ、一七世紀から一九世紀にかけてフランスの識字率の歴史を研究する者は、サンマロからジュネーヴに引いた有名な対角線をよく知っている。それは、高い識字率を誇る北東部と、ほとんどの人口が読むことができない南西部を分ける線である。このほかにも、ヨーロッパ各地の修道院、大学、新聞の分布、インドの多様な宗教の信者の分布を示す文化的地図もある。

この種の地図は、多くの場合、言葉のパラフレーズに比べて、より迅速でかつ記憶しやすいコミュニケーションの効率的な形態となっている。それでもやはり、言葉や数字のように、地図もまた誤解を招くことがある。地図というものは、特定の「文化圏」内の同質性と、別の文化圏との截然とした分離を意味しているからだ。たとえば、ドイツとオランダのあいだに存在する連続性は鋭い線に変わらねばならないし、ムスリムが優勢な地域ではヒンドゥー教徒の小集団は目に見えない存在となる。

外からの視点は、「われわれ」と「やつら」の境界を越え、大文字Oの他者（Otherness）（というよりも、フランス人が最初に他者［l'Autre］の理論を発明したので、おそらくAのほうが適切であろう）と遭遇する経験を強調するため、内側からの視点によって補わなければならない。ここでは、想像の共同体の象徴的な境界線を取り扱っているが、その境界線は地図化されることに抵抗する。それでもやはり、歴史家はその存在を忘れるわけにはいかない。

もうひとつの有益な区別の設定は、文化的辺境の機能に関するものである。歴史家と地理学者は、なによりも、それを障壁とみなしていた。しかし今日では、邂逅の場や「接触圏《コンタクト・ゾーン》」のような辺境に重点が置かれている。二つの概念は、それぞれに用途がある(26)。

壁や有刺鉄線では思想を排除できないが、文化的な障壁が存在しないわけではない。少なくとも何らかの物理的、政治的、文化的な障害物があり、言語や宗教もそのひとつである。それらは文化の動きを鈍らせ、多様な回路へと方向転換する。ブローデルは、とりわけ文化的な趨勢に対する抵抗の領域に関心をもった。ブローデルは、この拒否反応を「借用の拒否」と呼び、文明の弾力性、すなわち文明の残存能力と結びつけた。彼が示す事例には、日本人が長期にわたり椅子とテーブルの使用に抵抗したことや、地中海世界で宗教改革が「否認」されたことなどが含まれている(27)。

拒否反応に関するもうひとつの有名な事例は、イスラーム世界における印刷物への抵抗であり、この抵抗は一八世紀末まで続いた。実際、イスラーム世界は、書物が印刷されていた東アジアとヨーロッパという二つの文化圏を遮断する障壁とみなされてきた。いわゆる「火薬帝国」（オスマン＝トルコ、ペルシア、ムガール帝国）は、技術革新には敵対的ではなかった。しかし、イスラーム世界は、一八〇〇年前後まで依然として写本の帝国、つまり「筆記体の国家」であった。

一八世紀初頭にイスタンブールで発生したある事件が、その抵抗力の強さを明らかにしてくれる。イスラーム教に改宗したあるハンガリー人（かつてはプロテスタントの聖職者であった）が出版の重要性を論じた覚書をスルタンに送り、一七二六年に世俗の出版物を印刷する公式の許可を得た。しかし、この計画に宗教指導者から反対があり、その印刷所はごく少数の書物を出しただけで、短期間のうちに閉鎖されてしまった。イスラーム教徒と印刷物が同盟のための交渉を開始するのは、一九世紀になってからのことである(28)。

文化的な辺境の第二の機能は、最初のものの対極にある邂逅の場や接触圏としてである。境界地帯は、しばしば独自の混淆文化を有する。たとえば、近世のバルカン半島のキリスト教徒にはイスラーム教の寺院で礼拝をおこなう習慣があり、イスラーム教徒のなかにもキリスト教の教会をしばしば訪れる者がいた。一六世紀と一七世紀にトルコと戦火を交えるうち、ポーランド人やハンガリー人は三日月刀を使うなどトルコ式の戦い方を採用していった。オスマン式の軽騎兵を槍騎兵やハザールの軍団のかたちでヨーロッパ各地に紹介したのは、彼らだった。

叙事詩や吟遊詩は、たとえば、スペインや東ヨーロッパのキリスト教徒とイスラーム教徒の境界や、イングランドとスコットランドの境界で、とりわけ盛んだったジャンルである。ひとつの紛争に関する物語は、たとえ英雄や悪党という役割が変わることはあれ、境界の両側で同じ主役（ローラン、ジョニー・アームストロング、マルコ・カラジョルジェヴィチなど）を立て、高らかに吟じられた。要するに、しばしば辺境は文化的遭遇の舞台となったのだ。

文化的遭遇を解釈する

文化史が、反発があるにもかかわらず、消え去りそうもないひとつの理由は、現代の文化的遭遇の重要性にある。過去の文化的遭遇を理解する必要がますます高まっているからである。

「文化的遭遇」という用語は、とくに一九九二年のコロンブス上陸五〇〇周年記念行事の過程で、「発見」という自民族中心的な言葉に代わって使われるようになった。この言葉は、歴史学における新しい視点と結びついた。すなわち、勝者の視点に加えて、メキシコの歴史家ミゲル・レオン＝ポルティーヤのいう「征服された側の視座」に注目するのである。[29] 歴史家は、カリブ海域の人びとがコロンブスを、アズテック人がコルテスを、ハワイ諸島の人びとがキャプテン・クックを理解する特有のやり方を再構成した（ここで複数形の「やり方」という言葉を用いたのは、たとえば、男と女、族長と民衆のような多様なハワイ人が、その遭遇を異なったかたちで理解したからである）。

誤解に関する関心は、ますますこの種の研究にとっては不可欠なものとなりつつある。しかし、「誤解」の観念は正しい理解があることを意味しており、しばしば批判を受けてきた。私たちは「文化的翻訳」という言葉がその場所に用いられるのをよく目にする。異質な文化を理解することが翻訳の仕事と似ているという認識は、最初、二〇世紀半ばにエドワード・エヴァンズ＝プリチャードの影響を受けた人類学者のあいだで流行した。今日の文化史家は、ますます「翻訳」の観念に関心をもつようになっている。

そうした観点からの考察がとりわけ異彩を放つのは、伝道活動の歴史である。ヨーロッパ出身の宣教師は、ほかの大陸の住民をキリスト教へ改宗させようとするとき、多くの場合、現地の文化と調和するかたちでメッセージを提示しようとした。いいかえれば、宣教師はキリスト教を翻訳可能なものだと信じており、「救世主」、「三位一体」、「聖母」などの観念と同じものをその地に見つけようとした。

送り手だけでなく受け手の側も、翻訳の過程に関与した。中国、日本、メキシコ、ペルー、アフリカ、その他の地域の土着の個人や集団は、機械仕掛けの時計から望遠鏡まで西欧文化特有の物品に魅せられ、みずからの文化へ導入する、すなわち、あるコンテクストから取り出して別のコンテクストへと挿入するという意味で、「翻訳した」と描かれてきた。土着の人びとは、個々の物品に関心をもち、そうした物品がもともと組み込まれていた構造にはあまり関心をもたなかった。したがって、物質文化の物品に見られる文字どおりの意味であれ、観念のメタフォリカルな意味であれ、「ブリコラージュ」の一形態を実践していたといえよう。ミシェル・ド・セルトーの「再利用」という概念（本書一一三–四頁を見よ）は、とりわけここでは意味をもつ。

多くの事例があるだろうが、ひとつあげるとすれば、イギリスの歴史家グウィン・プリンスの『神秘なるカバ』（一九八〇年）で描かれた一九世紀のアフリカの事例であろう。プリンスは、一八八六年に起こったフランスのプロテスタント宣教師フランソワ・コワヤールとロジ王国の王レワニカとの遭遇に焦点をあてる。ザンベジ伝道協会の創始者コワヤールは、「異教徒」を改宗させて新たな信仰を持ち込もうとする存在だと自負していた。しかし、王に会う過程で、コワヤールは綿布を一メートル贈呈するよう求められた。コワヤールはその要求に応じたが、自分を王の墓の生け贄にしようと考えられていることには気づかなかった。この行為はコワヤールを宣教師から一介の族長へと変え、レワニカは彼をローカルな価値体系のなかに再定位することになった。

翻訳に関するオルタナティヴな概念は「文化的混淆」であり、この二〇年でかなりの成功をおさめている。こうした競合する用語は、それぞれに長所と短所がある。

「翻訳」は、異質なものを新たな環境に適応させるため個人や集団がおこなう作業であり、用いられる戦略や戦術を強調するという利点がある。問題は、この適応の過程が必ずしも意識的なものではないことにある。ポルトガル人の探検家ヴァスコ・ダ・ガマと彼の部下は、インドの寺院にはじめて入ったとき、自分たちが教会にいると信じて、インドのブラフマー神、ヴィシュヌ神、シヴァ神の彫刻を三位一体を意味するものとして「眺めた」。彼らは目に入るものを解釈するにあたり、みずからの文化の認識論的スキーマを用いたため、翻訳したことに気づかなかったのだ。果たして、無意識的な翻訳を語ることができるのだろうか。

他方で「混淆」という用語は、そうした無意識的な過程や意図しない結果に解釈の余地を与える。植物学からとってきたこのメタファーの弱点は、その競合相手の対極にある。すなわち、文化的混淆はスムーズな「自然の」過程という印象を容易に与えてしまい、人間の主体性が完全に省略されているのだ。

文化変動に関する第三のモデルは、言語学に起源をもっている。言語学は、文化的遭遇の時代に「クレオール化」と呼ばれる過程にますます関心を払うようになった。いいかえれば、クレオール化とは、二つの言語が収斂して第三の言語を生む現象を意味しており、一つの言語からは文法のほとんどを継承し、もう一つの言語からは語彙のほとんどを継承するといった具合である。文化史家は、宗教、音楽、料理、衣服、ミクロ物理学のサブ・カルチュアまで、遭遇の影響を分析するには、この概念がますます有効であると理解するようになっている。[30]

文化史における物語

遭遇はひとつの出来事であり、かつて旧い歴史学と結びつけられていた出来事の物語が文化史のなかでどんな役割を果たすのか考察するよう促す。ひと世代前、社会史家のローレンス・ストーンは、遺憾だと断わりつつ、「物語の復権」と呼ばれるものを主張した。しかし、彼が発見した傾向はより正確には、社会史や文化史を論じるために物語の新しいかたちを求めたものと特徴づけることができる[31]。

事の顛末は逆説的である。急進的な社会史家が物語を拒絶したのは、とりわけ物語的な歴史が、偉人たちの大事業を過度に強調し、普通の男や女をないがしろにして、歴史における個人の役割、とくに政治的・軍事的な指導者の重要性を過大評価するように思えたからである。だが、物語は、普通の人間の経験や生活、世界を理解する方法に関心をもつようになって回帰してきた。

たとえば、医療の場合、医者は患者の語る病気や治療にかつてよりも関心を払うようになっている。法律学の場合、「法律に関する語りの運動」として知られるものが一九八〇年代のアメリカ合衆国で発展した。この運動は伝統的な従属集団、とりわけエスニック・マイノリティや女性に対する関心と連動している。そうした集団の物語は、必ずしもほかの集団を念頭に置く必要も関心ももたない白人男性の法律家が構築した法制度に異議を申し立てているからである。

同じように、現在の物語への歴史学的な関心は、ひとつには特定の文化で特徴的な語りの実践に対する関心でもある。その文化に属する人びとが「みずからについておのずと語ってくれる」物語のことである（本書五六頁を見よ）。こうした「文化としての物語」は、語られる世界を理解するうえで重要な鍵を提供してくれる。この点で、好奇心をそそるとともに厄介な事例をロシアにみることができる。ロシアでは、ツァーリによる息子の暴力的な死の神話が近世に四度も演じられた。「イワン雷帝は息子のイワンを、ボリス・ゴドゥノフはドミトリーを、ピョートル大帝はアレクセイを、そしてエカチェリーナ二世はイワンを」「犠牲」としたのである[32]。

物語を歴史そのものの原動力として見る傾向も強まっている。前述したリン・ハントのフランス革命研究は、革命家たちのレトリックの根底にある「物語の構造」を検討して、旧体制から新秩序への移行を喜劇ないしはロマンスのプロットと理解した。

ロニー・シャーとミリ・ルービンによる中世の反ユダヤ主義に関する最近の研究は、ユダヤ人が聖体を冒瀆するとか、儀式のために子どもを殺害するといった、繰り返される流言に注目する。こうした流言は、徐々に文化としての物語や言説、神話に凝縮されていった。この物語はキリスト教徒のアイデンティティを定義するのに一役買うことになる。しかし、ユダヤ人に対する「物語による攻撃」も構成し、やがてポグロムまで引き起こす象徴的な暴力となった[33]。魔女とその悪魔との契約に関する物語は、同じような観点で分析することができよう。

のちの時代に関する作品では、同じようにジュディス・ウォーコウィッツが「文化史の新しいアジェンダが提起した物語の挑戦」に関心を示した。彼女の『恐るべき輝きの都市』（一九九二年）は、後期ヴィクトリア時代のロンドンを同時代の物語を通して眺めたもので、その対象は「現代バビロンの処女献身」の記事にある児童売春の摘発から「切り裂きジャック」による殺人の記録までいたる。そうした「性的な危機の語り」は、ロンドンのイメージを「暗黒ではあるが、躍動感のある魅力的な迷宮」として描くのに一役買っている。物語は文化的レパートリに依拠しているが、それらが読者の認識に影響を及ぼしているのだ。

さらに、人類学者のマーシャル・サーリンズは『歴史の島々』(一九八五年)で、「行為のなかで記号の果たす顕著な役割」について記している。これは、新たな発見によって挑戦を受ける科学的パラダイムというクーンの理解(本書七五―六頁を見よ)を、ひとつの遭遇によって挑戦を受ける旧い文化的秩序に応用したもので、ここではキャプテン・クックとその部下がハワイに到着したことを指す。サーリンズは、ハワイ人が、クックを年に一度帰還を果たすロノ神という伝統的な語りに重ねたとする。ハワイ人は、従来の物語を調整して、新しい物語との矛盾を処理しようとしたのである。

サーリンズの試みは、文化史そのものを物語のかたちで記述することができると示唆しており、それは、ブルクハルトやホインジンガの描く比較的静態的な時代の「肖像」とはかなり異なる。サーリンズは、文化史を記述する行為を、伝統的な教科書のように「西洋文明」を進歩の物語として、勝者の観点でプロット化しようとするのではなく、敗者の物語として、悲劇的かつ懐古的なかたちでプロット化しようとするのでもない。

たとえば、一七世紀のイギリスから一九世紀のアメリカ合衆国にいたる内戦は、文化的紛争として研究されるだろう。スペイン内戦に関する魅力的な物語的な歴史は、こうした観点から叙述され、対立する政治的理念の紛争だけではなく、地域文化間の衝突や階級文化間の衝突といった一連の紛争として提示される。視点の多元性を表す複雑な物語は、すでに論じた細分化の傾向への異議申し立てとしてだけではなく、紛争の意味を明確化するひとつの方法ともなる。

一九六〇年代の中国の事例は、過去の「文化革命」についての考察を歴史家に促した。とくに一七八九年のフランスの事例では、新たな政治文化をともないつつ（本書一五一頁を見よ）、衣服に関して、旧体制の階層秩序的な服装の規範に代えて、平等主義的な画一性を強制する革命体制の組織的活動がおこなわれた。言語の分野でも同様に、「市民を国民的な大衆に変容させる」ために、地方の「訛《なま》り」（patois）や方言をフランス語に代える計画があったのだった。

別の革命も、こうした点から再検討がおこなわれている。たとえば、ピューリタン革命の過程で劇場が閉鎖された。また、あるところでは子どもの新たな名づけの慣習が採用されたが、それは「プレイズ・ゴッド（神を讃える）」のような新しい宗教的理念に親が執着していることを象徴するような名前であった。さらに、ボリシェヴィキ革命は「文明化のキャンペーン」も含意した。たとえば、レオン・トロツキーは「教養ある話し方」に関心をもち、将校に部下に語りかけるときは、罵倒するような話し方をやめて、より洗練されたかたちにするよう（フランス語の *vous* のような *Vy* であって、*tu* のような *Ty* ではない）説得した。他方で、特別プロパガンダ列車が、革命の映画、教科書や歌をロシア全土の民衆にもたらした[34]。

革命の文化史研究は、そうした出来事がすべてを新しく創り変えたことを前提とすべきではない。注意を促したように、はっきりと目に見える革新によって、伝統が持続しても覆い隠されてしまうからだ。王政が復古し劇場がふたたび開かれた一六六〇年代のイングランドで目にできるように、文化的な持続性や「抑圧されたものの回帰」にも、物語のなかで役割が与えられるべきである。再演にもまた場所が与えられるべきであろう。多くの場合、革命の指導者たちは、みずからをかつての革命の再演者とみなした。たとえば、ボリシェヴィキはフランス革命を念頭に置いていたし、フランスの革命家はイングランド革命を再演していると考えた。イングランド人は、同時代の出来事を一六世紀のフランス宗教戦争の再演とみなした。文化史家が記す物語は、無批判的にそのまま伝えてならないのはもちろんだが、この観点を組み込む必要がある。

再演されるのは、なにも革命に限らない。キリスト教文化の内部でも、カンタベリー大聖堂で殺害される数日前のトマス・ベケットから、一九一六年にダブリン郵便局でイギリス人に対して蜂起し降伏したパトリック・ピアースにいたるまで、キリストの受難を再演していると人びとはみなしてきた。

今日のスリランカでも、シンハリ族はみずからの文化で中心的な位置を占める宗教的な物語のひとつを再演していると考えており、タミル人に悪魔の役割を与えている。ヘイドン・ホワイトのいう「筋書き立て《エンプロットメント》」（本書一一六－七頁を見よ）が歴史家の著作だけではなく、民衆が世界を理解する試みにもみてとれるのだ。ここでもまた、文化的・認識論的なスキーマの重要性が一目瞭然だが、この場合にはスキーマが物語を形成しており、ユダヤ人に対する攻撃のように「物語による攻撃」が、その結末で破壊的な作用をもたらす。スリランカの歴史では、文化的であろうと政治的であろうと、そのような物語に対する役割を見つける必要があり、そしてタミル人の対抗的物語でも、もちろん役割が必要なのである。民族紛争の時代には、この種の歴史に遭遇することが、かつて以上に増えているように思われる。

結　論

その言葉のもつ正確な意味で、この書物に対する何らかの「結論」は的外れなものとなる。新しい文化史は、そろそろ終焉を迎えようとしている。しかし、より大きな物語としてみた場合、文化史は依然として発展の途上にある。言語の文化史のような領域では、やっと歴史研究が始まったばかりである。さらに現代の諸問題は未解決のままであり、少なくとも全員が満足のゆくかたちでは解決されていない。さらに新しい問題も登場しつつある。したがって、以下では公式の結論ではなく、単にいくつかの個人的見解を表明することにとどめたい。しかし、おそらくそれも、研究者仲間が必ずしもみな共有するわけではない。

最近の文化史は、本書の最初のほうで論じた言葉とは異なる意味で、もっとも刺激的で異彩を放つ歴史学の方法論をめぐる論争が続く領域である。同時に、文化史家は社会史家と同じく、歴史学をより広範な大衆にとって親しみのあるものにするだけではなく、歴史家の活動する領域をも拡げてきた。

それでもやはり、本書で私は文化史が歴史学で最良のかたちだと主張していないし、実際、そう考えてはいない。文化史は、集団的な歴史学的事業に不可欠な一部にすぎない。

この過去へのアプローチは、その隣接分野である経済史、政治史、思想史、社会史などのように、歴史学全体をとらえるうえで欠かすことのできない貢献をしている。それは、フランスの歴史家の言葉を用いれば「全体史」ということになる。

最近の文化史の流行は、私のような文化史を実践する者には満足のゆく経験であった。しかし、文化の流行なるものが長く続かないことも知っている。遅かれ早かれ、「文化」に対して反発が起きるだろう。そのときに、近年の文化論的転回によって得られた歴史学的知見を失うことがないように、できるだけのことはしなければならない。歴史家たち、とりわけ経験主義的で「実証主義的」な歴史家たちは、かつて想像力の欠如という病を患っていた。彼らの多くは、象徴主義への感度が低く、歴史的資料を透明なものとして扱ってそのレトリックにはほとんどというか、まったく注意を払わなかった。祝福を二本の指でおこなうか三本の指でおこなうかといった人間の行動を、重要でない「単なる」儀礼、「単なる」象徴として無視してきた（本書一〇五頁を見よ）[1]。ここ三〇年で、文化史家は文化人類学者と同じように、この実証主義的アプローチの弱点を明らかにしてきた。歴史研究の将来がどのようなものになろうとも、想像力を欠く歴史学への回帰はありえないであろう。

エピローグ——二一世紀の文化史

ハロルド・ウィルスンの有名な考察にみられるように、政治の世界では一週間が長い時間とされるとしても、歴史学の歴史にとって四年というのはかなり短い時間である。本書初版が二〇〇四年に刊行されて以来、文化史について数多くの研究が登場してきた。したがって、現時点で何らかの論評が必要だろう。少なくとも私の目には、その方向性に大きな変化は見られない。しかし、最近の発展を振り返ってみるのも、有意義であろう。

最近の文化史の台頭という点から始めてみよう。それは、一見したところでは抗し難い動きとなっている。二〇〇〇年以降、少なくとも文化史に関する概説書が一〇冊刊行された。フランス語で二冊(一冊は有名な「クセジュ」シリーズで、それは学問上のある種の神聖化を意味する)、英語で二冊、デンマーク語、フィンランド語、ドイツ語、イタリア語、スペイン語、ブラジル・ポルトガル語でそれぞれ一冊である(1)。なかには、刊行を準備中のものもある。二〇〇四年には、社会史研究協会が、『文化社会史』という雑誌を新たに創刊した。二〇〇七年には、アバディーンで国際文化史学会が設立された。フランス人は、「文化史普及協会」という独自の団体をもっている。[2] このように、文化史をテーマとする学会は目白押しである。

しかし、そうした発展は、画一的ではなく不均等である。文化人類学や、それほどではないが自然科学でも、文化史の国民的な様式や伝統がみられる。[3] ドイツ、オランダ、フランスの伝統については、本書の冒頭で論じた（vii、一一－一二頁を見よ）。イギリスでは、「客観的事実」や「肝心なこと」とは相容れないと見られていた文化史に対して、ある種の抵抗が長期にわたって存続した。デンマークでは、初期のトゥルルス＝ルンによる貢献があるにもかかわらず、この種の文化史への抵抗は依然として続いている。[4] これと対照的に、文化地理学や文化人類学と同じように、合衆国は文化史がもっとも長期にわたって盛んな場のひとつである。北アメリカでは文化を、イギリスでは社会を強調する対照性について、文化的な解釈をしてみたい気になる。つまり、アメリカ式の学問を地理的・社会的移動の激しい移民社会の流動性と結びつけ、イギリス式の学問をより安定的な社会や「実証主義の文化」と呼ばれるものに結びつけるのである。

最近では、ほとんどすべての事物について文化史が執筆されているように思われる。二〇〇〇年以降に刊行された書籍のタイトルや副題を引用するだけでも、カレンダー、因果関係、気候、顔ひげ、コーヒー・ハウス、コルセット、試験、国民、恐怖、性的不能、不眠症、幻覚性キノコ、マスターベーション、ナショナリズム、妊娠、物事、タバコなどの文化史がある。[5]「文化革命」の概念が一九六〇年代の中国から他の地域や時代にも拡大されたが、そこには一九二〇年代のロシアやメキシコ、古代のローマやアテナイなどの革命まで含まれる(6)。この点で問うべき明確な問題とは、そうした新たな作品が、かつて医療処方箋が「いつものやつ（変わり映えのしない物語）」と呼んだものを提出しているのか、それとも重要な点で文化史の地図を修正しているのか、ということである。私は、それらのなかにも刺激的な書物があると信じている。

変貌する光景

文化史のある領域は最近特別な関心を集めており、身体、ナショナル・アイデンティティ、いわゆる観念の文化史は、その一例である。

これまでみてきたように、身体の文化史は、「新しい文化史」の重要な一部となっている（一〇三―六頁）。最近の研究では、清潔さの歴史が注目されている。かつても研究されたテーマだが、ほかと同じように、専門の歴史家が登場する前に貢献をしていたのは、いち早く着目した在野の歴史家であった。最近は、さらに密度の濃い研究、とりわけメアリー・ダグラスのように清潔さの規範が文化によって異なることを示した人類学者のおかげで、新たな知見が加わっている。最近では、霊的純血、民族浄化、言語の純潔性など、清潔さや純血のメタファーが繰り返し演じられることの重要性が論じられている(7)。また、清潔さとナショナル・アイデンティティとの結びつきを論じる研究もあり、たとえば、一九世紀の中産階級アメリカ人女性が、イタリア人やポーランド人などにアメリカの生活様式として清潔さの基準を教えていたという[8]。

ナショナル・アイデンティティは、最近の文化史研究でも依然として中心的なテーマである。たとえば、いわゆる集合的記憶の研究は「ブーム」（本書九六－八頁を見よ）となり、ある世代から別の世代へと意識的に転移された伝統という意味において、しばしば国民的な記憶を強調してきた。モニュメント、処女、旗などの国民的象徴の研究は、一九七九年にモーリス・アギュロンのマリアンヌに関する書物が刊行された当時は、他にあまり目にするものではなかった。しかし、それ以降、ヨーロッパだけではなく、たとえばブラジルやメキシコなどでも、国民的象徴に関する研究は増えている[9]。ベネディクト・アンダーソンやエリック・ホブズボームの影響のもと、伝統の創造や想像の共同体への関心（一二〇－三頁を見よ）は、アメリカ、アルゼンチン、オーストラリア、カナダ、エチオピアなどの国民の発明について、書棚が一杯になるような一連の著作を世に送り出してきた。また、一九世紀の歴史絵画への関心を刺激しながら、近代ギリシア語やヘブライ語など、国語の「製作・捏造」にみられる言語の歴史の研究も促した[10]。

ジュゼッペ・マッツィーニは、ナショナリズムの専門家ということもできるが、同時代のイタリアの歴史絵画が国民形成に寄与したと明言していた。絵画は「過去の国民化」と呼ばれるものの一部を構成する。したがって、一九世紀には歴史書だけではなく、公共の場の国民的英雄の銅像や、国民的過去から借用した有名なシーンを含む小説、演劇、オペラ、そして百周年記念などの顕彰の儀礼として可視化されてゆく。

国民の文化史は、いわゆる「観念《アイディア》の文化史」の一例ともいえる。前述したように（一三二頁）、思想史と文化史はかなり異なる方向に向けて発展してきた。しかし、二つの領域の境界線は侵犯される頻度が増している。この観念の混淆についての文化史の印象的な事例としては、たとえば、フランスのフランソワ・ヴァケ、ドイツのマルティン・ムルソウ、合衆国のウィリアム・クラークなどによる、いわゆる学知の歴史社会学や歴史人類学といわれるものがある。アプローチは異なるが、この三人の研究は、コミュニケーションの媒体の変化を含む、より広範な文化の発展に観念の歴史を結びつけることに関心があった。彼らの「学知の文化」は、読書法やノートの取り方などの実践の歴史、学位授与式などの学術的な通過儀礼の歴史、黒板や聖書台などの「学知の小道具」を含む教育の物質文化の歴史を重視する。通常、私たちは学びの世界を読み書きと結びつけるが、この三つの研究はすべて、印刷物の時代の大学においても、講義、セミナー、口頭試問といった口承文化が持続している点を強調する。(11)

本書で論じる文化史に対する新たなアプローチでは、ほとんどの事例がヨーロッパかアメリカ合衆国に関するものか、そこで生まれたものだ。しかし、文化のグローバル化の時代には、文化史のグローバル化がみられる。

「書物の文化」や読書慣行は、すでに比較史的な観点から論じたが（九〇―一一頁を見よ）、ヨーロッパや東アジアの著述体系と印刷技術の比較をおこなうようになっている。帝国の歴史家、とりわけイギリス帝国史家は、統治過程での実用的な情報や、より一般的な学知の重要性を発見してきた。たとえば、リチャード・ドレイトンは、キュー王立植物園を帝国主義の文脈に位置づけなおした。(12)

帝国や情報に関するもっとも重要な三つの研究が、植民地期インドの歴史を扱っている。第一の研究は、インドに関する一見中立的な学知でさえも、インド支配に役立つようイギリスに動員されたものであったと論じる。第二の研究は、イギリス行政官がムガール帝国の先駆者の事業にもとづいていた点を強調する。第三の研究は、カースト制度、少なくとも近代のカーストは、インドの伝統の表明ではなく、インド臣民とイギリス行政官の遭遇の産物であると主張した。イギリス行政官は民衆をその統制下で分類しようとしたからだった(13)。

文化的遭遇への関心は前述したが(一六七―七三頁)、こちらも引き続き拡大している。たとえば、キリスト教やイスラーム教への改宗の歴史は、現在では送り手だけではなく受け手の観点から眺められ、意識的・無意識的な融合や混淆として解釈されている。こうした傾向を鮮やかに示す事例は、近世日本の研究である。宣教師が送ったメッセージと「改宗者」が受け取ったものとのあいだに隔たりがあるのを強調するために、「キリスト教徒」という言葉が地域固有の変種となる「切支丹《キリシタン》」という言葉によって置き換えられた。同じように、セルジュ・グリュジンスキは、遭遇が例外的な暴力的形態をとったスペインによるメキシコ征服の文化的影響を、観念《アイディア》やイメージの混淆やメティサージュ(融合)の観点から研究した(14)。

受容の歴史のなかでも、これまで詳細に研究されてこなかった魅力的なテーマのひとつが、いわゆる「二重の遭遇」、つまり領有され変容させられた文化がもともとの起源の国に戻る循環運動である。文化的循環の印象的な事例は、日本と西洋の関係から見つけることができる。W・B・イェーツは、戯曲『鷹の井戸』(一九一七年)を執筆した。その舞台はアイルランドの「英雄時代」だが、伝統的な日本の能の様式を模倣していた。日本の劇作家、横道萬里雄は、『鷹の井戸』を能に改作して、一九四九年に東京で上演している(15)。もうひとつは、パリに行き、日本の画家に熱狂していたマネやロートレックに心酔する日本の画家の事例である。[16] それは、異国情緒、慣れ親しんだもの、あるいは二つのものの結合の魅力を示しているように思われる。

転移と受容とのギャップを研究する方法のひとつは、翻訳に加えて、鍵となる思想がほかの言語に解釈されて表現される過程で変化する様子を検討することだ。劇的とはいわないが、とりわけ明快にこれを証明してくれるのが、ヨーロッパの概念が非常に異なる構造をもつ言語に翻訳されたり、異なる伝統をもつ言語で語られたりする場合である。たとえば、ジョン・ステュアート・ミルの著作『自由論』が日本語に翻訳されたとき、キー概念である「自由」が障壁となることがわかったのは、土着の言語にそれに相当するものがないからであった。セネガルの場合は、「デモクラシ」(demokaraasi) という言葉がヲロフ語に取り入れられたが、その言葉で連想するものは、西欧のものとは異なっていた。このような理由によって、「文化的翻訳」の概念は、文化を借用する側の必要性や目的にそれを適応させるという意味で、その言葉を創り出した人類学者と同じく、文化史家にとっても有益なことが明らかになっている。[17]

翻訳の歴史は、言語学者や「翻訳研究」の専門家とは別に歴史家も取り組んでおり、ここで論じる必要のある一般的な問題を提起している。つまり、隣接分野の問題である。

文化史の隣接分野

文化史は歴史家の独占物ではない。それは、学際的であると同時に多元的な学問領域を含む。いいかえれば、文化史は、多様な場所、多様な大学の学部のほか、学問の外でも実践されている。したがって、これまでみてきたように、「文化史とは何か」という設問に答えることは難しいのだ。人物のアイデンティティを定義する方法のひとつに、「他者」、第一義的には隣人との対抗関係でとらえるやり方がある。これは主要な方法であるといってよいだろう。この定義の方法は、国民についてだけではなく学問分野にもあてはまる。学問分野も、独自の「フィールド」、文化、仲間の分野、領域をもっている。[18] それでも知的革新は、「国境取り締まり」を避けて、往々にして他者の領域を侵してもたらされることが多い。メタファーを変えると、隣人を敬遠するというよりは、彼らから借用するのである。

文化史に緊密な隣接分野として人類学、文学史、美術史などがあることは、前述した。文化史家は、文芸批評からテクストの「厳密な読解」を学ぶことができる。美術史家からは、狭隘なイコノグラフィから広いイコノロジーまでイメージ（図像）の読解を、人類学者からは総体としての文化の読解を学んだ。文学概念の「ジャンル」、人類学の概念の「ハビトゥス」、美術史の概念の「スキーマ」などを用いずに歴史家が研究をおこなうとは、もはや考えにくい。

今日、美術史はますます文化史とみなされるようになった。「視覚研究」を「カルチュラル・スタディーズ」(「文化科学」Kulturwissenschaft)の一環としてみるヴァールブルクの伝統(一八-九頁を見よ)はしばらく無視されてきたが、かつては美術史家と呼ばれた視覚史家、とりわけドイツのハンス・ベルティンクやホルスト・ブレーデカンプなどのおかげで、現在では再流行《リヴァイヴァル》を謳歌している。[19] この傾向は、カルチュラル・スタディーズのモデルにならって、大学に「視覚研究」や「視覚文化研究」といった名称の学部・学科ができていること、「視覚文化」という言葉がますます頻繁に使われるようになったことでも明らかだ。[20] 昔も今も、視覚文化を扱う研究者は、「視覚論的転回」を遂げている人類学や、視覚テクストや「視覚リテラシー」、視覚の「引用」などの異種混淆的な概念を生んだ文学研究からアイディアを借用している。

しかし、そうした学問分野をあとにして、方向性を文化史のあまり馴染みのない隣接分野にまで拡げることが有益である。社会学、民俗学、書誌学、地理学、考古学、生態学、生物学などがここに含まれる。

社会学者は、長いあいだ文化に関心をもってきた。たとえば、「大衆文化」や「サブ・カルチュア」などと同じように、美術や文学の社会学に関心をもってきたのだった。しかし、今日では、文化社会学と呼ばれるものが異なる方向性をとりつつある。この文化論的転回は、社会学者を人類学に近づけ、意味や象徴行為(この概念は文芸理論家のケネス・バークがはじめて用い、文化人類学者のクリフォード・ギアツが受けついだ)や「文化的語用論《プラグマティクス》」なるものを重視する。いいかえれば、彼らは実践を研究しているのだ。隣接分野の仲間たちのように、現在の社会学者は、「社会的パフォーマンス」や文化的

「構築」の概念を用いる。[21] 焦点をあてるのは、現在の事例か、たとえば、九・一一事件にみられるパフォーマティヴな要素のような極端に近い過去の例だ。だが、降伏について研究するロビン・ワグナー＝パチフィチのように、少ないながらも、ずっと昔の過去を回顧しようとする者もいる。一六二五年にブレダでスピノラ将軍に降伏したオランダ、一八六五年にグラント将軍に降伏した南軍、マッカーサー将軍に降伏した日本という三つの事例研究に依拠して、ワグナー＝パチフィチは、降伏の記号学について考察した。いずれも状況を変化させるパフォーマティヴな出来事であるとし、「降伏という遭遇のもたらす無数の認識（および誤認）」への注意を喚起する。[22] この種の研究が、さらに登場してくることを期待しよう。

現在では「エスノロジー」としてよく知られている民俗学は、文化史との関係のみならず、歴史学そのものとの関係が変化を繰り返してきた。二つの学問の関係を大きく三つの時期に分けることができる。一九世紀の調和の時代、一九二〇年代から一九七〇年代までの懐疑の時代、歴史家が民衆文化を発見ないしは再発見した現在の和解の時代の三つである。[23] 民俗学者は、文化史家のように伝統や遺産の概念を用いる。事実、中心的な雑誌の『遺産』（ARV）〔副題：北方民俗学年報〕というタイトルは、まさにそれを表している。民俗学者は独自の概念を提示して共通の学問的財産とした。『エスノロジア・ウーロピア』の最近の特集号には二五本の論文が収められ、どの論文も文化分析の実験として新たな概念を紹介し、「逆気流」「括弧に入れる」「カスタマイズ」などの概念を考察している。[24]

文献学は、一九六〇年代に素朴な歴史家が書物の歴史を発見する以前からこの問題に関心をもっていた、もうひとつの隣接分野である。歴史家のアプローチとは区別される文献学者のアプローチにとっての宣言書は、民衆というよりは書物に、また目的のための手段というより書物そのものの歴史に焦点をあてる。[25] 文献学者もやはり文化史家になにがしかのものを提示してくれる。たとえば、ドン・マッケンジーが書物の物質的な側面を重視したことは（本書一〇〇頁をみよ）、ロジェ・シャルチエの仕事に刺激を与えた。また、啓蒙期における思想史と書物の歴史の関係は、現在でも活発に論争される領域である。[26]

隣接分野としては地理学、とりわけ文化地理学もあげられるであろう（歴史地理学には文化的でないものがあり、文化地理学には歴史的でないものもあるが、二つの分野は重なっている）。旧い文化地理学はアメリカ人カール・サウアーを想起させる。サウアーは、地理学の一般的法則を確立しようとする科学的アプローチを拒否して、場所や文化領域の独自性に関心をもった（人類学者のフランツ・ボアズのように、彼自身が地理学者であった）。彼は環境決定論にも異議を申し立て、文化と歴史の観点から場所の特性を説明しようとした。人類学者の場合のように、サウアーの教えにしたがったアメリカの文化人類学とイギリスの社会人類学とのギャップが生じていった。

このギャップは、「新しい文化史」とほぼ同時に発展した新しい文化地理学によって埋められることになる。新しい文化史研究者と同じように、ジム・ダンカンやフェリクス・ドライヴァーのような新しい文化地理学者は、とくにフーコーの文化理論に依拠して、歴史家と同じように実践と表象の双方に関心を置いてきた。文化地理学者は、人間の思い込みによって風景が修正されるとし、多様な社会集団の街路の利用のしかたまで、空間的な実践を研究している。地図や旅行記、風景画のほか、たとえば、トーマス・ハーディの作品に登場するウェセックス地方など小説で描かれる地理的想像力を分析する。文化的想像力の歴史に関する最近の研究が、これと類似していることは明らかであろう[27]。

心象地理学は近年、一九一八年から一九五〇年代に具体化し、現在でも影響力をもつイングランドの風景をめぐる心性に関心を置く。もはやイングランドの村落で失われた「有機的共同体」を懐古し、イングランドらしさを「草原、芝生、聖歌隊、ギルドホール」などに見いだす姿勢で、都市や近代性と対比して定義する。詩人のジョン・ベッチマンやフィリップ・ラーキンは、考古学者のO・G・S・クロフォードや地方史家のW・G・ホスキンズなどと親しく交流している[28]。

二〇世紀初頭の考古学は、すでに当時の人類学や地理学などのように、文化の歴史に、とりわけ文化的痕跡の拡散に関心をもっていたが、二〇世紀末から二一世紀初頭の新しい考古学は文化史に接近してきた。

この新しい考古学は、社会的・人類学的・過程論的・文脈論的・解釈学的・認知論的な考古学などとさまざまに称されてきたが、これは多様なアプローチが競合する混沌とした状況を反映している。隣接分野の歴史家や地理学者のように、新たな考古学者も文化理論に関心をもっている。アイディアが循環する興味深い事例として、文字どおり過去を掘り起こす考古学者は、フーコーのメタフォリカルな「考古学」には触発されるところがあると知った。文化史家や地理学者のように、新しい考古学者は、葬礼や贈り物の交換などの「実践」、ステイタス・シンボル、イメージ、言語などの「表象」にふたたび焦点をあてることになる[29]。

したがって、新しい考古学者のなかに「考古学は文化史である。さもなければ、それは意味がない」と宣言する人や、文化史家の論争に影響を受けて「文化考古学」を探求する人がいたとしても、とくに驚くべきことではないだろう。考古学では、文化史への関心は先史時代まで拡がっているが、もっと後の時代を専門とする人がもっとも強い関心を抱いている。最近では宗教改革も考古学に含まれる。いいかえれば、物質文化の変化から庶民の日常生活に与える文化活動の影響を探るのである。たとえば、教会の装飾、墓石、陶磁器など、文字どおり「下からの歴史」があげられる[30]。

かけ離れた学問のようにみえるが、生物学でさえ文化史の隣接分野とみなされてきた。動物、有名なところでは、チンパンジーが「学習を通じて共有する」文化をもっているためである。たしかに、生物学的進化と社会文化的進化、自然淘汰といわゆる「文化的淘汰」のあいだにはアナロジーが存在する[31]。他方で、人類の進化の全体的発展というより、過去数百年に関心をもつ歴史家は、別の分野から学ぶべきである。

近い将来に文化史家が刺激を受ける分野があるとすれば、生態学があげられる。これは奇妙な預言のように感じるだろう。生態学は、文化よりも本質的に物理的環境に関心をもっているからである。それでもやはり、決定論的な意味ではなく、手に入れることのできる選択肢を限定するという意味で、物理的環境も文化を形づくっている。いずれにしても、私が考察しているのは、文化と環境の関連の研究ではなく、文化史家による生態学者の概念の「領有」についてなのだ。こうした概念の多くは、競争、分離、侵食、継承といった過程論的な用語であり、そのような「領有」には適合的である。それは、ノルウェー人のアイナー・ハウゲンなど歴史言語学者によって始められた[32]。果たして、誰がこれに続くのであろうか。

本節で紹介した多様なアプローチをひとつにまとめるには、それが学問分野なのかその間に位置する学問領域なのかは別にして、カルチュラル・スタディーズに目を向けることが妥当だろう。しかし、カルチュラル・スタディーズの運動を簡単に説明すればわかるように、その実践は、理論、少なくともスローガンに比べて限定されたものになる。

カルチュラル・スタディーズがイギリスで進んでいることがよく知られているのは、レイモンド・ウィリアムズ、リチャード・ホガート、ステュアート・ホールの三人のおかげだろう。アメリカ合衆国では、「アメリカ研究」の旗のもとで同じような学際的な動きが、ひと世代前に始まっていた。英語圏のほかの地域、とくにオーストラリアでは、(便利なのでこう呼ぶが)カルスタはイングランドの模範にならっており、文学が有力な協力者となっている。それ以外のたとえばドイツ語圏では、カルスタへの関心は現地の伝統のなかで形づくられてきた(フランクフルト学派の文化批評やアビ・ヴァールブルクの「文化科学」など)。フランスでは、カルスタの概念は依然として異邦人である。しかし、構造主義的批評家のロラン・バルトや社会学者のエドガール・モランなどの文化に対するアプローチと、ホール、ホガート、ウィリアムズたちのアプローチには同時代性がみられる。[33]

カルスタの登場は、文学や美術史、さらには人類学のような学問にとって脅威とみなされてきた。他方で、カルスタ自体も、その申し子であるジェンダー研究、ポストコロニアル研究、記憶研究、映画研究、翻訳研究、ファッション研究などが登場したせいで、ある意味で脅威にさらされ、別の意味では強化されている。こうした学問分野ないしは学問分野のようなものは、カルスタから発展した。[34] しかし、かつてカルスタが文学から自立したように、カルスタからの独立を宣言している。なぜなら、カルスタがエスタブリッシュメント(体制学問)になったからだ。前述したように学問的な仲間の種類や領域があり、それらは思想的な意味では相互補完的で、社会的な意味では競合している。

一九六〇年代にカルスタが登場したのは、学校や大学で伝統的なエリート文化が重視されることを批判したいという社会的な要請に応えたからであった。商品、広告、テレビから構成される世界、十代の若者や移民の文化、サブ・カルチュアを理解する必要性に応える意味ももちろんあった。思想的には、一九六〇年代のカルスタの台頭は、マルクス主義的研究で文化と社会の関係が重視され、構造主義が流行するようになったのと軌を一にしている。

学問分野について目を向ければ、イギリスに焦点をあてて、三つのよく聞く問いを提起することが意義をもつだろう。第一の問いは、イギリスのカルチュラル・スタディーズは島国的すぎるかである。おそらくそうであろう。ほかの文化との比較を繰り返すことでしか、イギリス的なもの（イングランド的であることもあるが）は定義できないからだ。第二に、イギリスのカルチュラル・スタディーズは、歴史的なものだろうか。レイモンド・ウィリアムズの事例やエドワード・トムスンについての言及は多いが、おそらくそうではないだろう。第三に、イギリスのカルチュラル・スタディーズは、社会的にみて限定されすぎているであろうか。おそらくそうであろう。逆説的なことだが、排除への対抗として始まったアプローチ自体が排他的になってきている。「正典《カノン》」とか「古典」として扱われることもある高尚な文化を、カルスタの一部にする必要がある。高尚な文化と低俗な文化は定期的な相互作用と交換があるためである。「カルスタ」とレッテルの貼られる学問分野の集合体は、あらゆる時代を対象とする文化史家を包摂する必要があるだろう。そうした文化史家の集団は、人類学者のように文化を全体としてみる訓練を受けているからである。もちろん、そこには、調和的な関係とか同質性といったものはみられないかもしれないが(35)。

問われる文化

文化史への関心は、「文化戦争」として知られるようになったものによってますます高まった。ひとつの重要な論争が、文化的正典《カノン》、とくにある文化での「偉大なる書物」に関するものや、「文化的リテラシー」、いいかえれば、それが文化的同質性を想定していることは強調しておかねばならないが、「すべての適格な読者が保持している」「知識と意味の共通母体」に関して存在する。正典を批判する者たちは、「死に絶えた白人男性」を重要視していると主張するが、正典を擁護する人びとは、正典を拒絶すれば文化的貧困につながるという(36)。この対立は合衆国での論争がもっともよく知られており、フェミニストやアフリカ系アメリカ人の学者がその先陣を切る。だが、それはほかの国にも影響を与えている。たとえば、オランダの教育委員会は、オランダ文化について学校は生徒に何を教えるべきかという報告書を最近出したが、そのタイトルは「オランダの正典」であった(37)。

古典が擁護され、テクストなどの文化財が古典とされるひとつの理由は、それが移民たちを新しい文化のなかで良き市民へ変える一助になるからである。そのことが、二つ目の主要な紛争や論争の領域に私たちを連れていってくれる。それは「多文化主義」に関する議論で、この言葉は、叙述的にも規範的にも幾分か曖昧な用語となっている。叙述的な意味での多文化主義は、国民国家、都市、街区など同じ空間のなかでの多様な文化をもつ人びとの共存を表しており、この三〇年で可視化が進んだだけではなく、重要になっていることは明らかである。規範的な意味での多文化主義については論争が盛んであり、新参者が定住した文化に融合または統合されるのではなく、文化的アイデンティティを保持するように促す政策を意味している。

こうした論争からは、文化概念が存在しなければ論争自体が不可能であるときでさえも、概念そのものへの批判が登場してきた。

その印象的な例は、法律家の視点からのリチャード・フォードによる「人種文化」をめぐる議論で、ルネ・ロジャーズ対アメリカン航空訴訟（一九八一年）を事例とする。この件では、原告が、従業員に「細かい編み込みのヘアスタイル」を禁止する航空会社の方針に異議を申し立て、彼女の文化に加えられた暴力を告発したのだった。ロジャーズとその弁護士は、この「コーンロウ」という髪型が、「アメリカ社会における黒人女性の文化的で歴史的な本質を反映している」と主張した。フォードは、法律問題に焦点をあてる。黒人女性はこの髪型を強いられるのか、逆に、金髪の女性ならしてはならないのか、この文化的「本質」のほかの構成要素は何か、もし黒人女性が文化的本質に訴えるのならば、たとえば、肥満体や自転車族などほかの集団もそうするのか、といったことが論点であった[38]。

もっと一般的なレヴェルでは、多文化主義をめぐる議論で用いられ、意味を与えられた文化の概念の問題が指摘されてきた。本書のはじめのほうでまとめた文化史をめぐる議論に登場する問題と重なることも多い。文化は同質的なものなのか。文化の内部に多様性や対立の余地はあるのか。文化を分ける境界はどこにあるのか、どの程度まで有効なのか。すべての歴史家が知っているように、伝統が時代を越えて変化してゆくために、何が文化的「本質」とみなされるのか[39]。少なくとも、「あれかこれか」ではなく、「多かれ少なかれ（程度）」の問題として、こうした点を論じるほうが賢明だといえよう。つまり、多かれ少なかれ、同質的で、弾力性があり、隣接分野と明確に区別されるものとして、文化を表現するのである。こうすることによって、「本質化」の危険性から自由になることができる。

「正典《カノン》」や多文化主義をめぐる論争から、文化史家は現代の問題を解決すると期待されてはいないけれども、文化史研究はより明晰な頭脳で考察できるようにしてくれる、という結論を導くことができる。ブラジルの歴史家ジルベルト・フレイレが六〇年前に提唱しているように、国民主義者《ナショナリスト》のやり方で研究された政治史や軍事史はしばしば諸国民を分断してきたが、「社会史や文化史の研究」は諸国民をひとつにして「それらのあいだの理解とコミュニケーションを切り開いてゆく」し、そうなる可能性をもっているのである[40]。

訳者あとがき（初版）

本書（初版）は、Peter Burke, *What is Cultural History?* (Cambridge: Polity Press, 2004) の全訳である。原著は、ポリティ出版社による学部学生向けの歴史学の入門書シリーズの一冊として刊行され、コンパクトにかつ平易な文体で執筆されている。しかし、本書は、単なる初学者向けの書物ではない。本書は、文化史研究に関する「過去、現在、そして未来」を明らかにし、英語圏のみならず、ヨーロッパ大陸ならびにアジア、さらに南北アメリカなどの世界的規模で広がりをもつ文化史研究を網羅しているからだ。原著のペーパーバック版には、二〇世紀後半を代表する文化史研究者ナタリー・デーヴィスが、つぎのような推薦文を寄せている。

ピーター・バークが、またやってくれた！　近世ヨーロッパの傑出した研究者であるバークは、歴史家の技法に関する著作に重要な作品をつけ加えたのだ。一九世紀に起源をもつ「文化史」は、社会史、人類学、文学との関係を変化させつつ、かつ、その観点、概念、目標とするところを転換させながら、最近のように多様なかたちをとることになった。批判精神と寛大さをあわせもつバークは、文化史研究の発展と未来をつなげようとしている。この明晰なる書物は、現代の歴史家が何を目論んでいるのか、またどこへ向かおうとしているのかを知りたい読者に、大きな喜びを与えるものとなろう。

著者ピーター・バークは、一九三七年ロンドンに生まれた。アイルランド系カトリック教徒の父と、ポーランド・リトアニア系のユダヤ人の母をもち、その意味で、バークの家庭は異なる文化が混淆する「多文化主義的家族」であった。幼いころは、母方の祖父母の家の一階に暮らし、祖父母のところへの訪問それ自体が文化的な境界線を越えるような雰囲気であったという。こうした経験が、バークを早い時期から文化の問題に目覚めさせることになる。アルフレッド・ヒッチコックも通ったロンドン北部のイエズス会系の学校で教育を受け、一七歳でオクスフォード大学へと入学、兵役に二年就いた後、大学へと戻り、学部生時代は若きキース・トマスのもとで歴史を学ぶ。大学院では、H・トレヴァー＝ローパーを指導教官として、そこでヨーロッパの史学史を題材とする博士論文を執筆しようとした。その後、サセックス大学に職をえて、そこから研究教育者としての道を歩みはじめ、現在は、ケンブリッジ大学エマニュエル学寮に籍を置き、ヨーロッパの文化史を論じる歴史家である。

このバークについては、日本の読者には、もはやこれ以上多くを語る必要はあるまい。バークの著作に関してはすでに多くが翻訳されており、たとえば主要なものをとってみても、以下のものがあげられる。単著としては、『社会学と歴史学』（慶應通信、一九八六年）、『ヨーロッパの民衆文化』（人文書院、一九八八年）、『イタリア・ルネサンスの文化と社会』（岩波書店、一九九二／二〇〇〇年）、『フランス歴史学革命——アナール学派1929–89年』（岩波書店、一九九二年）、『知識の社会史——知と情報はいかにして商品化したか』（新曜社、二〇〇四年）、『ルイ一四世——作られる太陽王』（名古屋大学出版会、二〇〇四年）、最近でも『歴史学と社会理論』（慶應義塾大学出版会、二〇〇六年）、『時代の目撃者——資料としての視覚イメージを利用した歴史研究』（中央公論美術出版、二〇〇七年）が刊行されている。また、編著としては『ニュー・ヒストリーの現在——歴史叙述の新しい展望』（人文書院、一九九六年）なども読むことができる。

このように、バークの研究対象は、ヨーロッパの民衆文化、ルネサンス、言語、コミュニケーション、知識や情報、そして王権の儀礼など多岐にわたり、その博覧強記ぶりには圧倒されるものがある。だが、なによりも、バークの真骨頂は、歴史理論・方法論のレヴェルで、マルクス主義、歴史人類学、社会学、美術理論、最近はパフォーマンス理論や認知科学などの領域と積極的に交渉し、その成果を摂取しながら、戦略的に文化史研究のフロンティアを拡大してきたところにある。この点が、バークが現代の文化史研究の第一人者といわれるゆえんだろう。社会学者のアンソニー・ギデンズとならんで、外国語に翻訳されている著作の数がもっとも多いといわれる、現代イギリスを代表する知識人なのである。

＊

さて、本書に集約される文化史研究に関するバークの考察は、すでに旧書『文化史の多様性』（Peter

Burke, *Varieties of Cultural History*, Cambridge: Polity Press, 1997）に輪郭が示されており、それを踏まえると、本書の意義は大きくいって以下の三点にまとめることができよう。

第一に、バークが文化史研究そのものに関するメタヒストリーを叙述していることである。バークによれば、今日にいたるまでの文化史研究の展開は四つの段階に分類できるという。この文化史の発展は、古典的時代の文化史に対する批判というかたちをとり展開していったが、それは、主として二つの視点から跡づけることができる。ひとつは、研究対象の深化・拡大である。一九世紀の古典的段階の文化史は、基本的にエリート文化を対象とするものであった。民衆文化史は、研究の対象をエリートから民衆へと下降させていったが、それによって、従来「文化」として考えられてこなかった日常生活レヴェルでの慣習や規範を含むことになった。この「文化」概念は、必然的に人類学的アプローチに親和性を見いだしていった。

もうひとつは、方法論的な発展である。古典的段階における歴史家の直観に依拠する方法は、印象主義的で裏づけを欠いているという批判にさらされてきた。一九三〇年代の社会学的アプローチや「美術の社会史」は、そうした直感的歴史叙述を克服して文化と社会との関連性を問題にしようという試みだった。その後、マルクス主義は、文化と社会との関係を土台－上部構造という公式で解釈しようとしたが、そこには自己矛盾が孕まれていた。文化への内在的理解が深まるほど、土台－上部構造モデルには当てはまらない事例が発見されていったからだ。この点でも人類学は適合的であった。人類学者は、文化の相対的自律性を主張することによって、マルクス主義的モデルに代わる理論的枠組みを提供していったのである。

第二の貢献は、新しい文化史以降の研究の発展、とりわけ文化史研究における構築主義の影響を明らかにした点があげられる。本書では「新しい文化史」の特徴となる「表象」と「実践」も、文化史の方法の発展と対象の拡大のプロセスの延長線上に位置づけられている。かつて「表象」は社会的・物質的なものの単なる反映物としてとらえられてきたが、それとは逆に「表象」が現実に影響を与える点が強調されるようになった。他方、「実践」は、文化の対象に民衆の日常生活を含めることで注目されるようになった概念である。この「新しい文化史」の段階までは、アナール学派を経由して日本でも比較的詳細に紹介がなされてきた。だが、その後の展開については多くが語られていないだけに、本書で構築主義的文化史を論じる意味は大きい。

　構築主義的文化史は、言語論的転回以降の文化史研究の地平であり、「表象」や「実践」そのものが構築されてゆくプロセスを歴史的に検討しようとする。たとえば、知識、領域、社会階級、病気、時間、アイデンティティなどの「表象」は、「生産、流通、受容」といった一連のプロセスを通じて「構築」されることになる。さらにバークは、「実践」もまた構築される点を主張するために「発話遂行論的転回」をとげる。それは、「実践」を「台本・脚本《スクリプト》」とその「演技《パフォーマンス》」に分割して、時間、地域、状況に応じてフレキシブルに行動する個人のあり方を描き出そうとしているのだ。バークは、こうした傾向に哲学から借りてきた「機会原因論」という言葉を当てているが、それは歴史学におけるポスト言語論的転回の位相を示している。言語論的転回は近代的主体概念を転倒させ記号体系のもつ拘束性を強調してきたが、近年はそれへの批判から実践や主体といった概念を歴史学的に再評価しつつある。それは、中世史研究者ガブリエル・シュピーゲルの言葉を借りれば「歴史学的転回」ということになろうが、バークのパフォーマンス論もその流れに棹さすものとなる。

第三に、バークが文化史研究のもつ射程をグローバルな視座で論じていることである。古典的な文化史への批判には、ヨーロッパのエリート文化を対象とし、また、「西欧の勃興」という「大きな物語」を前提としていた点で、ヨーロッパ中心主義的偏向が指摘されていた。このヨーロッパ中心主義を相対化する視座として、本書ではエドワード・サイードのオリエンタリズム論やインドのサバルタン研究といった文化史のポストコロニアルな動向が紹介されている。しかし、バークにとってグローバルに文化を論じることは、単にアカデミックなレヴェルでの研究の進展を呈示するという意味だけではない。それは、みずからの経験に深く根ざすものでもあった。バークは、若き日にマレーシアにて兵役の日々を過ごしたが、そうした落日の英帝国の辺境で経験した異文化との遭遇が、グローバルに文化を論じる際の問題意識として存在しているからである。

グローバルな視座という点では、バークが、第三世界の歴史学について精通していることにも驚かされる。この点では、妻であるマリア・ルシアの影響を見逃すことができない。マリアとの出会いは、バーク自身がサンパウロ大学での講演に招かれたときのことであったらしい。事実、それ以後の著作では、ブラジルをはじめとするラテン・アメリカ史学への知識と認識の広がりが感じられる。ブラジル・サンパウロは、クロード・レヴィ゠ストロースやフェルナン・ブローデルが若き日を過ごしたことで知られ、そうした「文化的遭遇」が歴史学においても大きな足跡を残していたといえる。本書で頻繁に言及されているのが、ブラジル奴隷制の社会史研究で有名なジルベルト・フレイレであり、バークは彼にきわめて高い評価を与えている。今後のバークの新刊書として、ジルベルト・フレイレの理論的注釈に関するものが予定されているという。いずれにしても、マリアを通じた第三世界の歴史学との邂逅が、バークをしてヨーロッパのエラスムスから世界の文化史研究者へと脱皮させる契機となったことは間違いないだろう。

*

翻訳には、思いのほか時間がとられることになった。入門書という性格から平易な英語で書かれているものの、バークの引用する事例は膨大な範囲に及ぶために、基礎知識のない分野において内容の把握に困難を覚えることもしばしばで、訳業の過程では多くの方々の援助を仰ぐことになった。そのすべての方の名前をここで挙げることはできないが、貴重な時間を割いて専門の知識を御教示くださった北海道大学文学部の諸先生、とりわけ、西洋古典学の安西眞ならびに西洋美術史の谷古宇尚の両先生には記して御礼を申し上げたい。また、私個人にとって初めての翻訳作業にあたって、編集者としてつねに的確なアドヴァイスを与えてくださった法政大学出版局の勝康裕さんにも御礼を申し上げる。校正の最終段階では、大学院生の大内杏子さんの手を煩わせた。もちろん本書に残された誤りに関する責任は、すべて私にあることはいうまでもない。

最後になるが、この訳書を二〇〇六年に亡くなられた二宮宏之先生に捧げることを許していただきたい。二宮先生と実際にお会いしたのはほんの数回という限られた機会であったが、そのたびに研究上の励ましと示唆を与えられたことが忘れられない。二〇〇四年に、北海道大学での歴史学概論の講義ノートの一部を御覧いただき、感想とともに遺著『マルク・ブロックを読む』（岩波書店、二〇〇四年）を頂戴したのが最後のやりとりとなってしまった。亡くなられる間際まで歴史学の革新に情熱を燃やしておられた先生の姿を想うとき、その意思を受け継ぎ、ささやかながら歴史学の歩みを進めることが残された者の役割ではないのかと思う。この訳書が、そうした知的作業の一部となれば幸いである。

長谷川　貴彦

二〇〇八年四月　札幌にて

増補改訂版への訳者あとがき

本書は、Peter Burke, *What is Cultural History?* (Second edition, Cambridge: Polity Press, 2008) の全訳である。原著の旧版は二〇〇四年に刊行されており、わずか四年を隔てた時点での第二版の刊行となる。旧版との相違としては、第6章の「結論」部分が独立し、新たに「エピローグ」として「二一世紀の文化史」の章が追加された。また、読書案内や註も二〇〇四年以降に刊行された文化史に関する文献が加えられて、より充実したものに改訂されている。だが、ほとんどの部分では、若干の加筆や修正がある程度で、旧版の原型が残されたといえようか。

旧版の日本語訳は、想いのほか大きな反響を呼ぶことになった。新聞や一般雑誌でも取り上げていただき、いくつかの学術雑誌でも書評を賜った。そこでの評価は、おおむね好意的なものであったように思われる。それは、歴史学方法論に関わる動向について体系的な紹介をおこなう類書がなかったことによるものだろう。刊行後、一年あまりを経るなかで版を重ね、さらなる重版の機会に「増補改訂版」の翻訳・出版に踏み切ったしだいである。

新たに訳出された部分の英文テクストは、北海道大学文学部の演習で輪読をおこなった。演習に参加して、訳文の作成に協力してくれた学生諸君に感謝したい。また、この増補改訂版の出版に際しても適切なアドヴァイスと励ましを与えていただいた法政大学出版局の勝康裕さんには、心から御礼を申し上げる。旧版と同様に、本書が歴史学の革新に関心を持つ人びとにとっての議論の材料となってくれれば、訳者にとっては何よりの喜びである。

二〇〇九年一一月　ロンドン・ケンジントンにて記す

長谷川　貴彦

（重版にあたり、表記や表現を改めた箇所がある。法政大学出版局編集部のみなさんには、改訳に際してひとかたならぬ御協力をいただいたことを記しておく）

索　引

[ア　行]

アイザック，リース　Isaac, Rhys（1937年生；南アフリカの歴史家）　59

アイデンティティ　85, 122–3, 127–8, 130, 133, 141, 175, 188

アギュロン，モーリス　Agulhon, Maurice（1926–2014年；フランスの歴史家）　184

厚い記述　thick description（叙述と解釈）　56, 60, 163, 166

アナール学派　Annales school　7, 28

アーノルド，マシュー　Arnold, Matthew（1822–1888年；イングランドの詩人／批評家）　11, 51

アフリカ　40, 53, 141, 172, 187

アミーン，シャーヒド　Amin, Shahid（1936年生；インドの歴史家）　152

アムセル，ジャン＝ルー　Amselle, Jean-Loup（1942年生；フランスの人類学者）　141

アンダーソン，ベネディクト　Anderson, Benedict（1936–2015年；イギリスの政治学者）　93, 120–1, 184

アンダーダウン，デヴィド　Underdown, David（1925–2009年；アメリカの文化史家）　68–9

アンタル，フレデリク　Antal, Frederick（1887–1954年；ハンガリーの美術史家）　25

イコノグラフィ　iconography　20, 135, 188

イコノロジー　iconology　20, 188

イェイツ，フランシス　Yates, Frances（1899–1981年；イングランドの歴史家）　23

イェーツ，ウィリアム　Yeats, William B.（1865–1939年；アイルランドの詩人）　130, 186

衣服　clothes　101

イーブリー，パトリシア　Ebrey, Patricia（1947年生；アメリカの歴史家）　119–20

印象主義，歴史的　impressionism, historical　33

ヴァケ，フランソワ　Waquet, Françoise（フランスの歴史家）　185

ヴァールブルク，アビ　Warburg, Aby（1866–1929年；ドイツの学者）　18–23, 39, 41, 64, 107, 189, 194

ヴァールブルク研究所　Warburg Institute　20, 50

ヴィトゲンシュタイン，ルートヴィヒ　Wittgenstein, Ludwig（1889–1951年；オーストリアの哲学者）　110

ウィリー，バジル　Willy, Basil（1897–1978年；イングランドの文学者）　22

ウィリアムズ，レイモンド　Williams, Raymond（1921–1988年；イギリスの批評家）　26, 28, 38, 194–5

ウィンクラー，ジョン　Winkler, John L.（アメリカの古典学者）　43

ヴェーバー，マックス　Weber, Max（1864–1920年；ドイツの社会学者）

17
ウォーコウィッツ，ジュディス　Walkowitz, Judith R.（1945年生；アメリカの歴史家）　175
ウォルトマン，リチャード　Wortman, Richard（1938年生；アメリカの歴史家）　124–5
エヴァンズ＝プリチャード，エドワード　Evans–Pritchard, Edward E.（1902–73年；イギリスの人類学者）　52–4, 171
エゴ＝ドキュメント　ego-documents（第一人称のテクスト）　80, 127
エーデルマン，マーレー　Edelman, Murray（1919–2001年；アメリカの政治学者）　150
エピステーメ（基本的範疇）episteme　82
エリアス，ノルベルト　Elias, Norbert（1897–1990年；ドイツの社会学者）　17–8, 25, 78, 80–1, 87, 106, 139, 156, 160
エリオット，ジョン　Elliott, John H.（1930年生；イングランドの歴史家）　48–50
エリオット，トマス　Eliot, Thomas S.（1888–1965年；アメリカ系イングランド人の詩人／批評家）　45
演劇論的アプローチ　57
オクシデンタリズム　Occidentalism　71
オゴルマン，エドムンド　O'Gorman, Edmundo（1906–1995年；メキシコの歴史家）　140
オースティン，ジェーン　Austen, Jane（1775–1817年；イギリスの小説家）　76
オースティン，ジョン　Austin, John（1911–1960年；イングランドの哲学者）　131–2
オリエンタリズム　Orientalism　70–1, 83, 94–5

[カ　行]
階級，社会　36–7, 109, 118–20
解釈学　hermeneutics（解釈の技法）　13, 20, 59
カイバード，デクラン　Kiberd, Declan（1951年生；アイルランドの作家）　141
科学史　64, 80, 88–9
革新　innovation　40–1
カースト　Caste　118, 186
カストロ，アメリコ　Castro, Américo（1885–1972年；スペインの歴史家）　140
ガダマー，ハンス＝ゲオルク　Gadamer, Hans-Georg（1900–2002年；ドイツの哲学者）　19
カッシーラー，エルンスト　Cassirer, Ernst（1874–1945年；ドイツの哲学者）　20–1
カルチュラル・スタディーズ　Cultural Studies　4–5, 29, 48, 50, 148, 189, 194–5
感性（感覚）の歴史　159–61
カントロヴィッチ，エルンスト　Kantorowicz, Ernst（1895–1963年；ドイツの歴史家）　21
観念の文化史　cultural history of ideas　183–5
ギアツ，クリフォード　Geertz, Clifford（1926–2006年；アメリカの人類学者）　52, 55–60, 64–5, 75, 98, 107, 163, 165–7, 189
記憶　96–8
機会原因　occasions　137–9, 166
キーガン，ジョン　Keegan, John（1934–2012年；イギリスの軍事史家）　153
ギーディオン，ジークフリード　Giedion,

Sigfried（1888–1968年；スイスの建築家） 106–7
狂気の歴史　116
規律　discipline　83, 87, 114　→「自己規制」を参照
儀礼，儀礼化　ritual, ritualization　54, 59, 124–5, 135–7, 165
ギンズブルグ，カルロ　Ginzburg, Carlo（1939年生；イタリアの歴史家）61, 66–9, 82, 90, 148, 166
空間　space　100–3
グッディ，ジャック　Goody, Jack（1919–2015年；イギリスの人類学者） 73
グハ，ラナジット　Guha, Ranajit（1923年生；インドの歴史家） 151
クラーク，ウィリアム　Clark, William（1953年生；アメリカの歴史家） 185
クラパム，ジョン　Clapham, John（1873–1946年；イングランドの経済史家） 33–5
グラフトン，アンソニー　Grafton, Anthony（1950年生；アメリカの歴史家） 147
グラムシ，アントニオ　Gramsci, Antonio（1891–1937年；イタリアの理論家） 38, 68, 151
グリュジンスキ，セルジュ　Gruzinski, Serge（1949年生；フランスの歴史家） 186
クリンジェンダー，フランシス　Klingender, Francis（1907–1955年；イングランドの美術史家） 25–6
グリーンブラット，スティーヴン　Greenblatt, Stephen（1943年生；アメリカの文学史家） 55, 60, 63, 93, 129
クルーゼ，ドニ　Crouzet, Denis（1953年生；フランスの歴史家） 155
クルティウス，エルンスト・ローベルト　Curtius, Ernst Robert（1886–1956年；ドイツの文学史家） 19, 39–41, 107
クルナス，クレイグ　Clunas, Craig（1954年生；イギリスの美術史家） 89
グレーヴィッチ，アーロン　Gurevich, Aaron Y.（1924–2006年；ロシアの歴史家） 52
グレンディ，エドワルド　Grendi, Edoard（1932–99年；イタリアの微視的歴史家） 66
クーン，トマス　Kuhn, Thomas S.（1922–1996年；アメリカの科学史家） 75–6, 82–3, 89, 176
ゲイ，ピーター　Gay, Peter（1923–2015年；アメリカの歴史家） 7, 157
形態学　morphology　16
系《セリー》の歴史学　serial history　33
ケリー，ジョーン　Kelly, Joan（1928–1982年；アメリカの歴史家） 72
言語（言葉）　language　87, 110–2, 118–9, 133, 138, 173, 177, 184, 187
言説，言説＝実践　discourse, discursive practices　35, 83, 112
語彙測定学　lexicometry　34
考古学（フーコーによる深層の趨勢に関する研究） 82, 192
公式（定型表現）　formula　18, 129　→「スキーマ」も参照
口承　orality　134–5, 185
構築主義　constructivism（社会の「文化的構築」の思想） 116–7, 120, 127, 141, 146, 164
国際文化史協会　International Society for Cultural History　182
国民　nation　93, 116, 121, 123–4, 140, 184
ゴッフマン，アーヴィング　Goffman, Erving（1922–1982年；アメリカの社会学者） 59, 65, 124, 126, 138

コルバン，アラン　Corbin, Alain（1936年生；フランスの歴史家）　8, 160–1
コレクションの歴史　88
（異種）混淆性　hybridity　170, 173, 189
コーンフォード，フランシス　Cornford, Francis（1874–1943年；イングランドの古典学者）　140
ゴンブリッチ，エルンスト　Gombrich, Ernst（1909–2002年；オーストリアの美術史家）　19, 35, 39

［サ　行］
再演　re-enactment　178
差異化《ディスタンクシオン》　distinction　84–7, 119–20, 123
サイード，エドワード　Said, Edward（1935–2003年；パレスチナ生まれでアメリカの批評家）　70–1, 83, 94–5
サウアー，カール　Sauer, Carl（1889–1975年；アメリカの文化地理学者）　191
サバルタン階級　subaltern classes　38, 68, 111, 151
サミュエル，ラファエル　Samuel, Raphael（1934–1996年；イングランドの歴史家）　28
サーリンズ，マーシャル　Sahlins, Marshall D.（1930年生；アメリカの文化人類学者）　131, 176
ジェームズ，ウィリアム　James, William（1842–1910年；アメリカの哲学者・心理学者）　110
ジェンダー　43, 105, 118–9
視覚文化　Visual Culture　63–4, 78, 189
自己規制　self-control（*Selbstzwang, Affektbeherrschung*）　17–8, 80–1, 106
時代精神　Zeitgeist　13, 20, 35, 42
実践　practices　86–92, 113, 192
シャー，ロニー　Hsia, Ronnie［夏伯嘉］（1955年生；アメリカの歴史家）　175
社会史　76, 162–7
シャーマ，サイモン　Schama, Simon（1945年生；イングランドの歴史家）　122–3, 159
シャルチエ，ロジェ　Chartier, Roger（1945年生；フランスの歴史家）　42, 44, 49, 58, 80, 86, 90, 109, 165, 191
住居　houses　101–2
集合心性（共有された身構え）の歴史　7
羞恥心や忍耐の限界　threshold of shame, tolerance（文明水準の表出）　80
ジュオー，クリスチアン　Jouhaud, Christian（1951年生）　132
ジュタール，フィリップ　Joutard, Philippe（1935年生；フランスの歴史家）　97
シュミット，ジャン＝クロード　Schmitt, Jean-Claude（1946年生；フランスの歴史家）　28, 104
受容　reception　26, 90, 114–5
シュレジンガー・ジュニア，アーサー　Schlesinger Jr., Arthur M.（1917–2007年；アメリカの歴史家）　166
象徴　symbols　6, 15, 20, 56, 61–2, 73, 150–1
象徴資本　symbolic capital（地位をもたらす文化的特質）　85
情動学　emotionology（情動の研究）　157
食物　73, 99–100
ショースキー，カール　Schorske, Carl E.（1915–2015年；アメリカの歴史家）　7, 76, 147, 149
女性史　Women's history　4, 72, 77, 105 →ジェンダーも見よ
女性文化，フェミニズム　Female cultures,

feminism　43, 70–3, 77, 90, 111, 118–20
ショーペンハウアー，アルトゥール　Schopenhauer, Arthur（1788–1860年；ドイツの哲学者）　110
ジョーンズ，ギャレス・ステッドマン　Jones, Gareth Stedman（1942年生；イギリスの歴史家）　118
ジョンソン，ジェームズ　Johnson, James（1960年生；アメリカの歴史家）　161
身体の歴史　103–6
人類学　7, 43, 45, 47–73
新歴史主義　New Historicism　49, 63　→「グリーンブラット」も参照
神話　140, 175
図柄　figuration（社会集団間の関係）　80
スキナー，クェンティン　Skinner, Quentin（1940年生；イングランドの思想史家）　132
スキーマ　schema　18–9, 71, 85, 97, 107, 135, 152, 173, 178
スクリブナー，R. W.　Scribner, R. W.（通称「ボブ」，1941–98年；オーストラリアの歴史家）　79
スコット，ジェームズ　Scott, James C.（1936年生；アメリカの政治学者）　133
スコット，ジョーン　Scott, Joan W.（1941年生；アメリカの歴史家）　77
筋書き立て《エンプロットメント》　emplotment（物語の構成）　117, 178
スターンズ，キャロルとピーター　Stearns, Carol & Peter（いずれも1936年生；アメリカの歴史家）　157–8
ステレオタイプ　stereotype　→「スキーマ」を見よ
スミス，バーナード　Smith, Bernard（1916–2011年；オーストラリアの美術史家）　64, 159
清潔さ　cleanliness　123, 183
政治学　48, 149–50
精神史　*Geistesgeschichte*（精神，知性，文化の歴史）　13
生態学　ecology　193
正典《カノン》，文化的　canon, cultural　196
生物学　biology　193
ゼルディン，セオドア　Zeldin, Theodore（1933年生；パレスチナ生まれでイギリスの歴史家）　157
セルトー，ミシェル・ド　Certeau, Michel de（1925–1986年；フランスの文化理論家）　42, 90, 112–5, 142, 172
戦術　114
戦略　85, 114
創始者と継承者　41, 143
想像力，想像されたもの　imagination, imagined　7–8, 49, 92–3, 121, 160, 191–2
想像力の歴史　history of the imagination　92–3, 121

[タ　行]
代補　supplement　77
タイラー，エドワード　Tylor, Edward B.（1832–1917年；イギリスの人類学者）　11, 45, 56, 62
タキトゥス，コルネリウス　Tacitus, Cornelius（56頃－117頃；ローマの歴史家）　34
ダグラス，メアリー　Douglas, Mary（1922–2007年；イングランドの人類学者）　52–4, 73, 123, 154, 183
ターナー，ヴィクター　Turner, Victor（1920–1983年；イングランドの人類学者）　56, 58–9, 73, 87, 154
タラスキン，リチャード　Taruskin, Richard（1945年生；アメリカの音

楽学者） 95
ダンカン，ジム Duncan, Jim（1945年生；カナダの地理学者） 191
男性性《マスキュリニティ》 masculinity 42–3, 119–20, 133
ダーントン，ロバート Darnton, Robert（1939年生；アメリカの歴史家） 57–8, 90, 107, 165, 167
中国 23, 89, 91, 119–20, 177
地理学 geography 68, 182, 191–2
ティリヤード，ユースタス・マンデヴィル・ウェテンホール Tillyard, Eustace Mandeville Wetenhall（1889–1962年；イングランドの文学者） 22
ティンダル，ウィリアム Tindall, William（1903–1981年；アメリカの批評家） 19, 129
デーヴィス，ナタリー Davis, Natalie Z.（1929年生；アメリカの歴史家） 54, 59–61, 106, 128, 154–5, 166
テクストとしての文化 culture as text 163–5
デューイ，ジョン Dewy, John（1859–1952年；アメリカの哲学者） 110
デュビー，ジョルジュ Duby, Georges（1919–1996年；フランスの歴史家） 44, 71, 92–3
デリダ，ジャック Derrida, Jacques（1930–2004年；フランスの哲学者） 77, 87, 152
転回 turns
　構築主義的 constructivist— 111
　視覚的 visual— 64
　人類学的 anthropological— 47–73
　パフォーマンスへの performative— 131
　文化論的 cultural— 4–5, 48–9, 99, 163–5
伝統 7, 12, 39–41, 121–2, 142
トインビー，アーノルド Toynbee, Arnold J.（1889–1975年；イングランドの歴史家） 23
トゥルルス＝ルン，トゥルルス・フレデリック Troels-Lund, Troels Frederik（1840–1921年；デンマークの歴史家） 62, 182
読書の歴史 68, 90–2, 147, 163–4
ドーソン，クリストファー Dawson, Christopher（1889–1970年；イングランドの歴史家） 23
ドッズ，エリック Dodds, Eric R.（1893–1979年；アイルランドの古典学者） 158
トポス（決まり文句） topoi 19, 94
　→「スキーマ」も参照
トマス，キース Thomas, Keith V.（1933年生；イギリスの歴史家） 50, 53–4, 93, 106
トムスン，エドワード Thompson, Edward P.（1924–93年；イングランドの歴史家） 27–8, 36–9, 59, 107–8, 111, 118, 151–2, 195
トムスン，ジョージ Thomson, George（1903–1987年；イングランドの古典学者） 26
ドライヴァー，フェリクス Driver, Felix（1961年生；イングランドの地理学者） 191
ドレイトン，リチャード Drayton, Richard（1964年生；イギリスの歴史家） 185

［ナ　行］

内在主義 internalism 4, 29, 65
内容分析 content analysis（テクスト研究のための計量的手法） 34–5
二言語使い分け Diglossia 138
ニーダム，ジョゼフ Needham, Joseph（1900–1995年；科学史家） 23, 26

ニーチェ，フリードリヒ　Nietzsche, Friedrich（1844–1900年；ドイツの哲学者・古典文献学者）81, 110, 156
日常生活　50–1, 55, 59, 62, 80, 113–4, 125–6
日本　40, 63, 91, 122–4, 186–7
ニュートン，フランシス　Newton, Fracis →「ホブズボーム」を見よ
ノラ，ピエール　Nora, Pierre（1931年生；フランスの歴史家）96

［ハ　行］
バイナム，キャロライン　Bynum, Caroline W.（1941年生；アメリカの歴史家）73, 77, 105
ハウゲン，アイナー　Haugen, Einar（1906–1994年；ノルウェーの言語学者）193
ハウザー，アーノルド　Hauser, Arnold（1892–1978年；ハンガリーの美術史家）25, 35
バウマン，ジグムント　Bauman, Zygmunt（1925–2017年；ポーランドの社会学者）112
バーク，ケネス　Burke, Kenneth（1897–1993；アメリカの文芸理論家）56, 189
バクサンドール，マイケル　Baxandall, Michael（1933–2008年；イングランドの美術史家）64, 159
バージャー，ジョン　Berger, John（1926–2017年；イングランドの美術評論家）25–6
パスカル，ロイ　Pascal, Roy（1904–80年；イギリスの文学史家）26
バスティード，ロジェ　Bastide, Roger（1898–1974年；フランスの社会学者）40
ハーツフェルド，マイケル　Herzfeld, Michael（1947年生；アメリカの人類学者）133
発明　invention　82, 112–3, 115–6, 121–4, 140–2
バートレット，フレデリック　Bartlett, Frederic C.（1887–1969年；イングランドの心理学者）96
パノフスキー，エルヴィン　Panofsky, Erwin（1892–1968年；ドイツの美術史家）20–1, 25, 36, 85, 135
ハーバーマス，ユルゲン　Habermas, Jürgen（1929年生；ドイツの哲学者）77, 102
ハビトゥス　habitus（規制された即興の原理）21, 80, 85, 106, 114, 134, 188
パフォーマンス　performance　131–7, 155, 157, 189 →「文化への演劇論的アプローチ」も参照
バフチン，ミハイル　Bakhtin, Mikhail M.（1895–1975年；ロシアの文化理論家）78–80 105, 155
パリー，ミルマン　Parry, Milman（1900–1935年；アメリカの古典学者）134–5
ハリス，ルース　Harris, Ruth（1958年生；イングランドの歴史家）87
バルト，ロラン　Barthes, Roland（1915–1974年；フランスの文化理論家）194
ハンチントン，サミュエル　Huntington, Samuel P.（1927–2008年；アメリカの政治学者）4, 48
ハント，リン　Hunt, Lynn（1945年生；アメリカの歴史家）61, 75, 94, 151, 164, 175
ビアジョーリ，マリオ　Biagioli, Mario（1955年生；アメリカの科学史家）65
ビアード，チャールズ　Beard, Charles

A.（1874–1948年；アメリカの歴史家） 22, 24
ビアード，メアリー・リッター　Beard, Mary Ritter（1876–1958年；アメリカの歴史家） 22, 24
美術史　21, 79, 104, 115, 189
ヒストリー・ワークショップ　History Workshop　24, 28
表象　representations　92–4, 126–7
フィジアン＝アダムズ，チャールズ　Phythian-Adams, Charles（1937年生；イングランドの地方史家） 68
フィッシャー，デヴィド　Fischer, David, H.（1935年生；アメリカの歴史家） 69
フェーヴル，リュシアン　Febvre, Lucien（1878–1956年；フランスの歴史家） 7–8, 140, 160
フェルナンデス＝アルメスト，フェリペ　Fernández-Armesto, Felipe（1950年生；イギリスの歴史家） 129
フォスター，ロイ　Foster, Roy（1949年生；アイルランドの歴史家） 130
フォード，リチャード　Ford, Richard（アメリカの法律家） 197
フーコー，ミシェル　Foucault, Michel（1926–1984年；フランスの哲学者） 78, 81–4, 92, 101, 106, 112, 114–5, 124, 136, 191–2
フジタニ，タカシ　Fujitani, Takashi（1953年生；日系アメリカ人の歴史家） 124
部族　tribe　118
物質文化　99–103
フッセル，ポール　Fussell, Paul（1924年生；アメリカの批評家） 97
舞踊　dancing　133
フライ，ノースロップ　Frye, Northrop（1912–1981年；カナダの批評家） 117
ブラウン，ピーター　Brown, Peter（1935年生；アイルランドの歴史家） 93, 105
ブラント，アンソニー　Blunt, Anthony（1907–1983年；イギリスの美術史家） 25–6
ブリッグズ，エイザ　Briggs, Asa（1921–2016年；イングランドの歴史家） 99
フリードバーグ，デヴィド　Freedberg, David（美術史家） 115
プリンス，グウィン　Prins, Gwyn（1950年生；イギリスの歴史家） 172
ブルクハルト，ヤーコプ　Burckhardt, Jacob（1818–1897年；スイスの歴史家） 6, 12–5, 18, 31–3, 36, 44, 55, 107, 116–7, 146, 156
ブルデュー，ピエール　Bourdieu, Pierre（1930–2002年；フランスの人類学者／社会学者） 80, 84–7, 89, 105–6, 114, 119, 123, 134, 142
ブルーワ，ジョン　Brewer, John（1947年生；イングランドの歴史家） 90
フレイレ，ジルベルト　Freyre, Gilberto（1900–87年；ブラジルの社会学者／歴史家） 103, 159, 198
ブレーデカンプ，ホルスト　Bredekamp, Horst（1947年生；ドイツの視覚史家） 189
フロイト，ジグムント　Freud, Sigmund（1856–1939年；オーストリアの精神分析家） 17, 123, 147–8
ブロック，アントン　Blok, Anton（1935年生；オランダの人類学者） 80, 154
ブロック，マルク　Bloch, Marc（1886–1944年；フランスの歴史家） 7, 107, 150
ブロッホ，エルンスト　Bloch, Ernst（1885–1977年；ドイツの哲学者）

36–7
ブローデル，フェルナン　Braudel, Fernand（1902–85年；フランスの歴史家） 7, 99, 167, 169
文化界　cultural field　84
文化科学　*Kulturwissenschaft*　18, 189, 194
文化革命　cultural revolutions　177, 182
文化形式　cultural forms　15
文化史普及協会　Association pour le développement de l'histoire culturelle　182
文化資本　cultural capital　85
文化体制　cultural regimes　81–2, 157
文化地理学　cultural geography　48, 182, 191
文化闘争　*Kulturkampf*　11
文化的記憶　cultural memory　96–8
文化的構築　cultural construction　82, 109, 115–6, 118, 141–2, 162
文化的語用論　cultural pragmatics　189
文化的混淆《カルチュラル・ハイブリディティ》　cultural hybridity　152, 173
文化的再生産　cultural reproduction（伝統の転移） 84, 142
文化的実践　cultural practices　83–90, 113–4, 152, 164, 192
文化的循環　cultural circularity　186
文化的正典《カノン》　cultural canon　196
文化的遭遇　cultural encounters　26, 170–3, 186
文化的辺境　cultural frontiers　167–70
文化的翻訳　cultural translation　171, 187
文化的両棲類　biculturality（二文化間移動能力） 44, 138
文化的レパートリ　cultural repertoire　114, 155, 176
文化としての物語　cultural narratives（特定の文化に特徴的な語り） 174–8
文化の規則　cultural rules　15, 61, 85, 134
文化の詩学　poetics of culture　55, 63
→「文化の規則」も参照
文化（文明）の衝突　cultural clash　5, 41, 48, 51, 176
文化への演劇論的アプローチ　56–7, 59–60, 113, 119, 124–5, 130–1, 136–7　→「パフォーマンス」も参照
文化論的転回《カルチュラル・ターン》　cultural turn　4–5, 48–50, 99
文献学　bibliography　190–1
文明　5, 7, 11, 17–8, 22–4, 80–1, 177
ベイカー，キース　Baker, Keith M.（1938年生；アメリカの歴史家） 150, 154
ヘゲモニー　hegemony　38
ヘテログロシア　heteroglossia（テクスト内の多様なる声） 79
ベルティンク，ハンス　Belting, Hans（1935年生；ドイツの視覚史家） 189
ホイジンガ，ヨハン　Huizinga, Johan（1879–1945年；オランダの歴史家） 8, 12–7, 31–3, 36, 61–2, 73, 107, 156, 159
ボアズ，フランツ　Boas, Franz（1858–1942年；ドイツ系アメリカ人の人類学者） 191
暴力　153–5
ホガート，リチャード　Hoggart, Richard（1918–2014年；イングランドの批評家） 194
ポストコロニアリズム　postcolonialism　70
ポーター，ロイ　Porter, Roy（1946–2002年；イングランドの歴史家） 105, 116
ポパー，カール　Popper, Karl（1902–

1994年；オーストリアの哲学者） 19, 110
ホブズボーム，エリック Hobsbawm, Eric（1917–2012年；イギリスの歴史家） 27, 120–2, 142, 184
ホール，ステュアート Hall, Stuart（1932–2014年；イギリスの文化理論家） 29, 42, 194
ホワイト，ヘイドン White, Hayden（1928–2018年；アメリカのメタ歴史家） 116–7, 140, 178
翻訳 translation 21, 26, 171–3, 187
翻訳研究 Translation Studies 187

［マ 行］
マッケンジー，ドナルド McKenzie, Donald F.（1931年生；ニュージーランドの書誌学者） 100, 191
まなざし gaze 83, 87, 94, 124, 159
マリノフスキー，ブロニスワフ Malinowski, Bronislaw（1884–1942年；ポーランドの人類学者） 45, 65
マルクス主義 Marxism 25–6, 29, 36–9, 61, 63
マンハイム，カール Mannheim, Karl（1893–1947年；ハンガリーの社会学者） 25–6
ミクロストリア（微視的歴史）microhistory 66–7, 69, 166
ミッチェル，ティモシー Mitchell, Timothy（1955年生；アメリカの政治学者） 87
ミラー，ペリー Millar, Perry（1905–1963年；アメリカの思想史家） 22
民衆文化 27–9, 42–4, 148
民俗学 folklore 101, 190
民俗文化 Volkskultur 27
ミンツ，シドニー Mintz, Sidney W.（1922–2015年；アメリカの文化人類学者） 100
ムルソウ，マルティン Mulsow, Martin（1959年生；ドイツの歴史家） 185
メイトランド，フレデリック・ウィリアム Maitland, Frederick William（1850–1906年；イングランドの法制史家） 139
メディック，ハンス Medick, Hans（1939年生；ドイツの歴史家） 61, 66, 69
メルロ＝ポンティ，モーリス Merleau-Ponty, Maurice（1908–1961年；フランスの哲学者） 106
モース，マルセル Mauss, Marcel（1872–1950年；フランスの人類学者） 51–2, 65
物語 narratives 66–7, 70–1, 116, 128, 135, 167, 174–8
モラン，エドガール Morin, Edgar（1921年生；フランスの社会学者） 194

［ヤ 行］
ヤング，ジョージ・マルコム Young, George Malcolm（1882–1959年；イングランドの歴史家） 12, 22
夢 92–3, 163
ユーモア houmor 139, 163

［ラ 行］
ライオンズ，F. S. リーランド Lyons, F. S. Leland（1923–83年；アイルランドの歴史家） 50–1, 150
ラヴジョイ，アーサー Lovejoy, Arthur O.（1873–1962年；アメリカの観念史家） 22
ラカー，トマス Laqueur, Thomas W.（1945年生；アメリカの歴史家） 93, 136
ランケ，レオポルト・フォン Ranke, Leopold von（1795–1886年；ドイツ

の歴史家） 14, 116–7
ランプレヒト，カール　Lamprecht, Karl（1856–1915年；ドイツの歴史家） 5
リーヴィス，フランク　Leavis, Frank R.（1895–1978年；イングランドの批評家） 12, 26
領有　appropriation（文化的借用） 113–4, 193
旅行　travel 88
旅行史 88, 94
倫理《エートス》　ethos 17
ルヴェル，ジャック　Revel, Jacques（1942年生；フランスの歴史家） 42
ルゴフ，ジャック　Le Goff, Jacques（1924–2014年；フランスの歴史家） 8, 28, 54, 92, 104, 106
ルービン，ミリ　Rubin, Miri（1956年生；イングランドの歴史家） 175
ルロワ・ラデュリ，エマニュエル　Le Roy Ladurie, Emmanuel（1929年生；フランスの歴史家） 8, 54, 60, 67, 103, 166
レーヴィ，ジョヴァンニ　Levi, Giovanni（1939年生；イタリアの歴史家） 66
レヴィ＝ストロース，クロード　Lévi-Strauss, Claude（1908–2009年；フランスの人類学者） 52, 54–5, 70, 85, 142
レオン＝ポルティーヤ，ミゲル　León-Portilla, Miguel（1926年生；メキシコの歴史家） 171
レディ，ウィリアム　Reddy, William（1947年生；アメリカの歴史家） 157
レフグレン，オルヴァー　Löfgren, Orvar（1943年生；スウェーデンの人類学者） 101
ロシュ，ダニエル　Roche, Daniel（1935年生；フランスの歴史家） 60, 101, 128, 165
ロック，ラルフ　Locke, Ralph（アメリカの音楽学者） 95
ロード，アルバート　Lord, Albert B.（1912–1991年；アメリカのスラヴ学者） 134–5
ロトマン，ユーリー　Lotman, Juri M.（1922–1993年；ロシアの記号論学者） 55, 78

［ワ　行］

ワグナー＝パチフィチ，ロビン　Wagner-Pacifici, Robin（アメリカの社会学者） 190
ヲロフ語　Wolof 187

註　記

序　論

（1）Samuel P. Huntington, *The Clash of Civilizations and the Remaking of World Order* (New York, 1996)〔S. P. ハンチントン／鈴木主税訳『文明の衝突』集英社，1998年〕; Jutta Scherrer, 'Kul'turologija', *Budapest Review of Books* 12: 1–2 (2003), 6–11.

第1章　偉大なる伝統

（1）Peter Burke, 'Reflections on the Origins of Cultural History' (1991; repr. in *Varieties of Cultural History* [Cambridge, 1997]); Don Kelley, 'The Old Cultural History', *History of the Human Sciences* 9 (1996), 101–26.

（2）この物語に関する古典的解釈は，Raymond Williams, *Culture and Society* (1958)〔R. ウィリアムズ／若松繁信・長谷川光昭訳『文化と社会』ミネルヴァ書房，1968年〕。初期の人類学者ルドルフ・ウィルヒョウによって作られた言葉である「文化闘争（*Kulturkampf*）」に関しては，以下の書を参照。Christopher Clark and Wolfram Kaiser (eds.), *Culture Wars: Secular-Catholic Conflict in Nineteenth-Century Europe* (Cambridge, 2003).

（3）Francis Haskell, *History and its Images* (New Haven, 1993), 335–46, 482–94.

（4）Lionel Gossman, *Basel in the Age of Burckhardt* (Chicago, 2000), 226, 254.

（5）Johan Huizinga, 'The Task of Cultural History', in *Men and Ideas* (New York, 1952), 77–96 and 17–76〔J. ホイジンガ／里見元一郎訳『文化史の課題』東海大学出版会，1965年所収，87–122, 1–85頁〕; *America* (New York, 1972), 192 (written in 1918)〔橋本富郎訳『アメリカ文化論――個人と大衆』世界思想社，1989年，177頁〕.

（6）アビ・ヴァールブルクの諸論文は，以下のタイトルでようやく英語に翻訳された。*Renewal of Pagan Antiquity* (Los Angeles, 1999)〔進藤英樹訳『異教的ルネサンス』筑摩書房，2004年，抄訳〕.

（7）この論文は，もともと1932年にドイツ語で発表され，1939年には改訂版が英語で刊行されたが，以下の書に収録され入手しやすくなった。Erwin Panofsky, *Meaning in the Visual Arts* (New York, 1957), 26–54〔E. パノフスキー／中森義宗ほか訳『視覚芸術の意味』岩崎美術社，1971年，37–66頁〕.

（8）Daniel Snowman, *The Hitler Emigrés: The Cultural Impact on Britain of Refugees from Nazism* (2002).

（9） Gilbert Allardyce, 'The Rise and Fall of the Western Civilization Course', *American Historical Review* 87（1982), 695–725; Daniel A. Segal, '"Western Civ" and the Staging of History in American Higher Education', *American Historical Review* 105 (2000), 770–805.

（10） イェイツのもっとも重要な著作は，以下の２冊である。Frances A. Yates, *Giordano Bruno and the Hermetic Tradition*（1964), *Astraea: the Imperial Theme in the Sixteenth Century*（1975)〔F. A. イエイツ／西澤龍生・正木晃訳『星の処女神エリザベス女王——十六世紀における帝国の主題』東海大学出版会，1982年〕.

（11） Peter Burke, 'The Central European Moment in British Cultural Studies', in Herbert Grabes（ed.), *Literary History/Cultural History: Force-Fields and Tensions*（Tübingen, 2001), 279–88.

（12） Frederick Antal, *Florentine Painting and its Social Background*（1947)〔F. アンタル／中森義宗訳『フィレンツェ絵画とその社会的背景』岩崎美術社，1968年〕; *Hogarth and his Place in European Art*（1962)〔中森義宗・蛭川久康訳『ホガース——ヨーロッパ美術に占める位置』英潮社，1975年〕.

（13） Peter Burke, *Popular Culture in Early Modern Europe*（1978; 3rd edn. Aldershot, 2008), ch. 1〔P. バーク／中村賢二郎・谷泰訳『ヨーロッパの民衆文化』人文書院，1988年，第１章〕.

第２章　文化史の諸問題

（1） Jacob Burckhardt, *The Greeks and Greek Civilization*, ed. Oswyn Murray（1998), 5〔J. ブルクハルト／新井靖一訳『ギリシア文化史』第１巻，筑摩書房，1998年，7–8頁〕.

（2） François Furet（ed.), *Livre et société dans la France du 18e siècle*（Paris-The Hague, 1965).

（3） Bernard Cousin, *Le Miracle et le quotidien: les ex-voto provençaux images dune société*（Aix, 1983).

（4） 以下の書における 'metus' と 'pavor' の項を参照。Arnold Gerber and Adolf Graef, *Lexikon Taciteum*（Leipzig, 1903).

（5） Régine Robin, *Histoire et linguistique*（Paris, 1973), 139–58.

（6） Alexandra Georgakopoulou and Dionysis Goutsos, *Discourse Analysis: An Introduction*（Edinburgh, 1997).

（7） Ernst Gombrich, 'In Search of Cultural History'（1969; repr. in *Ideals and Idols* [1979], 25–59).

（8） Edward Thompson, 'Custom and Culture'（1978; repr. in *Customs in Common* [1993]).

（9） Ernst Bloch, *Heritage of Our Times*（1935; English trans. Cambridge, 1991)〔E. ブロッホ／池田浩士訳『この時代の遺産』三一書房，1982年（ちくま学芸文庫，1994年)〕.

（10） Raymond Williams, *Marxism and Literature*（Oxford, 1977).

(11) Roger Bastide, *The African Religions of Brazil*（Baltimore, 1978）; Ikuo Higashibaba, *Christianity in Early Modern Japan*（Leiden, 2001）. 中国の事例は，Benjamin Schwartz, 'Some Polarities in Confucian Thought', in David S. Nivison and Arthur E. Wright（eds.）, *Confucianism in Action*（Stanford, 1959）, 50–62; インドの事例は，J. C. Heesterman, *The Inner Conflict of Traditions*（Chicago, 1985）, 10–25。以下も参照。Mark S. Philips and Gordon Schochet（eds.）, *Questions of Tradition*（Toronto, 2004）, とくにその序論を見よ。

(12) Michel de Certeau, Jacques Revel and Dominique Julia, 'La Beauté du mort'（1970; repr. in Certeau, *La Culture au pluriel* [revised edn. Paris, 1993], 45–72〔M. ド・セルトー／山田登世子訳『文化の政治学』岩波書店，1990年，49–89頁〕）; Stuart Hall, 'Notes on Deconstructing the "Popular" ', in Raphael Samuel（ed.）, *People's History and Socialist Theory*（1981）, 227–40; Roger Chartier, *Cultural History*（Cambridge, 1988）, 37–40.

(13) John J. Winkler, *The Constraints of Desire: The Anthropology of Sex and Gender in Ancient Greece*（1990）, especially 162–209.

(14) Chartier, *Cultural History*; Peter Burke, *Popular Culture in Early Modern Europe*（1987; 3rd edn. Aldershot, 2008）〔P. バーク／中村賢二郎・谷泰訳『ヨーロッパの民衆文化』人文書院，1988年〕.

(15) Georges Duby, 'The Diffusion of Cultural Patterns in Feudal Society', *Past and Present* 39（1968）, 1–10.

第3章　歴史人類学の時代

(1) 政治学の状況に関しては，以下の書を参照。Patrick Chabal and Jean-Pascal Daloz, *Culture Troubles: Comparative Politics and the Interpretation of Meaning*（C. Hurst & Co, 2005）.

(2) Michael Bellesiles, *Arming America: The Origins of a National Gun Culture*（New York, 2000）.

(3) J. P. Rioux and J. F. Sirinelli, *Pour une histoire culturelle*（Paris, 1997）; Philippe Poirrier, *Les Enjeux de l'histoire culturelle*（Paris, 2004）.

(4) Keith Thomas, 'Ways of Doing Cultural History', in *Balans and Perspectief van de nederlandse cultuurgeschiedenis*, ed. Rik Sanders et al.（Amsterdam, 1991）, 65.

(5) Martin J. Wiener, *English Culture and the Decline of the Industrial Spirit, 1850–1980*（Cambridge, 1981）〔M. J. ウィーナ／原剛訳『英国産業精神の衰退——文化史的接近』勁草書房，1984年〕; David Landes, *The Wealth and Poverty of Nations*（1998）〔D. ランデス／竹中平蔵訳『「強国」論』三笠書房，2000年〕; Eric Van Young, 'The New Cultural History Comes to Old Mexico', *Hispanic American Historical Review* 79（1999）, 211–48, at 238; Erik Ringmar, *Identity, Interest and Action: A Cultural Explanation of Sweden's Intervention in the Thirty Years War*（Cambridge, 1996）.

(6) Aaron Gurevich, 'Wealth and Gift-Bestowal among the ancient Scandinavians'

(1968; repr. in his *Historical Anthropology of the Middle Ages* [Cambridge, 1992], 177–89). Cf. Natalie Z. Davis, *The Gift in Sixteenth-Century France* (Oxford, 2000)〔N. Z. デーヴィス／宮下志朗訳『贈与の文化史——16世紀フランスにおける』みすず書房，2007年〕.

(7) Keith Thomas, *Religion and the Decline of Magic* (1971), especially 216–17, 339, 463n, 566, 645〔K. トマス／荒木正純訳『宗教と魔術の衰退』全２巻，法政大学出版局，1993年，とくに上317–20，493–5頁，下の註145頁，831–3，950–2頁〕; cf. Maria Lúcia Pallares-Burke, *The New History: Confessions and Conversations* (Cambridge, 2002).

(8) Anton Blok, 'Infamous Occupations', in *Honour and Violence* (Cambridge, 2001), 44–68.

(9) Natalie Z. Davis, 'The Rites of Violence' (1973; repr. in *Society and Culture in Early Modern France* [Stanford, 1975]), 152–88〔N. Z. デーヴィス／成瀬駒男ほか訳『愚者の王国　異端の都市——近代初期フランスの民衆文化』平凡社，1987年，201–42頁〕.

(10) Juri M. Lotman, 'The Poetics of Everyday Behaviour in Russian Eighteenth-Century Culture', in Lotman and Boris A. Uspenskii, *The Semiotics of Russian Culture* (Ann Arbor, 1984), 231–56; cf. id., *Russlands Adel: Eine Kulturgeschichte von Peter I. bis Nikolaus I*. (1994; German trans. Köln, 1997).

(11) Clifford Geertz, *The Interpretation of Cultures* (New York, 1973), 3–30〔C. ギアーツ／吉田禎吾ほか訳『文化の解釈学』全２巻，岩波書店，1987年，3–56頁〕; 文化に関する定義が，ibid., p. 89〔邦訳，148頁〕で与えられている。

(12) Ibid., 412–53.

(13) Victor Turner, *Schism and Continuity in African Society* (Manchester, 1957), 91–3, 230–2.

(14) Clifford Geertz, *Negara: The Theatre State in Nineteenth-Century Bali* (Princeton, 1980)〔C. ギアツ／小泉潤二訳『ヌガラ——19世紀バリの劇場国家』みすず書房，1990年〕.

(15) Roger Chartier, 'Texts, Symbols and Frenchness: Historical Uses of Symbolic Anthropology' (1985; repr. in *Cultural History*, 95–111).

(16) Stephen Greenblatt, *Shakespearian Negotiations* (Oxford, 1988)〔S. グリーンブラット／酒井正志訳『シェイクスピアにおける交渉——ルネサンス期イングランドにみられる社会的エネルギーの循環』法政大学出版局，1995年〕.

(17) Cf. Natalie Davis in Maria Lúcia Pallares-Burke (ed.), *The New History: Confessions and Conversations* (Cambridge, 2002), 50–79.

(18) Johan Huizinga, 'My Path to History', in *Dutch Civilisation in the 17th Century and Other Essays*, ed. Pieter Geyl and F. W. N. Hugenholtz (1968).

(19) トゥルルス＝ルンの作品は，残念ながら英語では読むことができない。しかしその研究内容については，以下の書物のなかで論じられている。Bjarne Stoklund, *Folkelife Research between History and Anthropology* (Cardiff, 1983).

(20) Thomas, 'Cultural History', 74.

(21) この問題に関するもっとも透徹した解釈は，Giovanni Levi, 'Micro-history', in Peter Burke (ed.), *New Perspectives on Historical Writing* (1991; 2nd edn. Cambridge, 2001), 97–119〔J. レーヴィ／谷口健治訳「ミクロストーリア」P. バーク編／谷川稔ほか訳『ニュー・ヒストリーの現在——歴史叙述の新しい展望』人文書院，1996年，107–30頁〕ならびに Jacques Revel (ed.), *Jeux d'échelle* (Paris, 1996)。

(22) Charles Phythian-Adams, 'An Agenda for English Local History', in *Societies, Cultures and Kinship* (Leicester, 1993), 1–23; David Underdown, 'Regional Cultures?' in Tim Harris (ed.), *Popular Culture in England c. 1500–1850* (1995), 28–47.

(23) Hans Medick, *Weben und Überleben in Laichingen, 1650–1900. Lokalgeschichte als Allgemeine Geschichte* (Göttingen, 1996).

(24) 16世紀スペインからの事例として，Jaime Contreras, *Sotos contra Riquelmes* (Madrid, 1992).

(25) Robert J. C. Young, *Postcolonialism: An Historical Introduction* (Oxford, 2001)〔本橋哲也訳『ポストコロニアリズム』岩波書店，2005年〕.

(26) サイードの中心的な命題に対する批判的応答は，John M. MacKenzie, *Orientalism: History, Theory and the Arts* (Manchester, 1995)〔J. M. マッケンジー／平田雅博訳『大英帝国のオリエンタリズム——歴史・理論・諸芸術』ミネルヴァ書房，2001年〕。「ケルト主義」に関しては，W. J. McCormack, *Ascendancy and Tradition* (Oxford, 1985), 219–38，また James Carrier (ed.), *Occidentalism: Images of the West* (Oxford, 1995)。

(27) 以下の書を参照。Joan Kelly, *Women, History and Theory* (Chicago, 1984). この論文が最初に刊行されたのは1977年であった。

(28) 前述した動向に関する事例としては，Patricia Labalme (ed.), *Beyond their Sex: Learned Women of the European Past* (New York, 1980); Catherine King, *Renaissance Women Patrons* (Manchester, 1988); Lorna Hutson (ed.), *Feminism and Renaissance Studies* (Oxford, 1999); Letitia Panizza and Sharon Wood (eds.), *A History of Women's Writing in Italy* (Cambridge, 2000)。

第4章　新しいパラダイム？

(1) Thomas Kuhn, *The Structure of Scientific Revolutions* (Chicago, 1962), 10〔T. クーン／中山茂訳『科学革命の構造』みすず書房，1971年，12–13頁〕.

(2) Thomas Bender and Carl E. Schorske (eds.), *Budapest and New York: Studies in Metropolitan Transformation* (New York, 1994); Robert B. St George (ed.), *Possible Pasts: Becoming Colonial in Early America* (Ithaca, 2000).

(3) 論争に関しては，以下の書を参照。Craig Calhoun (ed.), *Habermas and the Public Sphere* (Cambridge, MA, 1992)〔C. キャルホーン編／山本啓・新田滋訳『ハーバマスと公共圏』未來社，1999年，抄訳〕. Cf. Joan Landes, *Women and the Public Sphere in the Age of the French Revolution* (Ithaca, 1988); Thomas F. Crow,

Painters and Public Life in Eighteenth-Century Paris (Princeton, 1985); Brendan Dooley and Sabrina Baron (eds.), *The Politics of Information in Early Modern Europe* (2001).

(4) Joan Scott, 'Women's History', in Peter Burke (ed.), *New Perspectives on Historical Writing* (1991; 2nd edn. Cambridge, 2001), 43–70, at 50–1〔J. スコット／太田和子訳「女性の歴史」P. バーク編／谷川稔ほか訳『ニュー・ヒストリーの現在──歴史叙述の新しい展望』人文書院，1996年，51–77頁，とくに62–4 頁〕; Stuart Clark, *Thinking with Demons* (Oxford, 1997), 143.

(5) Mikhail Bakhtin, *Rabelais and his World* (1965; English trans. Cambridge, MA, 1968)〔M. バフチン／杉里直人訳『フランソワ・ラブレーの作品と中世・ルネサンスの民衆文化』,『ミハイル・バフチン全著作』第 7 巻所収，水声社，2007年〕; id, *The Dialogic Imagination* (Manchester, 1981)〔「叙事詩と小説」,「小説の言葉の前史より」,「小説における時間と時空間の諸形式」伊東一郎ほか訳『ミハイル・バフチン全著作』第 5 巻所収，水声社，2001年所収；『小説の言葉』，伊東一郎訳『ミハイル・バフチン著作集』第 5 巻，新時代社，1979年〕; Robert W. Scribner, *Popular Culture and Popular Movements in Reformation Germany* (1987), 95–7; Peter Burke, 'Bakhtin for Historians', *Social History* 13 (1988), 85–90.

(6) イギリスの歴史家に関しては，Peter Burke, Brian Harrison and Paul Slack (eds.), *Civil Histories: Essays Presented to Sir Keith Thomas* (Oxford, 2000)〔P. バーク，B. ハリソン，P. スラック編／木郁和彦訳『市民と礼儀──初期近代イギリス社会史　サー・キース・トマス─オックスフォード大学退官記念讃呈エッセイ集』牧歌舎，2008年〕を参照。エリアスへの批判に関しては，Jeroen Duindam, *Myths of Power: Norbert Elias and the Early Modern European Court* (Amsterdam, 1995) を参照。

(7) Michel Foucault, *Madness and Civilization* (1961; English trans. 1965)〔M. フーコー／田村俶訳『狂気の歴史──古典主義時代における』新潮社，1975年〕; *The Order of Things* (1966; English trans. 1970)〔渡辺一民・佐々木明訳『言葉と物──人文科学の考古学』新潮社，1974年〕; *Discipline and Punish* (1975; English trans. 1979)〔田村俶訳『監獄の誕生──監視と処罰』新潮社，1977年〕; *History of Sexuality* (3 vols, 1976–84; English trans. 1984–8)〔田村俶・渡辺守章訳『性の歴史』全3巻，新潮社，1986–87年〕. フーコーの評価をめぐっては，David C. Hoy (ed.), *Foucault: A Critical Reader* (Oxford, 1986)〔デイヴッド・C. ホイ編／椎名正博・椎名美智訳『フーコー──批判的読解』国文社，1990年〕。

(8) Pierre Bourdieu, *Outlines of a Theory of Practice* (1972; English trans. Cambridge, 1977); id, *Distinction* (1979; English trans. 1984)〔P. ブルデュー／石井洋二郎訳『ディスタンクシオン──社会的判断力批判』全 2 冊，藤原書店，1990年〕; ブルデューに関しては，David Swartz, *Culture and Power, The Sociology of Pierre Bourdieu* (Chicago, 1997)。

(9) これは1982年ごろ，私と会話した際のブルデューの説明による。彼によれば，「ハビトゥス」という用語は，ライプニッツも用いていたという。ブルデューは，

エコール・ノルマル時代にライプニッツの哲学を研究していたのである。

(10) Peter Burke and Roy Porter (eds.), *The Social History of Language* (Cambridge, 1987).

(11) Ruth Harris, *Lourdes: Body and Spirit in a Secular Age* (1999); Victor Turner and Edith Turner, *Image and Pilgrimage in Western Culture* (Oxford, 1978).

(12) Jaś Elsner and Joan-Pau Rubiès (eds.), *Voyages and Visions: Towards a Cultural History of Travel* (1999).

(13) Jaś Elsner and Roger Cardinal (eds.), *The Cultures of Collecting* (1994)〔J. エルスナー，R. カーディナル編／高山宏・富島美子・浜口稔訳『蒐集』研究社，1998年〕.

(14) Steven Shapin and Simon Schaffer, *Leviathan and the Air Pump* (Princeton, 1985)〔S. シェイピン，S. シャッファー／吉本秀之監訳『リヴァイアサンと空気ポンプ――ホッブズ，ボイル，実験的生活』名古屋大学出版会，2016年〕.

(15) Roger Chartier, *The Cultural Uses of Print in Early Modern France* (Princeton, 1987); Guglielmo Cavallo and Roger Chartier (eds.), *A History of Reading in the West* (1995; English trans. Cambridge, 1999)〔R. シャルティエ，G. カヴァッロ編／田村毅ほか訳『読むことの歴史――ヨーロッパ読書史』大修館書店，2000年〕; Hans-Robert Jauss, *Towards an Aesthetic of Reception* (1974; English trans. Minneapolis, 1982); Wolfgang Iser, *The Act of Reading* (1976; English trans. 1978)〔W. イーザー／轡田収訳『行為としての読書――美的作用の理論』岩波書店，1982年〕.

(16) Robert Darnton, 'Readers Respond to Rousseau', in his *Great Cat Massacre* (New York, 1984), 215–56〔R. ダーントン／海保真夫・鷲見洋一訳『猫の大虐殺』岩波書店，1986/1990年，1986年版の275–334頁〕; James Raven, Helen Small and Naomi Tadmor (eds.), *The Practice and Representation of Reading in England* (Cambridge, 1996; ジョン・ブルーワの論文は，pp. 226–45). 女性化と社会史に関しては，D. R. Woolf, 'A Feminine Past? Gender, Genre and Historical Knowledge in England, 1500–1800', *American Historical Review* 102 (1997), 654–79, and Peter Burke, 'The New History of the Enlightenment: An Essay in the Social History of Social History', in Robert Bivins and John V. Pickstone (eds.), *Medicine, Madness and Social History: Essays in Honour of Roy Porter* (Basingstoke, 2007), 36–45.

(17) Erich Schön, *Der Verlust der Sinnlichkeit oder Die Verwandlungen des Lesers: Mentalitdtswändel um 1800* (Stuttgart, 1987).

(18) Stephen Lovell, *The Russian Reading Revolution: Print Culture in the Soviet and Post-Soviet Eras* (Basingstoke, 2000); Peter Kornicki, *The Book in Japan: A Cultural History from the Beginnings to the Nineteenth Century* (Leiden, 1998); Cynthia Brokaw and Kai-Wing Chow (eds.), *Print and Book Culture in Late Imperial China* (Berkeley, 2005); Joseph McDermott, *A Social History of the Chinese Book: Books and Literati Culture in Late Imperial China* (Hong Kong, 2006); Mary Elizabeth Berry, *Japan in Print: Information and Nation in the Early Modern Period* (Berkeley,

2006).

(19) Jacques Le Goff, 'Dreams in the Culture and Collective Psychology of the Medieval West'(1971; English trans. in his *Time, Work and Culture in the Middle Ages* [Chicago, 1980], 201–4)〔J. ル・ゴフ／加納修訳「中世西洋の文化と集合心理における夢」同『もうひとつの中世のために——西洋における時間，労働，そして文化』白水社，2006年所収，349–358頁〕.

(20) William A. Christian, Jr, *Apparitions in Late Medieval and Renaissance Spain* (Princeton, 1981); Jean-Claude Schmitt, *Ghosts* (1994; English trans. 1998).

(21) Michael Gilsenan, quoted in Peter Burke, 'How to be a Counter-Reformation Saint', in *Historical Anthropology of Early Modern Italy* (Cambridge, 1987), 48–62, at 53.

(22) Peter Burke, *Historical Anthropology of Early Modern Italy* (Cambridge, 1987), 17.

(23) Linda Nochlin, 'The Imaginary Orient'(1983; repr. in her *Politics of Vision* [New York, 1989], 33–59); James Thompson, *The East Imagined, Experienced, Remembered: Orientalist 19th-Century Painting* (Dublin and Liverpool, 1988); Edward Said, *Culture and Imperialism* (1993), 134–57〔E. サイード／大橋洋一訳『文化と帝国主義』全2巻，みすず書房，1998–2001年，126–246頁〕.

(24) Ralph P. Locke, 'Constructing the Oriental "Other": Saint-Saens's Samson et Dalila', *Cambridge Opera Journal* 3 (1991), 261–303.

(25) Richard Taruskin, 'Entoiling the Falconet: Russian Musical Orientalism in Context' (1992; repr. in Jonathan Bellman (ed.), *The Exotic in Western Music* [Boston, 1998], 194–217).

(26) 最近の研究動向に関しては，Kerwin L. Klein, 'On the Emergence of Memory in Historical Discourse', *Representations* 69 (2000), 127–50。ノラの著作の英訳タイトルは *Realms of Memory* (3 vols, New York, 1996–8)〔P. ノラ編／谷川稔監訳『記憶の場——対立・統合・模索』全3巻，岩波書店，2002–2003年〕.

(27) しかし，以下の作品を見よ。Y. H. Yershalmi et al., *Usages de l'oubli* (Paris, 1977); Stephen Bertman, *Cultural Amnesia: America's Future and the Crisis of Memory* (Westport, CT, 2000); Colette Wilson, *Paris and the Commune: The Politics of Forgetting* (Manchester, 2007).

(28) Philippe Joutard, *La Légende des Camisards* (Paris, 1977); Inga Clendinnen, *Reading the Holocaust* (Cambridge, 1999).

(29) Paul Fussell, *The Great War and Modern Memory* (Oxford, 1975), 137, 317.

(30) Ian McBride (ed.) *History and Memory in Modern Ireland* (Cambridge, 2001).

(31) Colin Campbell, *The Romantic Ethic and the Spirit of Modern Consumerism* (Oxford, 1987); Maxine Berg, *Luxury and Pleasure in Eighteenth Century Britain* (Oxford, 2005); Paolo Capuzzo, *Culture del Consumo* (Bologna, 2006).

(32) 以下の書を参照。Maria Lúcia Pallares-Burke, *The New History: Confessions and Conversations* (Cambridge, 2002), 116–19.

(33) Roy Porter, 'History of the Body Reconsidered', in Peter Burke (ed.), *New Perspectives on Historical Writing* (1991; 2nd edn. Cambridge, 2001), 233–60〔R. ポー

ター／林田敏子・谷川稔訳「身体の歴史」P. バーク編／谷川稔ほか訳『ニュー・ヒストリーの現在――歴史叙述の新しい展望』人文書院，1996年，245–71頁〕.

(34) G. Freyre, *O escravo nos anúncios de jornais brasileiros do século xix* (Recife, 1963); Jean-Pierre Aron, Pierre Dumond and Emmannel Le Roy Ladurie, *Anthropologie du conscrit français* (The Hague, 1972).

(35) Jan Bremmer and Herman Roodenburg (eds.), *The Cultural History of Gesture* (Cambridge, 1991); Herman Roodenburg, *The Eloquence of the Body: Perspective on Gesture in the Dutch Republic* (Zwolle, 2004); Jean-Claude Schmitt, *La Raison des gestes dans l'occident medieval* (Paris, 1990)〔J. = C. シュミット／松村剛訳『中世の身ぶり』みすず書房，1996年〕.

(36) Pallares-Burke, *New History*, 163より。

(37) William Sewell, 'The Concept(s) of Culture', in Victoria Bonnell and Lynn Hunt (eds.), *Beyond the Cultural Turn* (Berkeley, 1999), 35–61.

第5章　表象から構築へ

(1) シャルチエの発言は，もともと学会においてなされたもので，最終的に以下のかたちで刊行された。'Le Monde comme représentation', *Annales: economies, sociétés, civilisations* 44 (1989), 1505–20〔R. シャルチエ「表象としての世界」J. ルゴフほか著／二宮宏之編訳『歴史・文化・表象』岩波書店，1992年，173–207頁〕. Jan Golinski, *Making Natural Knowledge: Constructivism and the History of Science* (Cambridge, 1998); Ian Hacking, *The Social Construction of What?* (Cambridge, MA, 1999)〔I. ハッキング／出口康夫・久米暁訳『何が社会的に構成されるのか』岩波書店，2006年，部分訳〕.

(2) Richard Rorty, *Philosophy and the Mirror of Nature* (Oxford, 1980)〔R. ローティ／野家啓一監訳・伊藤春樹ほか訳『哲学と自然の鏡』産業図書，1993年〕参照。

(3) Jim Sharpe, 'History from Below', in Peter Burke (ed.), *New Perspectives on Historical Writing* (1991; 2nd edn. Cambridge, 2001), 25–42〔J. シャープ／川島昭夫訳「下からの歴史」P. バーク編／谷川稔ほか訳『ニュー・ヒストリーの現在――歴史叙述の新しい展望』人文書院，1996年，31–49頁〕; Nathan Wachtel, *Vision of the Vanquished: The Conquest of Peru through Indian Eyes* (1972; English trans. Cambridge, 1977)〔N. ワシュテル／小池佑二訳『敗者の想像力――インディオのみた新世界征服』岩波書店，1984年〕.

(4) セルトーの作品に関する導入としては，Jeremy Ahearne, *Michel de Certeau: Interpretation and its Other* (Cambridge, 1995) ならびに Roger Chartier, *On the Edge of the Cliff* (Baltimore, 1997)。

(5) Michel de Certeau, Dominique Julia and Jacques Revel, *Une Politique de la langue: La Révolution Française et les patois* (Paris, 1975).

(6) Michel de Certeau, *The Practice of Everyday Life* (1980; English trans. Berkeley, 1984)〔M. ド・セルトー／山田登世子訳『日常的実践のポイエティーク』国文社，

1987年〕.

（7） Northrop Frye, 'New Directions for Old'（1960; repr. in his *Fables of Identity* [New York, 1963], 52–66）〔N. フライ／駒沢大学 N. フライ研究会訳『同一性の寓話——詩的神話学の研究』法政大学出版局，1983年所収，73–94頁〕.

（8） Ronald Inden, 'Orientalist Constructions of India', *Modern Asian Studies* 20（1986）, 401–46; *Imagining India*（Oxford, 1990）; Nicholas Dirks, *Castes of Mind: Colonialism and the Making of Modern India*（Princeton, 2001）; Adrian Southall, 'The Illusion of Tribe', *Journal of African and Asian Studies*（1970）, 28–50; and Jean-Loup Amselle, *Mestizo Logics: Anthropology of Identity in Africa and Elsewhere*（1990: English trans. Stanford, 1998）.

（9） Gareth Stedman Jones, *Languages of Class*（Cambridge, 1983）〔G. ステッドマン・ジョーンズ／長谷川貴彦訳『階級という言語——イングランド労働者階級の政治社会史1832–1982年』刀水書房，2010年，102–3頁〕, 101; cf. David Feldman, 'Class', in Peter Burke（ed.）, *History and Historians in the Twentieth Century*（2002）, 201–6.

（10） Anton Blok, 'The Narcissism of Minor Differences'（1998; repr. in *Honour and Violence* [Cambridge, 2001], 115–31）; Anthony P. Cohen, *The Symbolic Construction of Community*（Chichester, 1985）〔A. P. コーエン／吉瀬雄一訳『コミュニティは創られる』八千代出版，2005年〕.

（11） Catherine Bell, *Ritual Theory, Ritual Practice*（New York, 1992）.

（12） Erik Lönnroth, *Den stora rollen: kung Gustav III spelad af honom själv*（Stockholm, 1986）.

（13） James S. Amelang, *The Flight of Icarus: Artisan Autobiography in Early Modern Europe*（Stanford, 1998）.

（14） Roy Foster, *W. B. Yeats*（Oxford, 1997）, 90, 100, 141, 345, 373, 492, 512, 515, 526–8. Cf Richard Ellmann, *Yeats: The Man and the Masks*（1949）.

（15） Rudolf M. Dekker and Lotte van de Pol, *The Tradition of Female Transvestism in Early Modern Europe*（1989）〔R. M. デッカー，L. C. ファン・ドゥ・ポル／大木昌訳『兵士になった女性たち——近世ヨーロッパにおける異性装の伝統』法政大学出版局，2007年〕; Elaine K. Ginsberg（ed.）, *Passing and the Fictions of Identity*（Durham, NC, 1996）.

（16） Richard M. Swiderski, *The False Formosan: George Psalmanazar and the Eighteenth-Century Experiment of Identity*（San Francisco, 1991）, 252.

（17） Marshall Sahlins, *Islands of History*（Chicago, 1985）〔M. サーリンズ／山本真鳥訳『歴史の島々』法政大学出版局，1993年〕; John Austin, *How to Do Things with Words*（Oxford, 1962）.

（18） 歴史家と発話行為に関しては，James Tully（ed.）, *Meaning and Context: Quentin Skinner and His Critics*（Cambridge, 1988）〔Q. スキナー／半澤孝麿・加藤節編訳『思想史とはなにか——意味とコンテクスト』岩波書店，1990年，抄訳〕ならびに Maria Lúcia Pallares-Burke, *The New History: Confessions and Conversations*

(Cambridge, 2002), 212–40。

(19) Gilliam McIntosh, *The Force of Culture: Unionist Identities in 20th-Century Ireland* (Cork, 1999), 103–43; David M. Guss, *The Festive State: Race, Ethnicity and Nationalism as Cultural Performance* (Berkeley, 2000), 24–59; Neil Jarman, *Material Conflicts* (Oxford, 1997), 1–21; Rudolf Braun and David Gugerli, *Macht des Tanzes - Tanz der Mächtigen: Hof feste und Herrschaftszeremoniell, 1550–1914* (Munich, 1993); Audrée-Isabelle Tardif, 'Social Dancing in England 1660–1815', Cambridge Ph.D thesis, completed 2002.

(20) Michael Herzfeld, *The Poetics of Manhood* (Princeton, 1985), 51, 155.

(21) James C. Scott, *Domination and the Arts of Resistance* (New Haven, 1990), 11. 同書は，公的なパフォーマンスと私的な態度（隠れた台本 'hidden transcripts'）の不明瞭な境界に焦点をあてている。

(22) Robert Le Page and Andrée Tabouret-Keller, *Acts of Identity* (Cambridge, 1985); James Fernandez, 'The Performance of Ritual Metaphors', in J. David Sapir and J. Christopher Crocker (eds.), *The Social Use of Metaphor* (Philadelphia, 1977), 1–31.

(23) Richard Krautheimer, *The Rome of Alexander VII* (Princeton, 1985), 4–6; Christopher Heuer, 'The City Rehearsed: Hans Vredemann de Vries and the Performance of Architecture', Ph.D thesis, Berkeley, in progress.

(24) このアプローチを民衆のパフォーマンスの分析に用いようとしたのが，Peter Burke, *Popular Culture in Early Modern Europe* (1978), 124–36〔P. バーク／中村賢二郎・谷泰訳『ヨーロッパの民衆文化』人文書院，1988年，166–182頁〕。

(25) 初期の事例が，Robert W. Scribner, 'Oral Culture and the Diffusion of Reformation Ideas' (1984; repr. in his *Popular Culture and Popular Movements in Reformation Germany* [1990], 49–70)。最近のイギリスの研究動向に関する概観は，Adam Fox and Daniel Woolf (eds.), *The Spoken Word: Oral Culture in Britain, 1500–1850* (Manchester, 2003)。

(26) Thomas W. Laqueur, 'Crowds, Carnival and the State in English Executions, 1604–1868', in *The First Modern Society*, ed. A. Lee Beier and David Cannadine (Oxford, 1989), 305–55.

(27) Peter Burke, *Historical Anthropology of Early Modern Italy* (Cambridge, 1987), 176–7; 日記から，もう少し詳しい事実を加えた。

(28) Thomas Kaufmann, *Court, Cloister and City: The Art and Culture of Central Europe, 1450–1800* (1995), especially 57–73, 89–92.

(29) F. W. Maitland, *The Constitutional History of England* (1888; posthumously published, Cambridge, 1908), 142〔F. W. メイトランド／小山貞夫訳『イングランド憲法史』創文社，1981年，190頁〕.

(30) L. Febvre, *Life in Renaissance France* (1925; English trans. Cambridge, MA, 1977).

(31) Benjamin Schwartz, 'Some Polarities in Confucian Thought', in David Nivison and Arthur Wright (eds.), *Confucianism in Action* (Chicago, 1959), 50–62; J. C. Heester-

man 'India and the Inner Conflict of Tradition'（1973; repr. in *The Inner Conflict of Traditions* [Chicago, 1985], 10–25）.

第6章　文化論的転回を超えて？

（1） Peter Burke, 'Anthropology of the Renaissance', *Journal of the Institute for Romance Studies* 1（1992）, 207–15; *The European Renaissance: Centres and Peripheries*（Oxford, 1998）, especially ch. 5.

（2） Daryle Williams, *Culture Wars in Brazil: The First Vargas Regime, 1930–45*（Durham, NC, 2001）.

（3） サバルタン・グループの作品の優れた事例は，以下の書に収められている。Ranajit Guha and Gayatri Chakravorty Spivak (eds.), *Selected Subaltern Studies*（New York, 1988）〔R. グハほか著／竹中千春訳『サバルタンの歴史――インド史の脱構築』岩波書店，1998年，関連論文の邦訳所収〕. 論争に関しては，Vinayak Chaturvedi（ed.）, *Mapping Subaltern Studies and the Post-colonial*（2000）。

（4） Shahid Amin, 'Gandhi as Mahatma', in Guha and Spivak, *Studies*, 288–348.

（5） ラテン・アメリカについては，John Beverley, *Subalternity and Representation*（Durham, NC, 1999）を参照; cf. David Lloyd, 'Irish New Histories and the "Subalternity Effect" ', *Subaltern Studies* 9（1996）, 261–77.

（6） Joad Raymond, *The Invention of the Newspaper: English Newsbooks 1641–1649*（Oxford, 1996）; Alastair Bellany, *The Politics of Court Scandal in Early Modern England: News Culture and the Overbury Affair, 1603–1660*（Cambridge, 2002）.

（7） Olivier Ihl, *La Fête rêpublicaine*（Paris, 1996）; Matthew Truesdell, *Spectacular Politics:* Louis Napoléon *and the fête impériale, 1849–70*（New York, 1997）; Lucien Bély, *Espions et ambassadeurs au temps de Louis XIV*（Paris, 1990）は，とりわけ第2部が，1700年頃の外交の文化史を描いている。

（8） John Keegan, *A History of Warfare*（1993）, 3–12〔J. キーガン著／遠藤利国訳『戦略の歴史――抹殺・征服技術の変遷　石器時代からサダム・フセインまで』心交社，1997年，14–23頁〕; Joanna Bourke, *Dismembering the Male: Men's Bodies, Britain and the Great War*（1996）; Benigna von Krusenstjern and Hans Medick (eds.), *Zwischen Alltag und Katatrophe: Der Dreissigjährige Krieg aus der Nahe*（Göttingen, 1999）.

（9） Robert Wohl, *The Generation of 1914*（Cambridge, MA, 1979）; Modris Eksteins, *Rites of Spring: The Great War and the Birth of the Modern Age*（1989）〔M. エクスタインズ／金利光訳『春の祭典――第一次世界大戦とモダン・エイジの誕生』TBSブリタニカ，1991年〕; Jay Winter, *Sites of Memory, Sites of Mourning: The Great War in European Cultural History*（Cambridge, 1998）.

（10） Charles Coulson, 'Cultural Realities and Reappraisals in English Castle Studies', *Journal of Medieval History* 22（1996）, 171–207; 海軍の演習に関しては，Jan Rüger, *The Creal Naval Game*（Cambridge, 2007）を参照。

（11） Keith Baker, *Inventing the French Revolution*（Chicago, 1990）, 13; Bertram Wyatt

Brown, *Southern Honour* (New York, 1982); Peter Burke, 'The Virgin of the Carmine and the Revolt of Masaniello' (1983; repr. in *Historical Anthropology of Early Modern Italy* [Cambridge, 1987], 191–206); より一般的には，Anton Blok, 'The Meaning of "Senseless" Violence', in *Honour and Violence* (Cambridge, 2001), 103–14.

(12) Natalie Z. Davis, 'The Rites of Violence' (1973; repr. in *Society and Culture in Early Modern France* [Stanford, 1975], 152–88〔N. Z. デーヴィス／成瀬駒男ほか訳『愚者の王国　異端の都市――近代初期フランスの民衆文化』平凡社，1987年，201–42頁〕; cf. Maria Lúcia Pallares-Burke, *The New History: Confessions and Conversations* (Cambridge, 2002); Janine Garrisson-Estèbe, *Tocsin pour un massacre* (Paris, 1968); Emmanuel Le Roy Ladurie, *Carnival: A People's Uprising at Romans, 1579–1580* (1979; English trans. 1980)〔E. ル・ロワ・ラデュリ／倉持不三也訳『南仏ロマンの謝肉祭《カルナヴァル》――叛乱の想像力』新評論，2002年〕; Denis Crouzet, *Les Guerriers de Dieu* (Paris, 1990).

(13) David Nirenberg, *Communities of Violence: Persecution of Minorities in the Middle Ages* (Princeton, 1996).

(14) この部分を最初に執筆した数週間後に，フランス革命の「文化とテロル」に関する『アナール』(*Annales: histoire, sciences socials*) の特別号 (2002) が刊行された。

(15) Peter Burke, 'Is there a Cultural History of the Emotions?' in Penelope Gouk and Helen Hills (eds.), *Representing Emotions* (2003). これを補完する論文集として，Gail K. Paster, Katherine Rowe and Mary Floyd-Wilson (eds.), *Reading the Early Modern Passions: Eassays in the Cultural History of Emotion* (Philadelphia, 2004).

(16) Anne Vincent-Buffault, *The History of Tears* (1986; English trans. 1991)〔A. ヴァンサン＝ビュフォー／持田明子訳『涙の歴史』藤原書店，1994年〕; Tom Lutz, *Crying: The Natural and cultural History of an Emotion* (New York, 1999)〔T. ルッツ／別宮貞徳ほか訳『人はなぜ泣き，なぜ泣きやむのか？――涙の百科全書』八坂書房，2003年〕; Piroska Nagy, *Le Don des larmes au Moyen Âge: un instrument spiritual en quête d'institution* (*Ve-XIIIe siècle*) (Paris, 2000); Lynn Hunt and Margaret Jacob, 'The Affective Revolution in 1790s' Britain', *Eighteenth-Century Studies* 34 (2001), 491–521.

(17) Theodore Zeldin, *France 1848–1945* (2 vols, Oxford, 1973–7); Peter Gay, *The Bourgeois Experience* (5 vols, New York 1984–98)〔P. ゲイ／篠崎実・鈴木実佳・原田大介訳『官能教育』全２巻，みすず書房，1999年，第１巻の邦訳；富山太佳夫ほか訳『快楽戦争――ブルジョワジーの経験』青土社，2001年，第５巻の邦訳〕.

(18) Hans J. Rindisbacher, *The Smell of Books: A Cultural-Historical Study of Olfactory Perception in Literature* (Ann Arbor, 1992); Constance Classen, David Howes and Anthony Synnott, *Aroma: the Cultural History of Smell* (1994)〔C. クラッセン，D. ハウズ，A. シノット著／時田正博訳『アローマ――匂いの文化史』筑摩書房，

1997年〕; Mark Jenner, 'Civilization and Deodorization? Smell in Early Modern English Culture', in Peter Burke, Brian Harrison and Paul Slack (eds.), *Civil Histories: Essays Presented to Sir Keith Thomas* (Oxford, 2000), 127–44〔M. ジェンナー「文明と脱臭——初期近代イングランド文化の匂い」P. バーク, B. ハリソン, P. スラック編/木邨和彦訳『市民と礼儀——初期近代イギリス社会史　サー・キース・トマス—オックスフォード大学退官記念謹呈エッセイ集』牧歌舎, 2008年, 165–87頁〕; Robert Jütte, *A History of the Senses* (Cambridge, 2004).

(19) Peter Bailey, 'Breaking the Sound Barrier: A Historian Listens to Noise', *Body and Society* 2 (1996), 49–66; Bruce R. Smith, *The Acoustic World of Early Modern England* (Chicago, 1999); Jean-Pierre Gutton, *Bruits et sons dans notre histoire* (Paris, 2000); Emily Cockayne, *Hubbub: Filth, Noise, and Stench in England, 1600–1770* (New Haven, 2007).

(20) Stephen Haber, 'Anything Goes: Mexico's "New" Cultural History', *Hispanic American Historical Review* 79 (1999), 309–30. 同じ号での他の論文が論争を続けている。また, Miguel A. Cabrera, *Postsocial History: An Introduction* (Lanham, MD, 2004) も参照。しかし, この「新しい歴史学」の性格については, 依然として曖昧なままである。

(21) Victoria E. Bonnell and Lynn Hunt (eds.), *Beyond the Cultural Turn* (Berkeley, 1999), 1–32.

(22) そうした法則を適応したものとしては, Peter Burke, *Eyewitnessing: The Uses of Images as Historical Evidence* (2001)〔P. バーク/諸川春樹訳『時代の目撃者——資料としての視覚イメージを利用した歴史研究』中央公論美術出版, 2007年〕。

(23) Philippe Buc, *The Dangers of Ritual* (Princeton, 2001).

(24) Michael Kammen, 'Extending the Reach of American Cultural History' (1984; repr. in *Selvages and Biases* [Ithaca, 1987], 118–53); cf. Thomas Bender, 'Wholes and Parts: the Need for Synthesis in American History', *Journal of American History* 73 (1986), 120–36.

(25) Frank R. Ankersmit, 'Historiography and Postmodernism', *History and Theory* 28 (1989), 137–53; ギンズブルグの応答は, Maria Lúcia Pallares-Burke (ed.), *The New History: Confessions and Conversations* (Cambridge, 2002), 205.

(26) 最近の研究のなかでは, Peter Sahlins, *Boundaries: The Making of France and Spain in the Pyrenees* (Berkeley, 1989); Mary Louise Pratt, *Imperial Eyes: Travel Writing and Transculturation* (1992); Robert Bartlett, *The Making of Europe: Conquest, Colonization and Cultural Change 950–1350* (1993)〔R. バートレット/伊藤誓・磯山甚一訳『ヨーロッパの形成——950年—1350年における征服, 植民, 文化変容』法政大学出版局, 2003年〕。

(27) Peter Burke, 'Civilizations and Frontiers: The Anthropology of the Early Modern Mediterranean', in John A. Marino (ed.), *Early Modern History and the Social Sciences: Testing the Limits of Braudel's Mediterranean* (Kirksville, 2002), 123–41.

(28) T. F. Carter, 'Islam as a Barrier to Printing', *The Moslem World* 33 (1943), 213–

16; Brinkley Messick, *The Calligraphic State: Textual Domination and History in a Muslim Society* (Berkeley, 1993); Francis Robinson, 'Islam and the Impact of Print in South Asia', in Nigel Crook (ed.), *The Transmission of Knowledge in South Asia* (Delhi, 1996), 62–97.

(29) フランスの歴史家ナタン・ワシュテルはこの言葉を，植民地時代のペルーに関する重要な研究書のタイトルに用いた。Nathan Wachtel, *Vision of the Vanquished: The Spanish Conquest of Peru through Indian Eyes, 1530–1570* (1971; English trans. Hassocks, 1977)〔N. ワシュテル／小池佑二訳『敗者の想像力——インディオのみた新世界征服』岩波書店，1984年〕.

(30) Peter Galison, *Image and Logic: A Material Culture of Microphysics* (Chicago, 1997); David Buisseret and Steven G. Reinhardt (eds.), *Creolization in the Americas* (Arlington, 2000).

(31) Lawrence Stone, 'The Revival of Narrative', *Past and Present* 85 (1979), 3–24; Peter Burke, 'History of Events and Revival of Narrative', in Burke (ed.), *New Perspectives on Historical Writing* (1991; 2nd edn. Cambridge, 2001), 283–300〔P. バーク／谷川稔訳「事件史と物語的歴史の復活」P. バーク編／谷川稔ほか訳『ニュー・ヒストリーの現在——歴史叙述の新しい展望』人文書院，1996年，273–89頁〕.

(32) Alain Besançon, *Le Tsarévitch immolé* (Paris, 1967), 78; Sarah Maza, 'Stories in History: Cultural Narratives in Recent Works in European History', *American Historical Review* 101 (1996), 1493–1515; Karen Halttunen, 'Cultural History and the Challenge of Narrativity', in Victoria Bonnell and Lynn Hunt (eds.), *Beyond the Cultural Turn* (Berkeley, 1999), 165–81.

(33) Ronnie Hsia, *The Myth of Ritual Murder* (New Haven, 1988); Miri Rubin, *Gentile Tales* (New Haven, 1999).

(34) Peter Kenez, *Birth of the Propaganda State: Soviet Methods of Mass Mobilization, 1917–1929* (Cambridge, 1985).

結　論

(1) Peter Burke, 'The Repudiation of Ritual in Early Modern Europe', in *Historical Anthropology of Early Modern Europe* (Cambridge, 1987), 223–38; 'The Rise of Literal-Mindedness', *Common Knowledge* 2, 2 (1993), 108–21.

エピローグ——21世紀における文化史

(1) 現在読んでいる本書を別にすれば，Alessandro Arcangeli, *Che cos'è la storia culturale?* (Rome, 2007); Palle O. Christiansen, *Kulturhistorie som opposition: Trœak af forskellige fagtraditioner* (Copenhagen, 2000); Ute Daniel, *Kompendium Kulturgeschichte: Theorien, Praxis, Schlüsselwörter* (Frankfurt, 2001); Francisco Falcon, *História cultural* (Río de Janeiro, 2002); Anna Green, *Cultural History* (Basingstoke, 2007); Pascal Ory, *L'Histoire culturelle* (Paris, 2004); Philippe Poirrier, *Les Enjeux*

de l'histoire culturelle (Paris, 2004); Anaclet Pons and Justo Serna, *La historia cultural: autores, obras, lugares* (Madrid, 2005); Marjo Kaartinen and Anu Korhonen, *Historian kirjoittamisesta* (Turku, 2005).

(2) 国際文化史学会の連絡先は，<http://www.abdn.ac.uk/ch/ch_soc.shtml>.

(3) 文化史の国民的様式に関しては，2008年にフィリップ・ポワリエの編になる書物がフランス語で出版された。Cf. Chris Hann (ed.), *One Discipline, Four Ways: British, German, French and American Anthropology* (Chicago, 2005); Nathan Reingold, 'The Peculiarities of the Americans, or Are there National Styles in the Sciences?' *Science in Context* 4 (1991), 347–66.

(4) Palle O. Christiansen, 'Kulturhistoriens genkomst', *Historisk Tidskrift* 107 (2007), 207–35.

(5) Jörg Rüpke, *Zeit und Fest: Eine Kulturgeschichte des Kalendars* (Munich, 2006); Stephen Kern, *A Cultural History of Causality: Science, Murder Novels, and Systems of Thought* (Princeton, 2004); Wolfgang Behringer, *Kulturgeschichte des Klimas von der Eiszeit bis zur globalen Erwärmung* (2nd edn. Munich, 2007); Markman Ellis, *The Coffee-House: A Cultural History* (2004); Valerie Steele, *The Corset: A Cultural History* (New Haven, 2001); Benjamin A. Elman, *A Cultural History of Civil Examinations in Late Imperial China* (Berkeley, 2000); Allan Peterkin, *One Thousand Beards: A Cultural History of Facial Hair* (New York, 2002); Joanna Bourke, *Fear: A Cultural History* (2005); Angus McLaren, *Impotence: A Cultural History* (Chicago, 2007)〔A. マクラレン／山本規雄訳『性的不能の文化史──“男らしさ”を求めた男たちの悲喜劇』作品社，2016年〕; Eluned Summers-Bremner, *Insomnia: A Cultural History* (2007)〔E. サマーズ・ブレムナー／関口篤訳『眠らない──不眠の文化』青土社，2008年〕; Andy Letcher, *Shroom: A Cultural History of the Magic Mushroom* (2006); Thomas Laqueur, *Solitary Sex: A Cultural History of Masturbation* (New York, 2003); Joep Leerssen, *National Thought in Europe: A Cultural History* (Amsterdam, 2006); Clare Hanson, *A Cultural History of Pregnancy: Pregnancy, Medicine and Culture, 1750–2000* (Basingstoke, 2004); Bjarne Stoklund, *Tingenes kulturhistorie* (Copenhagen, 2003); Iain Gately, *Tobacco: A Cultural History of How an Exotic Plant Seduced Civilization* (New York, 2002).

(6) Kate Transchel, *Under the Influence: Working-Class Drinking, Temperance, and Cultural Revolution in Russia, 1895–1932* (Pittsburgh, 2006); Mary K. Vaughan and Stephen E. Lewis (eds.), *The Eagle and the Virgin: Nation and Cultural Revolution in Mexico, 1920–1940* (Durham, NC, 2006); Thomas Habinek and Alessandro Schiesaro (eds.), *The Roman Cultural Revolution* (Cambridge, 1997); Robin Osborne (ed.), *Debating the Athenian Cultural Revolution: Art, Literature, Philosophy and Politics 430–380BC* (Cambridge, 2007).

(7) Douglas Biow, *The Culture of Cleanliness in Renaissance Italy* (Ithaca, 2004); Peter Burke, *Languages and Communities in Early Modern Europe* (Cambridge, 2004), ch. 6〔P. バーク／原聖訳『近世ヨーロッパの言語と社会──印刷の発明からフ

ランス革命まで』岩波書店，2009年，第 6 章〕.

（8） Lawrence Wright, *Clean and Decent: The Fascinating History of the Bathroom and the Water Closet*（1960）〔L. ライト／高島平吾訳『風呂トイレ讃歌』晶文社，1989年〕; Mary Douglas, *Purity and Danger*（1966）〔M. ダグラス／塚本利明訳『汚穢と禁忌』思潮社，1972年（ちくま学芸文庫，2009年）〕; Georges Vigarello, *Le Propre et le sale*（Paris, 1985）〔G. ヴィガレロ／見市雅俊監訳『清潔《きれい》になる〈私〉――身体管理の文化誌』同文舘出版，1994年〕; Suellen Hoy, *Chasing Dirt: The American Pursuit of Cleanliness*（New York, 1995）〔S. ホイ／椎名美智訳『清潔文化の誕生』紀伊國屋書店，1999年〕; Virginia Smith, *Clean*（Oxford, 2006）; Katherine Ashenburg, *The Dirt on Clean: An Unsanitized History*（New York, 2007）〔K. アシェンバーグ／鎌田彷月訳『図説　不潔の歴史』原書房，2008年〕.

（9） Maurice Agulhon, *Marianne Into Battle: Republican Imagery and Symbolism in France, 1789–1880*（1979: English trans. Cambridge, 1981）〔M. アギュロン／阿河雄二郎ほか訳『フランス共和国の肖像――闘うマリアンヌ　1789～1880』ミネルヴァ書房，1989年〕; José Murilo de Carvalho, *A formação das almas: o imaginário da República no Brasil*（São Paulo, 1990）; Enrique Florescano, *La bandera mexicana: breve historia de su formatión y simbolismo*（Mexico City, 1999）; id., *Imágenes de la patria*（Mexico City, 2005）.

（10） そうした研究の少ない事例としては，Anne-Marie Thiesse, *La Création des identités nationales: Europe xviii–xx siècle*（Paris, 1999）〔A–M. ティエス／斎藤かぐみ訳『国民アイデンティティの創造――十八～十九世紀のヨーロッパ』勁草書房，2013年〕; David A. Bell, *The Cult of the Nation in France: Inventing Nationalism, 1680–1800*（Cambridge, MA, 2001）; Joep Leerssen, *National Thought in Europe: A Cultural History*（Amsterdam, 2006）.

（11） Françoise Waquet, *Parler comme un livre: l'oralité et le savoir, 16e–20e siècle*（Paris, 2003）; William Clark, *Academic Charisma and the Origins of the Research University*（Chicago, 2006）; Martin Mulsow, *Die unanständige Gelehrtenrepublik*（Stuttgart, 2007）.

（12） Richard Drayton, *Nature's Government: Science, Imperial Britain, and the 'Improvement' of the World*（New Haven, 2000）.

（13） Bernard S. Cohn, *Colonialism and its Forms of Knowledge: The British in India*（Princeton, 1996）; Christopher Bayly, *Empire and Information: Intelligence Gathering and Social Communication in India, 1780–1870*（Cambridge, 1997）; Nicholas Dirks, *Castes of Mind: Colonialism and the Making of Modern India*（Princeton, 2001）.

（14） Ikuo Higashibaba, *Christianity in Early Modern Japan*（Leiden, Brill, 2001）; Serge Gruzinski, *The Mestizo Mind: The Intellectual Dynamics of Colonization and Globalization*（1999: English trans. 2002）.

（15） Reiko Tsukimura, 'A Comparison of Yeats' At the Hawk's Well and its Noh Version', *Literature East and West* 11（1967）, 385–97; Richard Taylor, *The Drama of W. B. Yeats: Irish Myth and the Japanese No*（New Haven, 1976）, 111–20.

(16) S. Takashina (ed.), *Paris in Japan: the Japanese Encounter with European Painting* (Tokyo, 1987).

(17) Frederic Schaffer, *Democracy in Translation: Understanding Politics in an Unfamiliar Culture* (Ithaca, 1998); Douglas Howland, *Translating the West* (Honolulu, 2001); Peter Burke and R. Po-chia Hsia (eds.), *Cultural Translation in Early Modern Europe* (Cambridge, 2007), especially pp. 7–10.

(18) Tony Becher, *Academic Tribes and Territories: Intellectual Enquiry and the Cultures of Disciplines* (Milton Keynes, 1989).

(19) Richard Woodfield, *Art History as Cultural History: Warburg's Projects* (Amsterdam, 2001); Hans Belting, *Bild-Anthropologie: Entwürfe für eine Bildwissenschaft* (Munich, 2001)〔H. ベルティンク／仲間裕子訳『イメージ人類学』平凡社，2014年〕; Horst Bredekamp, 'A Neglected Tradition? Art History as *Bildwissenschaft*', *Critical Inquiry* 29 (2003), 418–28.

(20) Norman Bryson, Michael Ann Holly and Keith Moxey (eds.), *Visual Culture: Images and Interpretations* (Hanover, 1994); Richard Howells, *Visual Culture* (Cambridge, 2003).

(21) Roger Friedland and John Mohr (eds.), *Matters of Culture: Cultural Sociology in Practice* (Cambridge, 2004); Jeffrey C. Alexander, Bernhard Giesen and Jason L. Mast (eds.), *Social Performance: Symbolic Action, Cultural Pragmatics and Ritual* (Cambridge, 2006).

(22) Robin Wagner-Pacifici, *The Art of Surrender: Decomposing Sovereignty at Conflict's End* (Chicago, 2005).

(23) Peter Burke, 'History and Folklore', *Folklore* 115 (2004), 133–9. 指導的な民俗学者で歴史学に関心をもっているのは，デンマークのビャーン・ストックルンド (Bjarne Stoklund)，グスタフ・ヘニングセン (Gustav Henningsen)，アイルランドのディアミド・オギラン (Diarmid Ó Giolláin) である。民俗学を真剣に取り上げている歴史家には，ロナルド・ハットン (Ronald Hutton)，デヴィド・ホプキン (David Hopkin)，ガイ・ベイナーズ (Guy Beiners) がいる。

(24) Orvar Löfgren and Richard Wilk (eds.), *Off the Edge: Experiments in Cultural Analysis* (Copenhagen, 2005), a special issue of *Ethnologia Europea*, vol. 35.

(25) Thomas R. Adams and Nicolas Barker, 'A New Model for the History of the Book', in N. Barker (ed.), *Potencie of Life: Books in Society* (1993), 5–43.

(26) Richard B. Sher, *The Enlightenment and the Book* (Chicago, 2006).

(27) J. B. Harley, 'Maps, Knowledge and Power', in Denis Cosgrove and Stephen Daniels, *The Iconography of Landscape* (1988)〔J. B. ハーレイ「地図と知識，そして権力」D. コスグローブ，S. ダニエルス共編／千田稔・内田忠賢監訳『風景の図像学』地人書房，2001年，395–441頁〕; John A. Agnew and James S. Duncan (eds.), *The Power of Place* (Boston, 1989); James Duncan and Derek Gregory (eds.), *Writes of Passage: Reading Travel Writing* (1999); Felix Driver, *Geography Militant: Cultures of Exploration and Empire* (Oxford, 2001).

(28) David Matless, *Landscape and Englishness* (1998).

(29) Grahame Clark, *Symbols of Excellence: Precious Materials as Expressions of Status* (1986); Ian Hodder, *Reading the Past* (Cambridge, 1986)〔I. ホッダー／深澤百合子訳『過去を読む――考古学解釈のための最近の研究法』フジインターナショナルプレス，1997年〕; Colin Renfrew and Ezra Zubrow (eds.), *The Ancient Mind: Elements of Cognitive Archaeology* (Cambridge, 1994); Colin Renfrew, *Archaeology and Language: The Puzzle of Indo-European Origins* (1998)〔C. レンフルー／橋本槙矩訳『ことばの考古学』青土社，1993年〕; Ian Hodder (ed.), *Archaeological Theory Today* (Cambridge, 2001).

(30) Ian Morris, *Archaeology as Cultural History* (2000), especially 3–33, at 3; David Gaimster and Roberta Gilchrist, *The Archaeology of Reformation, 1480–1580* (Leeds, 2003), 2.

(31) Michael Wheeler, John Ziman and Margaret A. Boden (eds.), *The Evolution of Cultural Entities* (Oxford, 2002), とくに，ハリー・プロトキン (Harry Plotkin) とゲーリー・ランシマン (Gary Runciman) の章; cf. Gary Taylor, *Cultural Selection* (New York, 1996); Agner Fog, *Cultural Selection* (Dordrecht, 1999).

(32) Einar Haugen, *The Ecology of Language* (Stanford, 1972).

(33) Roland Barthes, *Mythologies* (1956: English trans. 1973)〔R. バルト／篠沢秀夫訳『神話作用』第2版，現代思潮社，1968年〕; Edgar Morin, *Le Cinéma; ou, L'Homme imaginaire, essai d'anthropologie sociologique* (Paris, 1956)〔E. モラン／渡辺淳訳『映画――あるいは想像上の人間：人類学的試論』法政大学出版局，1983年〕.

(34) Peter Wade (ed.), *Cultural Studies will be the Death of Anthropology* (Manchester, 1997).

(35) Cf. John R. Hall, 'Theorizing Hermeneutic Cultural History', in Friedland and Mohr, *Matters of Culture*, 110–39.

(36) E. D. Hirsch, *Cultural Literacy: What Every American Needs to Know* (Boston, 1987), 2, 135〔E. D. ハーシュ／中村保男訳『教養が，国をつくる。――アメリカ建て直し教育論』TBS ブリタニカ，1989年，18–19, 217–9 頁〕; cf. Allan Bloom, *The Closing of the American Mind: How Higher Education Has Failed Democracy and Impoverished the Souls of Today's Students* (New York, 1987)〔A. ブルーム／菅野盾樹訳『アメリカン・マインドの終焉――文化と教育の危機』みすず書房，1988年〕; Harold Bloom, *The Western Canon: The Books and School of the Ages* (New York, 1994).

(37) Frits Van Oostrom (ed.), *Entoen. nu. De Canon van Nederland* (The Hague, 2006). 滑稽本『ウィリアム征服王以降の英国史』に相当するオランダでの戯画的形態での批評については，J. Reid, B. Geleijnse and J.-M. Van Tol, *De Historische Canon van Fokke & Sukke* (Alphen, 2007) を見よ。

(38) Richard T. Ford, *Racial Culture: A Critique* (Princeton, 2005).

(39) Anne Phillips, *Multiculturalism Without Culture* (Princeton, 2007).

(40) Gilberto Freyre, 'Internationalizing Social Science', in H. Cantril (ed.), *Tensions that Cause Wars* (Urbana, 1950), 139–65, at 142–3〔G. フレイレ「国際的相互理解と社会科学」H. キャントリル編／平和問題談話会訳『戦争はなぜ起るか——戦争原因としての国際的緊張』岩波書店，1952年，119–45頁，とくに123–4 頁〕.

文化史セレクション，1860–2007年（年代順リスト）

以下にあげた文献リストは，初版の出版後に刊行された作品書物も加えているが，あくまで個人的な選択であることを強調しておく。

1860 J. Burckhardt, *Kultur der Renaissance in Italien*〔ブルクハルト／新井靖一訳『イタリア・ルネサンスの文化』筑摩書房，2007年〕

1889 E. Gothein, *Die Aufgabe der Kulturgeschichte*

1894 T. F. Troels-Lund, *Om kulturhistorie*

1897 K. Lamprecht, ‘Was ist Kulturgeschichte?’

1904 M. Weber, *Protestantische Ethik*〔ヴェーバー／大塚久雄訳『プロテスタンティズムの倫理と資本主義の精神』改訳，岩波書店，1989年〕

1919 J. Huizinga, *Herfsttij der Middeleeuwen*〔ホイジンガ／兼岩正夫・里見元一郎訳『中世の秋』新装版（ホイジンガ選集 6），河出書房新社，1989年〕

1927 Ch. Beard and M. Beard, *Rise of American Civilization*

1932 C. Dawson, *Making of Europe*〔ドーソン／野口啓祐ほか訳『ヨーロッパの形成――ヨーロッパ統一史叙説』創文社，1988年〕

1932 A. Warburg, *Die Erneuerung der heidnischer Antike*〔ヴァールブルク／進藤英樹訳『異教的ルネサンス』筑摩書房，2004年，抄訳〕

1933 G. Freyre, *Casa Grande e Senzala*〔フレイレ／鈴木茂訳『大邸宅と奴隷小屋――ブラジルにおける家父長制家族の形成』全 2 巻，日本経済評論社，2005年〕

1934 B. Willey, *Seventeenth-Century Background*〔ウィリー／深瀬基寛訳『17世紀の思想的風土』創文社，1958年〕

1936 G. M. Young, *Victorian England*〔ヤング／松村昌家・村岡健次訳『ある時代の肖像――ヴィクトリア朝イングランド』ミネルヴァ書房，2006年〕

1939 N. Elias, *Über den Prozess der Zivilization*〔エリアス／赤井慧爾・波田節夫ほか訳『文明化の過程』全 2 巻，法政大学出版局，1977–1978年〕

1942 L. Febvre, *Problème de l’incroyance*〔フェーヴル／高橋薫訳『ラブレーの宗教――16世紀における不信仰の問題』法政大学出版局，2003年〕

1947 F. Klingender, *Art and the Industrial Revolution*

1948 A. Castro, *España en su historia*

1948 E. R. Curtius, *Europäische Literatur und lateinisches Mittelalter*〔クルティウス／南大路振一・岸本通夫・中村善也共訳『ヨーロッパ文学とラテン中世』みすず

書房，1971年〕

1948 G. Freyre, *Ingleses no Brasil*

1948 S. Giedion, *Mechanization Takes Command*〔ギーディオン／GK研究所・榮久庵祥二訳『機械化の文化史――ものいわぬものの歴史』鹿島出版会，1977年〕

1951 E. Panofsky, *Gothic Architecture and Scholasticism*〔パノフスキー／前川道郎訳『ゴシック建築とスコラ学』筑摩書房，2001年〕

1952 D. Keene, *The Japanese Discovery of Europe 1720–1830*〔キーン／芳賀徹訳『日本人のヨーロッパ発見』中央公論社，1968/1982年〕

1954 J. Needham, *Science and Civilization in China*〔ニーダム／東畑精一・藪内清監修『中国の科学と文明』思索社，1991年－〕

1958 S. Buarque de Holanda, *Visão do paraíso*

1958 J. U. Nef, *Cultural Foundations of Industrial Civilization*〔ネフ／宮本又次ほか訳『工業文明の誕生と現代世界』未來社，1963年〕

1958 E. O'Gorman, *La invención de América*〔オゴルマン／青木芳夫訳『アメリカは発明された――イメージとしての1492年』日本経済評論社，1999年〕

1958 R. Williams, *Culture and Society*〔ウィリアムズ／若松繁信・長谷川光昭訳『文化と社会』ミネルヴァ書房，1968年〕

1959 F. Newton（E. Hobsbawm），*Jazz Scene*〔F. ニュートン（ホブズボームの筆名）／山田進一訳『抗議としてのジャズ』全2巻，合同出版，1968年〕

1959 M. León-Portilla, *Visión de los vencidos*〔レオン＝ポルティーヤ編／山崎眞次訳『インディオの挽歌――アステカから見たメキシコ征服史』成文堂，1994年〕

1959 B. Smith, *European Vision and the South Pacific*

1960 A. Lord, *Singer of Tales*

1963 I. Abu-Lughod, *The Arab Rediscovery of Europe*

1963 E. P. Thompson, *Making of the English Working Class*〔トムスン／市橋秀夫・芳賀健一訳『イングランド労働者階級の形成』青弓社，2003年〕

1965 M. Bakhtin, *Tvorchestvo Fransua Rable*〔杉里直人訳『ミハイル・バフチン全著作』第7巻，水声社，2007年所収〕

1965 E. R. Dodds, *Pagan and Christian in an Age of Anxiety*〔ドッズ／井谷嘉男訳『不安の時代における異教とキリスト教――マールクス・アウレーリウス帝からコンスタンティーヌス帝に至るまでの宗教体験の諸相』日本基督教団出版局，1981年〕

1967 F. Braudel, *Civilisation matérielle et capitalisme*〔ブローデル／山本淳一訳ほか訳『物質文明・経済・資本主義　15–18世紀』全6巻，みすず書房，1985–1999年〕

1971 K. Thomas, *Religion and the Decline of Magic*〔トマス／荒木正純訳『宗教と魔術の衰退』全2巻，法政大学出版局，1993年〕

1972 M. Baxandall, *Painting and Experience in Fifteenth-Century Italy*〔バクサンドール／篠塚二三男ほか訳『ルネサンス絵画の社会史』平凡社，1989年〕

1972 P. Burke, *Culture and Society in Renaissance Italy*〔バーク／森田義之・柴野均訳『イタリア・ルネサンスの文化と社会』新版，岩波書店，2000年〕

1973–7　Th. Zeldin, *France 1848–1945*

1973　H. White, *Metahistory*〔ホワイト／岩崎稔監訳『メタヒストリー――一九世紀ヨーロッパにおける歴史的想像力』作品社，2017年〕

1975　M. de Certeau, *Une Politique de la langue*

1975　N. Z. Davis, *Society and Culture in Early Modern France*〔デーヴィス／成瀬駒男ほか訳『愚者の王国　異端の都市――近代初期フランスの民衆文化』平凡社，1987年〕

1975　M. Foucault, *Surveiller et punir*〔フーコー／田村俶訳『監獄の誕生――監視と処罰』新潮社，1977年〕

1975　E. Le Roy Ladurie, *Montaillou*〔ルロワ・ラデュリ／井上幸治ほか訳『モンタイユー――ピレネーの村　1294～1324』全２冊，刀水書房，1990–1991年〕

1976　C. Ginzburg, *Il formaggio e i vermi*〔ギンズブルグ／杉山光信訳『チーズとうじ虫――16世紀の一粉挽屋の世界像』新装版，みすず書房，1995年〕

1978　P. Burke, *Popular Culture in Early Modern Europe*〔バーク／中村賢二郎・谷泰訳『ヨーロッパの民衆文化』人文書院，1988年〕

1978　P. Camporesi, *Il Paese della Fame*

1978　G. Duby, *Les Trois Ordres*

1978　S. C. Humphreys, *Anthropology and the Greeks*

1978　E. W. Said, *Orientalism*〔サイード／板垣雄三・杉田英明監修，今沢紀子訳『オリエンタリズム』平凡社，1986/1993年〕

1978　Q. Skinner, *Foundations of Modern Political Thought*〔スキナー／門間都喜郎訳『近代政治思想の基礎――ルネッサンス，宗教改革の時代』春風社，2009年〕

1979　J. Frykman and O. Löfgren, *Kultiverade människan*

1979　F. S. L. Lyons, *Culture and Anarchy in Ireland*

1979　C. E. Schorske, *Fin-de-Siècle Vienna*〔ショースキー／安井琢磨訳『世紀末ウィーン――政治と文化』岩波書店，1983年〕

1980　J. Brown and J. Elliott, *A Palace for a King*

1980　S. Greenblatt, *Renaissance Self-Fashioning*〔グリーンブラット／高田茂樹訳『ルネサンスの自己成型――モアからシェイクスピアまで』みすず書房，1992年〕

1980　A. Petrucci, *La scrittura*

1981　W. A. Christian, Jr., *Local Religion in Sixteenth-Century Spain*

1981　A. Gurevich, *Problemy srvednovekovoi narodnoi*

1981　J. Le Goff, *Naissance du Purgatoire*〔ルゴフ／渡辺香根夫・内田洋訳『煉獄の誕生』法政大学出版局，1988年〕

1981　M. J. Wiener, *English Culture and the Decline of the Industrial Spirit*〔ウィーナ／原剛訳『英国産業精神の衰退――文化史的接近』勁草書房，1984年〕

1982　A. Corbin, *Le Miasme et la jonquille*〔コルバン／山田登世子・鹿島茂訳『においの歴史――嗅覚と社会的想像力』新版，藤原書店，1990年〕

1982　J. P. Demos, *Entertaining Satan*

1982　L. Isaac, *Transformation of Virginia*

1982 B. Lewis, *The Muslim Discovery of Europe*〔ルイス／尾高晋己訳『ムスリムのヨーロッパ発見』全2冊，春風社，2000–2001年〕

1982 B. Wyatt-Brown, *Southern Honor*

1983 B. Anderson, *Imagined Communities*〔アンダーソン／白石さや・白石隆訳『定本　想像の共同体――ナショナリズムの起源と流行』書籍工房早山，2007年〕

1983 E. Hobsbawm and T. Ranger（eds.），*Invention of Tradition*〔ホブズボーム ＆ レンジャー編／前川啓治・梶原景昭ほか訳『創られた伝統』紀伊國屋書店，1992年〕

1984 R. Darnton, *Great Cat Massacre*〔ダーントン／海保真夫・鷲見洋一訳『猫の大虐殺』岩波書店，1986/1990年〕

1984–98 P. Gay, *Bourgeois Experience*〔原著第1巻の邦訳は，ゲイ／篠崎実・鈴木実佳・原田大介訳『官能教育』全2冊，みすず書房，1999年；第5巻の邦訳は，富山太佳夫ほか訳『快楽戦争――ブルジョワジーの経験』青土社，2001年〕

1984 L. Hunt, *Politics, Culture and Class in the French Revolution*〔ハント／松浦義弘訳『フランス革命の政治文化』平凡社，1989年〕

1984–93 P. Nora（ed.），*Lieux de Memoire*〔ノラ編／谷川稔監訳『記憶の場――フランス国民意識の文化＝社会史』全3巻，岩波書店，2002–2003年〕

1984 J. D. Spence, *The Memory Palace of Matteo Ricci*〔スペンス／古田島洋介訳『マッテオ・リッチ　記憶の宮殿』平凡社，1995年〕

1985 Ch. Jouhaud, *Mazarinades*〔ジュオー／嶋中博章・野呂康訳『マザリナード――言葉のフロンド』水声社，2012年〕

1985 S. Mintz, *Sweetness and Power*〔ミンツ／川北稔・和田光弘訳『甘さと権力――砂糖が語る近代史』平凡社，1988年〕

1985 M. Sahlins, *Islands of History*〔サーリンズ／山本真鳥訳『歴史の島々』法政大学出版局，1993年〕

1985 G. Vigarello, *Le Propre et le sale*〔ヴィガレロ／見市雅俊監訳『清潔《きれい》になる〈私〉――身体管理の文化誌』同文舘出版，1994年〕

1986 I. Hodder, *Reading the Past*〔ホッダー／深澤百合子訳『過去を読む――考古学解釈のための最近の研究法』フジインターナショナルプレス，1997年〕

1986 D. McKenzie, *Bibliography and the Sociology of Texts*

1987 C. Bynum, *Holy Feast and Holy Fast*

1987 C. Campbell, *Romantic Ethic and Spirit of Modern Consumerism*

1987 N. Z. Davis, *Fiction in the Archives*〔デーヴィス／成瀬駒男・宮下志朗訳『古文書の中のフィクション――16世紀フランスの恩赦嘆願の物語』平凡社，1990年〕

1987 K. Pomian, *Collectionneurs, amateurs et curieux*〔ポミアン／吉田城・吉田典子訳『コレクション――趣味と好奇心の歴史人類学』平凡社，1992年〕

1987 S. Schama, *Embarrassment of Riches*

1988 A. Briggs, *Victorian Things*

1988 P. Brown, *Body and Society*

1988 R. Chartier, *Cultural History*

1988 S. Greenblatt, *Shakespearian Negotiations*〔グリーンブラット／酒井正志訳『シェイクスピアにおける交渉――ルネサンス期イングランドにみられる社会的エネルギーの循環』法政大学出版局，1995年〕

1988 R. Guha and G. Spivak（eds.）, *Selected Subaltern Studies*〔グハ ＆ スピヴァク編／竹中千春訳『サバルタンの歴史――インド史の脱構築』岩波書店，1998年，関連論文の邦訳所収〕

1988 T. Mitchell, *Colonising Egypt*〔ミッチェル／大塚和夫・赤堀雅幸訳『エジプトを植民地化する――博覧会世界と規律訓練的権力』法政大学出版局，2014年〕

1989 D. Fischer, *Albion's Seed*

1989 D. Freedberg, *Power of Images*

1989 L. Hunt（ed.）, *New Cultural History*〔ハント編／筒井清忠訳『文化の新しい歴史学』岩波書店, 1993年〕

1989 D. Roche, *Culture des apparences*

1990 D. Crouzet, *Guerriers de Dieu*

1990 R. Inden, *Imagining India*

1990 R. Kagan, *Lucrecia's Dreams*〔ケーガン／立石博高訳『夢と異端審問――一六世紀スペインの一女性』書院ノーヴァ，1994年〕

1990 R. Porter, *Mind-Forg'd Manacles*

1990 J. Winkler, *Constraints of Desire*

1991 J. Bremmer and H. Roodenburg（eds.）, *Cultural History of Gesture*

1991 I. Clendinnen, *Aztecs*

1991 C. Clunas, *Superfluous Things*

1991 L. Passerini, *Mussolini imaginario*

1991 N. Thomas, *Entangled Objects*

1992 S. Alberro, *Les Espagnols dans le Mexique colonial*

1992 P. Burke, *Fabrication of Louis XIV*〔バーク／石井三記訳『ルイ14世――作られる太陽王』名古屋大学出版会，2004年〕

1992 C. Lisón-Tolosana, *La imagen del rey*

1992 N. Schindler, *Widerspenstige Leute*

1992 J. Walkowitz, *City of Dreadful Delight*

1993 R. Bartlett, *Making of Europe*〔バートレット／伊藤誓・磯山甚一訳『ヨーロッパの形成――950年―1350年における征服，植民，文化変容』法政大学出版局，2003年〕

1993 M. Biagioli, *Galileo, Courtier*

1993 J. Brewer and R. Porter（eds.）, *Consumption and the World of Goods*

1993 D. Blackbourn, *Marpingen: Apparitions of the Virgin Mary in Bismarckian Germany*

1993 B. Shoshan, *Popular Culture in Medieval Cairo*

1994 A. Corbin, *Les Cloches de la terre*〔コルバン／小倉孝誠訳『音の風景』藤原書店，1997年〕

1994　Yu. M. Lotman, *Besedy o russkoi kul'ture*〔ロトマン／桑野隆・望月哲男・渡辺雅司訳『ロシア貴族』筑摩書房，1997年〕
1994　J.-C. Schmitt, *Les revenants*〔シュミット／小林宜子訳『中世の幽霊——西欧社会における生者と死者』みすず書房，2010年〕
1994　S. Shapin, *Social History of Truth*
1994　P. H. Smith, *Business of Alchemy*
1994　C. Stearns and P. Stearns, *American Cool*
1995　A. Petrucci, *Scritture ultime*
1995　R. Wortman, *Scenarios of Power*
1995　S. Hoy, *Chasing Dirt*〔ホイ／椎名美智訳『清潔文化の誕生』紀伊國屋書店，1999年〕
1996　C. A. Bayly, *Empire and Information*
1996　T. Fujitani, *Splendid Monarchy*〔フジタニ／米山リサ訳『天皇のページェント』NHK 出版，1994年，抄訳〕
1997　J. Bremmer and H. Roodenburg（eds.）, *A Cultural History of Humour*
1997　J. Brewer, *Pleasures of the Imagination*
1997　R. Dekker, *Lachen in de Gouden Eeuw*
1998　T. Brook, *The Confusions of Pleasure*
1998　K. S. Inglis, *Sacred Places*
1998　A. Johns, *The Nature of the Book*
1998　P. Kornicki, *The Book in Japan*
1998　L. M. Schwarcz, *As barbas do imperador*
1999　I. Clendinnen, *Reading the Holocaust*
1999　S. Gruzinski, *La Pensée métisse*
1999　L. Hunt and V. Bonnell（eds.）, *Beyond the Cultural Turn*
1999　M. Rubin, *Gentile Tales*
1999　J. Scott, *Seeing like a State*
1999　A.-M. Thiesse, *La Création des identités nationales*〔ティエス／斎藤かぐみ訳『国民アイデンティティの創造——十八〜十九世紀のヨーロッパ』勁草書房，2013年〕
2000　P. Burke, *Social History of Knowledge*〔バーク／井山弘幸・城戸淳訳『知識の社会史——知と情報はいかにして商品化したか』新曜社，2004年〕
2000　R. Drayton, *Nature's Government*
2000　B. A. Elman, *A Cultural History of Examinations*
2000　V. Groebner, *Gefährliche Geschenke*
2000　P. Nagy, *Le Don des larmes au Moyen Âge*
2000　H.-J. Martin, *La Naissance du livre moderne*
2000　R. B. St George（ed.）, *Possible Pasts*
2000　J. A. Secord, *Victorian Sensation*
2001　F. Bouza, *Corre Manuscrito*

2001 B. Craveri, *La civiltà della conversazione*
2001 N. B. Dirks, *Castes of Mind*
2001 I. Higashibaba, *Christianity in Early Modern Japan*
2001 W. Reddy, *The Navigation of Feeling*
2002 G. E. R. Lloyd, *Ambitions of Curiosity*
2003 Ch. Clark (ed.), *Culture Wars*
2004 S. Gruzinski, *Les Quatre Parties du monde*
2004 E. Ikegami, *Bonds of Civility*〔日本語版，池上英子『美と礼節の絆――日本における交際文化の政治的起源』NTT 出版，2005年〕
2004 J. L. Koerner, *Reformation of the Image*
2004 D. R. Peterson, *Creative Writing*
2004 H. Roodenburg, *The Eloquence of the Body*
2005 J. Bourke, *Fear*
2005 R. Chartier, *Inscrire et effacer*
2005 A. Lilti, *Le Monde des* salons
2005 A. C. Metcalf, *Go-betweens and the Colonization of Brazil*
2006 M. E. Berry, *Japan in Print*
2006 D. Biow, *The Culture of Cleanliness in Renaissance Italy*
2006 P. Capuzzo, *Culture del Consumo*
2006 W. Clark, *Academic Charisma and the Origins of the Research University*
2006 S. Pollock, *The Language of the Gods in the World of Men*
2007 S. Clark, *Vanities of the Eye: Vision in Early Modern European Culture*
2007 C. Clunas, *Empire of Great Brightness*
2007 R. Muchembled (ed.), *Cultural Exchange in Early Modern Europe*
2007 M. Mulsow, *Die unanständige Gelehrtenrepublik*
2007 J. Rüger, *The Great Naval Game*

読書案内

文化概念と文化史の歴史に関しては以下の書を比較参照せよ。Raymond Williams, *Culture and Society*（1958）〔R. ウィリアムズ／若松繁信・長谷川光昭訳『文化と社会 1780–1950』ミネルヴァ書房，1968年〕，Burke, *Varieties of Cultural History*（Cambridge, 1997），Adam Kuper, *Culture: the Anthropologist's Account*（Cambridge, MA, 1999）．本書のなかで論じている特定の論点に関しては，本文と註で引用した各事例が読書の手引きとなるであろう。

以下の20冊の書物は，1980年以降出版され，英語で読め，広範な空間と時間，テーマを取り扱う基本文献である。

Keith Baker, *Inventing the French Revolution*（Cambridge, 1990）. 新しい文化史の様式にのっとった優れた論文を収録。

Robert Bartlett, *The Making of Europe: Conquest, Colonization and Cultural Change, 950–1350*（1993）〔R. バートレット／伊藤誓・磯山甚一訳『ヨーロッパの形成——950年—1350年における征服，植民，文化変容』法政大学出版局，2003年〕. ヨーロッパの辺境の外延的拡大がもたらす文化的影響を扱った野心的で独創的な研究。

Hans Belting, *Likeness and Presence: A History of the Image Before the Era of Art*（1990; English trans. Chicago, 1994）. 美術史家による美術の観念の歴史化。

Mary Elizabeth Berry, *Japan in Print: Information and Nation in the Early Modern Period*（Berkeley, 2006）. 参考図書の刊行物の増加が国民意識の形成を促進したことを示す作品。

John Brewer, *The Pleasures of the Imagination: English Culture in the Eighteenth Century*（London, 1997）. 最初の商業化の時代におけるイングランド文化に関する洞察力に富む社会史。

Peter Brown, *The Body and Society: Men, Women and Sexual Renunciation in Early Christianity*（1988）. 古典古代後期に関してもっとも卓越した歴史家によるきわめて独創的な研究。

Roger Chartier, *Cultural History: Between Practices and Representations*（Cambridge, 1988）. 文化史における重要問題に光をあてた近世フランスに関する８本の論文を収録。

Craig Clunas, *Empire of Great Brightness: Visual and Material Cultures of Ming China, 1368–1644*（London, 2007）. 視覚文化の歴史に独創的かつ卓抜なかたちで貢献した作品。

Alain Corbin, *The Foul and the Fragrant: Odor and the French Social Imagination*（1982; English trans. Leamington Spa, 1986）〔A. コルバン／山田登世子・鹿島茂訳『においの歴史――嗅覚と社会的想像力』新版，藤原書店，1990年〕. においの歴史的位置づけを明確にした作品。

Thomas Crow, *Painters and Public Life in Eighteenth-Century Paris*（Princeton, 1985）. ハーバーマスとその公共圏概念に依拠する絵画の政治史。

Carlo Ginzburg, *Myths, Emblems, Clues*（1986; English trans. 1990）〔C. ギンズブルグ／竹山博英訳『神話・寓意・徴候』せりか書房，1988年〕. 推論的考察のための一連の手がかりとして歴史的資料を論じる有名な作品を含む論文集。

Carol Gluck, *Japan's Modern Myths: Ideology in the Late Meiji Period*（Princeton, 1985）. 西欧化と近代化の文化的影響に関する模範的研究。

Serge Gruzinski, *Conquest of Mexico: The Incorporation of Indian Societies into the Western World*（1988; English trans. Cambridge, 1993）. 文化的遭遇と社会的想像力に関する優れた研究。

Eiko Ikegami, *Bonds of Civility: Aesthetic Networks and the Political Origins of Japanese Culture*（Cambridge, 2005）〔日本語版，池上英子『美と礼節の絆――日本における交際文化の政治的起源』NTT 出版，2005年〕. 俳諧など「遊芸」の結社の設立を日本の公共圏の勃興と結びつけたきわめて独創的な研究。

Kenneth S. Inglis, *Sacred Places: War Memorials in the Australian Landscape*（Melbourne, 1998）. 記念碑を印象的に読み解くとともに第一次世界大戦の文化を再現する作品。

Gábor Klaniczay, *The Uses of Supernatural Power*（Cambridge, 1990）. 聖人からシャーマン，またヒゲから笑いまでを含む中欧史に関する10本の論文を収録。

Joseph Leo Koerner, *The Reformation of the Image*（London, 2004）. 目に見えないことを主張するために図像表現を用いたプロテスタント美術の逆説を扱う，16世紀末ドイツに関する洞察力に満ちた研究。

Derek Peterson, *Creative Writing: Translation, Bookkeeping, and the Work of Imagination in Colonial Kenya*（London, 2004）. 西洋の伝道協会とキクユ人との遭遇についての鋭利な考察であり，識字の多様な用い方についても分析。

Steven Shapin, *A Social History of Truth: Civility and Science in Seventeenth-Century England*（Chicago, 1994）. 科学史に社会史と文化史のアプローチを結びつけることに成功した作品。

Jay Winter, *Sites of Memory, Sites of Mourning: The Great War in European Cultural History*（Cambridge, 1995）. 戦争の経験を文化史に統合する方法を示した作品。

文化史とは何か〔増補改訂版〕

2008年 5 月26日　初　版　　第 1 刷発行
2010年 1 月29日　増補改訂版第 1 版第 1 刷発行
2019年12月 2 日　　　　　第 2 版第 1 刷発行
2021年11月11日　　　　　　　　　第 2 刷発行

ピーター・バーク
長谷川貴彦　訳
発行所　一般財団法人　法政大学出版局
〒102-0071　東京都千代田区富士見2-17-1
電話03(5214)5540／振替00160-6-95814
製版・印刷　三和印刷／製本　積信堂

Printed in Japan
ISBN 978-4-588-35009-2

著者

ピーター・バーク（Peter Burke）

1937年，ロンドン生まれ。オクスフォード大学時代はキース・トマスやH. トレヴァー＝ローパーのもとで学び，現在はケンブリッジ大学エマニュエル学寮に籍を置く文化史家。歴史理論・方法論のレヴェルで，マルクス主義，歴史人類学，社会学，美術理論，最近はパフォーマンス理論や認知科学などの領域と積極的に交渉しながら，文化史研究のフロンティアを拡大してきた第一人者。イギリスでは外国語に翻訳されている著作の数がもっとも多いといわれる知識人のひとり。

主な邦訳書に，『社会学と歴史学』（慶應通信，1986年），『ヨーロッパの民衆文化』（人文書院，1988年），『イタリア・ルネサンスの文化と社会』（岩波書店，1992/2000年），『フランス歴史学革命――アナール学派1929–89年』（岩波書店，1992年），『知識の社会史――知と情報はいかにして商品化したか』（新曜社，2004年），『ルイ14世――作られる太陽王』（名古屋大学出版会，2004年），『時代の目撃者――資料としての視覚イメージを利用した歴史研究』（中央公論美術出版，2007年），『歴史学と社会理論（第2版）』（慶應義塾大学出版会，2009年），『近世ヨーロッパの言語と社会――印刷の発明からフランス革命まで』（岩波書店，2009年）などがある。

訳者

長谷川 貴彦（はせがわ たかひこ）

1963年生まれ。現在，北海道大学教員。専攻は近現代イギリス史・歴史理論。

主な著書・訳書に，『現代歴史学への展望――言語論的転回を超えて』（岩波書店，2016年），ソニア・O. ローズ『ジェンダー史とは何か』（法政大学出版局，2017年），リン・ハント『グローバル時代の歴史学』（岩波書店，2016年）。